Kugelsort
Holsfen B
HOLSTEN
BIER
KATHE SCHWAR
Holsten
Bier
15
MAGGI

Beatrix Gehlhoff // Ernst Christian Schütt

VERBRECHEN IN HAMBURG

Historische Kriminalfälle 1870–1970

ELSENGOLD

INHALT

HAMBURG IM KAISERREICH 6

DAS UNGLAUBWÜRDIGE GESTÄNDNIS 11
EIN HINKENDER KANN NICHT RENNEN 18
FALSCHE PFUNDNOTEN AUS DER OSTERSTRASSE 24
VERSUCHTE VERGEWALTIGUNG UND DOPPELMORD 30
DER KOMMISSAR BLEIBT HARTNÄCKIG 35
DIE ENGELMACHERIN 40
EIN „UNVERNÜNFTIGER MENSCH VON ROHER ERZIEHUNG" 46
DER AXTMÖRDER VON ALTONA 52
DER GEWALTSAME TOD EINER PFANDLEIHERIN 57
DIE BLUTTAT VON SÜDERWISCH 62
RACHE FÜR EIN VERWEHRTES ATTEST 67
DURCH MORD ZUR NEUEN IDENTITÄT 72

HAMBURG IN DER WEIMARER REPUBLIK 78

LEBENSMITTELSKANDAL MIT WEITREICHENDEN FOLGEN 83
DER „LORD VON BARMBECK" 89
WETTEN OHNE RISIKO 95
HAMBURGS „CHINATOWN" IN DER SCHMUCKSTRASSE 99
DER TIEFE FALL EINES HOCHSTAPLERS 104
DIAGNOSE AUS DEN NACKENHAAREN 112

Seite 2:
Das pittoreske, aber hoffnungslos überbevölkerte Gängeviertel, das oft als Unterschlupf für gesuchte Verbrecher diente, wurde Ende der 1930er-Jahre abgerissen. Hier eine Amateuraufnahme mit Blick auf die Gastwirtschaft Käthe Schwarz aus dem Jahr 1936

INHALT

RAUB MIT TODESFOLGE 118
RENDEZVOUS IM STADTPARK 124
MORDANSCHLAG IM VORORTBUS 129

UNTER DEM HAKENKREUZ 134

EINE BEZIEHUNGSTAT 139
MORD AM BRUNNENHOF IN ALTONA 146
WER ERMORDETE PAULA? 152
„OBJEKTIV RECHTSWIDRIG“ 157

HAMBURG NACH 1945 162

FREISPRUCH IM DRITTEN ANLAUF 167
WER KENNT DIESE TOTEN? 174
DER KINDERMÖRDER 180
BANKRAUBSERIE IN HAMBURG 186
EIN POLIZIST ALS BANKRÄUBER 191
DER BAHNERPRESSER 197
DEUTSCHLANDS ERSTE BANKRÄUBERIN 202

LITERATUR UND QUELLEN 206
IMPRESSUM, BILDNACHWEIS 208

HAMBURG
IM KAISER-
REICH

Ab 1891 residierte die Polizei im Neuen Stadthaus mit dem markanten Turm an der Ecke Neuer Wall/Stadthausbrücke.

Wirtschaftlicher Aufschwung, rasches Bevölkerungswachstum und schwindende staatliche Eigenständigkeit prägten das Bild Hamburgs im letzten Viertel des 19. Jahrhunderts. Notgedrungen wurde Hamburg zunächst Verbündeter Preußens, Mitglied in dem 1866 durch Otto von Bismarck gegründeten Norddeutschen Bund und 1871 schließlich Teil des Deutschen Reiches.

Die mittelalterlich geprägte staatliche Ordnung mit ihrer „Erbgesessenen Bürgerschaft“ und den „bürgerlichen Kollegien“ hatte schon 1859/60 einer neuzeitlicheren Verfassung Platz gemacht. Von Demokratie konnte aber noch keine Rede sein: Das Besitzbürgertum machte die Politik unter sich aus.

Immerhin ließen Gewerbefreiheit und Freizügigkeit die Bevölkerungszahl rasch ansteigen: 1860 hatte Hamburg gut 250 000 Einwohner, 20 Jahre später schon fast doppelt so viele – und dies auf wesentlich geringerer Fläche als heute: Altona, Harburg und Wandsbek samt Umland gehörten zu Preußen. Immerhin kam im Jahr 1868 Bergedorf mit den Vierlanden und Geesthacht ganz in hamburgischen Besitz. Seit dem Mittelalter gehörten auch Cuxhaven und die Insel Neuwerk zu Hamburg. Zum Ausgleich für den von Bismarck erzwungenen Zollanschluss entstanden nach 1881 Freihafen und Speicherstadt, für deren Bau gut 24 000 Menschen in das Gängeviertel oder die rasch wachsenden Vororte umziehen mussten.

Dass das pittoreske, aber hoffnungslos überbevölkerte Gängeviertel mit seinen labyrinthartigen Wegen nicht nur ein soziales und – als beliebter Unterschlupf für gesuchte Spitzbuben – ein polizeiliches, sondern auch ein gesundheitliches Problem darstellte, zeigte sich im Spätsommer 1892: Der Cholera-Erreger konnte sich über das ungefilterte Elbwasser mühelos vor allem in den Elendsquartieren der Kirchspiele St. Jacobi und St. Michaelis ausbreiten. Die Seuche wütete zehn Wochen und forderte über 8600 Menschenleben.

1910 überschritt die Bevölkerungszahl die Millionengrenze. Handelshäuser, Reedereien und Werften profitierten vom wirtschaftlichen Aufschwung.

Die Anfänge einer Polizei datieren aus dem Jahr 1671: Damals trat eine Nachtwache ihren Dienst an, im Volksmund „Uhlen“ (Eulen) genannt, woraus die spöttische Bezeichnung „Udl“ für Hamburger Polizisten herrührte. Am 26. Mai 1814 wurde die Bildung einer Polizeibehörde verkündet. Zwei Ratsmitglieder sorgten als sogenannte

Polizeiherren dafür, dass die Aufgaben der Wedde (Sitten- und Ordnungspolizei) und der Prätur (Öffentliche und private Sicherheit) zusammengefasst wurden. Diese Neuerung war ebenso wie die erstmals im September 1812 verwendete Guillotine ein Überbleibsel der „Franzosenzeit".

Glaubt man dem Bremer Journalisten Eduard Beuermann, der 1836 seine Betrachtungen über Hansestädte zu Papier brachte, waren die Beamten von britisch-nobler Zurückhaltung geprägt: „Die Hamburger Polizei ist die gemüthlichste und harmloseste der Welt [...] Man merkt sie nirgends und sie ist allenthalben [...] Sie kennt einen Jeden, wenn er nur vierundzwanzig Stunden in Hamburg ist."

Bei aller Gemütlichkeit musste sich auch die Polizei neuen Herausforderungen stellen, nachdem der „Große Brand" von 1842, der fast ein Drittel der Stadt in Schutt und Asche gelegt hatte, dringende Reformbedarfe offenbart hatte: Am 4. Dezember 1852 nahm eine gemeinsame Nacht- und Polizeiwache ihren Dienst auf. Zu Jahresbeginn 1876 wurde das Personal weiter aufgestockt und dieses sogenannte Constablerkorps in die Polizeibehörde eingegliedert, der nun unter anderem auch die Hafenpolizei und eine „Criminalabteilung" unterstanden. In Letzterer taten zunächst je zwei Beamte und Sergeanten und zehn „Officianten" ihren Dienst.

Von 1856 bis 1912 nahm man den in Hamburg enthaupteten Verbrechern Totenmasken ab, als Anschauungsmaterial für künftige Kriminalisten und wohl beeinflusst von der Theorie vom „verbrecherischen Menschen" des italienischen Psychiaters Cesare Lombroso. Demnach wird ein Mensch gemäß seiner genetisch gesteuerten Triebstruktur zum Verbrecher und kann unter anderem anhand seiner Gesichtsmerkmale als geborener Unhold identifiziert werden. Die Todesstrafe wegen vorsätzlichen Mordes wurde in Hamburg zwischen 1856 und 1899 elfmal vollzogen, zwischen 1902 und 1917 siebenmal.

Der Jurist Gustav Roscher, im Januar 1893 als Leiter der Abteilung II (Kriminal- und Politische Polizei) zum Polizeirat berufen, hatte maßgeblichen Anteil daran, dass die Polizei dem Verbrechen mit wissenschaftlichen Methoden zu Leibe rücken konnte. Hamburg profitierte in vielfältiger Weise von seinem Engagement: Unter Roschers Führung entstanden eine fotografische Abteilung, die bald zu den weltweit führenden Fahndungseinrichtungen zählte, und ein Kriminalmuseum mit unzähligen Exponaten zur kriminalistischen Praxis. Nicht zuletzt dank der erkennungsdienstlichen Erfassung aller volljährigen Straftäter konnte sich außerdem niemand durch Annahme einer neuen Identität der Strafverfolgung entziehen.

Ab 1891 residierte die Polizei im Neuen Stadthaus an der Ecke Neuer Wall/Stadthausbrücke, einem markanten Gebäude mit einem runden Eckturm mit Kuppeldach. Roscher, der am 1. Februar 1900 zum Polizeidirektor ernannt worden war, führte ein leistungsfähiges Fingerabdruckverfahren ein und legte mit dem „Handbuch der Daktyloskopie" (1905) und „Großstadtpolizei. Ein praktisches Handbuch der deutschen Polizei" (1912) weithin beachtete Standardwerke vor.

Im Mai 1914 feierte die Polizeibehörde ihr 100-jähriges Jubiläum. Zweieinhalb Monate nach dem Festakt in der Musikhalle brach der Erste Weltkrieg aus, der Hamburgs exportabhängige Wirtschaft durch die britische Seeblockade weitgehend zum Erliegen brachte und 34 519 Hamburger an der Front das Leben kostete. Als der erhoffte „Siegfriede" ausblieb, schwand auch beim städtischen Bürgertum die anfängliche Kriegsbegeisterung. Mangel beherrschte den Speiseplan. Bereits nach dem „Steckrübenwinter" 1916/17 kam es zu ersten Hungerunruhen. Zu dieser Zeit wurden die bis dahin nur mit Hieb- und Stichwaffen ausgerüsteten Beamten der auf den Straßen patrouillierenden „Schutzmannschaft" auch mit Pistolen bewaffnet. Der Untergang des Kaiserreiches ließ sich damit aber nicht mehr aufhalten.

DAS UNGLAUBWÜRDIGE GESTÄNDNIS

Der Fall Anna Thormählen

Hat die Apothekerstochter Anna Thormählen im Jahr 1875 ihren Ehemann vergiftet, oder hat sie es nicht getan? Diese Frage wird sich wohl nie mehr klären lassen. Als der Fall vor mehr als 140 Jahren vor Gericht verhandelt wurde, bekannte sich Thormählen schuldig. Doch so eindeutig war die Sache nicht.

In der Nacht vom 5. auf den 6. April 1875 liegt der Hamburger Unternehmer Friedrich Theodor Thormählen krank im Bett in seiner Wohnung in der Hamburger Banksstraße. Er atmet schwer und reagiert nicht auf Ansprache. Seine Frau Anna macht sich selbst in der Nacht auf den Weg, um den Hausarzt der Familie zu holen, der den Patienten bewusstlos mit unregelmäßiger Atmung und unregelmäßigem Pulsschlag vorfindet. Es gelingt nicht, den Kranken zu wecken, und auch die vom Arzt verordneten Behandlungen bleiben ohne Erfolg. Gegen sieben Uhr morgens stirbt Thormählen. Offenbar kommen dem Hausarzt beim Ausstellen des Totenscheins Bedenken, war doch der Mann erst 33 Jahre alt. Also wird der Polizeiarzt hinzugezogen, der den Todesfall letztlich als unverdächtig einstuft. Die Todesursache sei ungewiss, heißt es auf dem Totenschein. Möglicherweise habe der Mann einen Schlaganfall erlitten.

So weit ist der Fall also gar kein Fall. Das ändert sich schlagartig, als die Witwe zwei Monate später aus freien Stücken einen Untersuchungsrichter aufsucht und gesteht, ihren Mann vergiftet zu haben. Anna Thormählen war nach dem Tod ihres Mannes zunächst zu ihrer Mutter nach Bergedorf, dann zu Verwandten nach Hildesheim gezogen und hatte schließlich bei ihrem Onkel, einem Gutsbesitzer in Beckedorf bei Celle, Unterschlupf gefunden. Hier wurde sie nach eigenem Bekunden immer stärker von Reue gepackt. Sie las in der Bibel und suchte mehrfach im benachbarten Hermannsburg, einem Zentrum der Erweckungsbewegung und Sitz eines lutherischen Missionswerks, einen Pfarrer auf. Diesem vertraute sie an, ihren Ehemann mit Morphium vergiftet zu haben. „Sühnen kann ich nichts", schrieb sie in einem Brief an einen Freund ihrer Familie, „und wenn ich tausendmal sterben könnte, wäre damit nichts gut, aber Gottes Gebot kann ich noch insofern erfüllen, als ich die Strafe auf mich nehme".

Am 11. Juni 1875 reiste sie also zurück nach Hamburg, unterbreitet ihre Selbstanklage und wird in Haft genommen. Als Motiv gibt sie an, ihre Ehe sei unglücklich gewesen und ohnehin habe sie eigentlich einen anderen heiraten wollen. Jetzt aber plage sie das Gewissen. Zudem sei sie inzwischen zu der Überzeugung gelangt, dass der andere dieses Verbrechen gar nicht wert sei. Der Leichnam ihres Mannes wird am 18. Juni exhumiert, doch kann wegen der fortgeschrittenen Verwesung keine Morphiumvergiftung nachgewiesen werden. Aufgrund ihres Geständnisses wird Anna Thormählen angeklagt.

Aus der Voruntersuchung und während des dreitägigen Gerichtsverfahrens im Februar 1876 erfährt die staunende Öffentlichkeit viele Details aus dem Leben der Angeklagten. Die 1851 als Tochter eines früh verstorbenen Apothekers in Bergedorf geborene Anna Schneider kommt „aus gutem Hause". Doch mit den Männern hatte sie offenbar Pech. Als Zehnjährige begehrte sie heftig gegen den ungeliebten Stiefvater auf. Mit 16 hatte sie entgegen den besorgten Vorhaltungen der Eltern ein Verhältnis zu einem „später in Berlin berüchtigt gewordenen Zeitungsliteraten", wie der Hausarzt der Familie im Prozess berichtet. Zwei Jahre später, im Jahr 1869, verlobte sich Anna Schneider mit dem Apothekergehilfen Hermann Schelenz, sehr zur Freude der Mutter, denn diese hatte auf einen Schwiegersohn gehofft, der später das Geschäft übernehmen könnte. Schelenz löste die Verlobung jedoch schon nach wenigen Tagen mit der Erklärung, er liebe Anna nicht genug und sei außerdem zu arm, um sie in absehbarer Zeit heiraten zu können. Die Braut war am Boden zerstört. Sie flüchtete sich nach Hannover und absolvierte dort in einem Pensionat eine Ausbildung zur Lehrerin.

Nach ihrer Rückkehr nach Bergedorf traf sie sich erneut mit Schelenz. Er besuchte sie oft, beide führten einen lebhaften Briefwechsel. Auch dieses Mal mündete die Beziehung nicht in Verlobung und Ehe. Stattdessen heiratete Anna Schneider im Mai 1871 den Unternehmer

Friedrich Theodor Thormählen. Nach eigener Aussage erklärte sie ihm allerdings schon vorab, dass sie nicht ihn, sondern Schelenz liebe, und nahm ihm das Versprechen ab, ihre Beziehung rein geschwisterlich zu gestalten: kein Sex in der Ehe also. Zudem sollte Thormählen ihr erlauben, mit Schelenz in Kontakt zu bleiben. Irgendwie muss es dann aber doch passiert sein: Am 7. Dezember 1872 wurde Tochter Alice geboren. Aus Annas Angaben lässt sich schließen, dass Thormählen das Kind gezeugt hat, sie aber im April 1872 mit Schelenz geschlafen hatte, um diesen darüber zu täuschen, dass sie entgegen ihrem Versprechen mit ihrem Ehemann auch sexuell verkehrte.

Anna Thormählen bezichtigte sich selbst des Gattenmordes. Verurteilt wurde sie dafür nicht.

Thormählen arbeitete im Geldwechselgeschäft, eine wichtige und angesehene Tätigkeit in einer Handelsmetropole wie Hamburg, in der Waren aus vielen verschiedenen Ländern mit jeweils eigener Währung einlaufen. Allerdings bediente er sich nicht immer sauberer Mittel: Wegen betrügerischen Bankrotts und Unterschlagung wurde er im Oktober 1873 zu 18 Monaten Gefängnis verurteilt, Ende Juni 1874 aber begnadigt. Zwei Monate später hatte er bereits eine neue Stelle gefunden. Die Haftzeit ihres Mannes verbrachte Anna Thormählen bei ihrer Mutter. Nach seiner Entlassung zogen die Eheleute im Spätsommer 1874 wieder in eine gemeinsame Wohnung. Schon kurze Zeit später, im Oktober 1874, habe sie zum ersten Mal den unbestimmten Plan gefasst, ihren Mann zu töten. Er sei nur zum Essen und Schlafen nach Hause gekommen. Sie habe sich unglücklich gefühlt und sei überzeugt gewesen, mit Schelenz ein glücklicheres Leben führen zu können.

Zuvor schon hatte sich Anna Thormählen wiederholt Morphium aus der elterlichen Apotheke verschafft, aus Neugier und

Experimentierfreude: Einmal zeigte sie das in einer Pappschachtel aufbewahrte Pulver ihrem Dienstmädchen und ließ es sogar von dem Gift probieren. Jedoch trug sie sich auch immer wieder mit Selbstmordgedanken. Morphium, das wusste die Apothekerstochter, wirkt in entsprechender Dosierung tödlich. Ende März 1875 unternahm sie einen ersten Mordversuch an ihrem Mann, indem sie Morphium in sein Feierabendbier mischte. Das schmeckte dann aber so bitter, dass er es weggoss. Daraufhin überlegte sie sich eine raffiniertere Taktik: Nun mixte sie jeweils kleinere Mengen der Morphiumtinktur in den Morgenkaffee ihres Gatten und hoffte so, dass er nicht plötzlich, sondern nach einer längeren Phase des Unwohlseins stürbe. Außerdem vertraute sie darauf, dass das Gift verstopfend wirkt. Als ihr Mann am Abend des 5. April 1875 nach Abführtabletten verlangte, gab sie ihm eine selbst gedrehte Morphiumpille, mit den bekannten Folgen. Dies sind also die detaillierten Einlassungen der Angeklagten, die sie im Verlauf der Voruntersuchung immer wieder ergänzt und erweitert.

Der Prozess im Februar 1876 ist eine Sensation. „Zu den Zuschauerräumen findet ein solcher Andrang statt, daß dieselben schon lange vor Eröffnung der Sitzung bis auf den letzten Platz besetzt sind und Hunderte keinen Einlass mehr finden. Auf der Straße harrt schon mehrere Stunden eine dichte Menge vor dem Rathhause. Seit dem Buschmann'schen Falle hat keine Schwurgerichts-Verhandlung das Interesse des Publikums in solchem Grade hervorgerufen, wie die Thormählen'sche Angelegenheit, welche die Ursache dieser ungewöhnlichen Theilnahme ist und selbst viele Damen unter den Zuschauern versammelt hat", heißt es in den „Hamburger Nachrichten".

Angesichts des umfassenden Geständnisses geht es in dem Hauptverfahren vor allem um die Glaubwürdigkeit der Selbstanklage und die Frage nach der Zurechnungsfähigkeit Thormählens. Mehrere Zeugen bescheinigen der Angeklagten eine Neigung zu Fantastereien und Überschwänglichkeit. Insbesondere habe sie sich für edle Handlungen mit theatralischen Effekten begeistert, in denen sie sich selbst als tragische Heldin fühlen konnte. Schelenz, der ebenfalls als Zeuge berufen wird, beschreibt seine ehemalige Freundin als nicht aufrichtig und hysterisch. Sie neige dazu, sich Geschichten auszudenken. Ihr Gemüt sei heftig, eigenwillig und rechthaberisch, berichtet der Hausarzt der Familie Schneider, der die Angeklagte von Geburt an kennt, und bescheinigt ihr eine „krankhafte Geistesverfassung". Allerdings will er sich nicht darauf festlegen, ob ihre Selbstanklage der Wahrheit entsprechen könnte und ob sie in diesem Fall zurechnungsfähig gewesen sei.

Ein Gutachter, der Anna Thormählen im Gefängnis untersucht hat, hält das Geständnis für unglaubwürdig. Hätte die „unwahrscheinliche Vergiftung" tatsächlich stattgefunden, so sei sie im Zustand der „geistigen Verwirrung" erfolgt. Ein weiterer Sachverständiger erklärt die Selbstanklage dagegen für umso wahrscheinlicher, als Thormählen sie, durch die Untersuchungshaft mürbe geworden, ansonsten längst widerrufen hätte.

In ihren Schlussplädoyers zeichnen Anklage und Verteidigung erwartungsgemäß zwei diametral entgegengesetzte Bilder Thormählens. Noch kurz vor der Verhandlung habe er die Angeklagte beschworen, an ihr Kind und ihre Mutter zu denken und einem möglichen Komödienspiel ein Ende zu machen, weil in einer Woche niemand mehr von ihr sprechen werde, so der Staatsanwalt. Sie habe erwidert, nur einer glaube an eine Komödie, und das sei ihr Verteidiger. Schließlich erlaubt sich der Staatsanwalt auch noch einen Schuss Zeitkritik: „Ist es denn in unseren Tagen nicht mehr denkbar, dass ein Verbrecher von seinem Gewissen

Aus der elterlichen Apotheke könnte sich Anna Thormählen das Morphium beschafft haben.

gefoltert und durch die Zuwendung zur Religion reu- und bußfertig wird, dass er freiwillig die Strafe des weltlichen Richters für sein Verbrechen sucht und auf sich nimmt?" Der Verteidiger hält dagegen, die Geschworenen stünden vor der Alternative, entweder das unglaubwürdige Geständnis einer Gesunden oder eine Geistesstörung bei der Tat anzunehmen. Sie hätten nur nach dem Recht, nicht aber nach den schwankenden Launen eines mit überreizten Marotten begabten Weibes zu urteilen.

Am 26. Februar 1876 fällt das Urteil: Freispruch. „Die Verkündung der freisprechenden Entscheidung der Geschworenen wurde von den Zuschauern auf den äußeren Plätzen mit einem gedämpften Bravoruf aufgenommen", berichten die „Hamburger Nachrichten". Weiter heißt es:

> *„Die Angeklagte bleibt unbeweglich sitzen. Man nimmt kein Zeichen einer Veränderung in ihrem niedergeschlagenen Wesen wahr. Von der Erregung der dreitägigen Verhandlung scheint sie aber sehr angegriffen zu sein. Ihr Onkel, der Zeuge Martins aus Beckedorf, und Fräulein Linzel aus Hannover, bei der sie einst in Pension war, begeben sich zu ihr auf die Anklagebank. Nachdem der Saal geräumt ist, wird Frau Thormählen hinausgeführt und fährt mit Fräulein Linzel in einer Droschke weg."*

Anna Thormählen stirbt wenige Jahre später an Diphterie. Das Urteil sorgt aber noch lange für Diskussionsstoff. Der Lübecker Oberappellationsrath Dr. August Wunderlich meldet sich schon 1876 mit einer 66 Seiten starken „kritischen Studie" mit dem Titel „Die Selbstanklage von Anna Thormählen, geborene Schneider, zu Hamburg gerichtet auf Gattenmord durch Morphium und deren Freisprechung" zu Wort. Weitere Stimmen, die sich zu dem Fall äußern, sind sich weitgehend einig darin, dass vor allem der persönliche Eindruck, den die Angeklagte in der Hauptverhandlung hinterlassen hat, zur Entscheidung des Schwurgerichts führte. Ihr ganzes Auftreten habe darauf schließen lassen, dass sie geisteskrank oder aber eine Lügnerin sei. Darüber hinaus gibt es Leute, die darauf hinweisen, dass Anna Thormählen außergewöhnlich hübsch gewesen sei und manchem Geschworenen vielleicht den Kopf verdreht hatte. Dass sie binnen einer Woche vergessen sein werde, diese Voraussage des Staatsanwalts ist jedenfalls nicht eingetroffen. Wiederholt wird der Fall in kriminalistischen Untersuchungen erwähnt. 2016 widmete der Hamburg Dungeon ihr eine temporäre Schau mit dem Titel „Die giftige Geliebte".

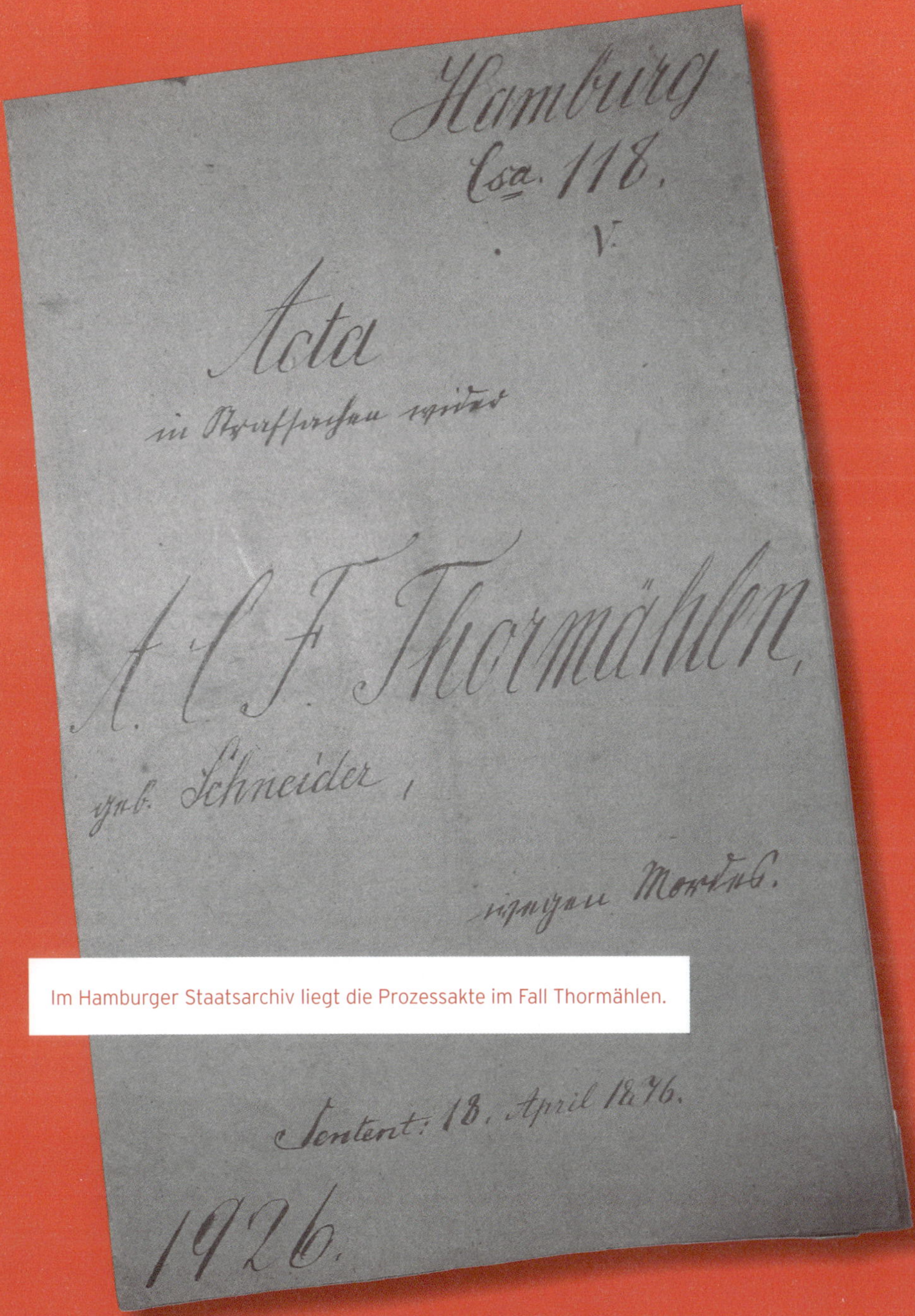

Im Hamburger Staatsarchiv liegt die Prozessakte im Fall Thormählen.

EIN HINKENDER KANN NICHT RENNEN

Der Fall Johann Benthien

Horn ist 1889 noch ein Vorort von Hamburg, erst 1894 wird das Gebiet in die Hansestadt eingemeindet. Bauernhöfe, Ausflugslokale und immer mehr Villen prägen das Ortsbild. Die Gemeinde, eingebettet zwischen Geest und Marsch, hat etwa 4000 Einwohner, mehr als doppelt so viele wie 20 Jahre zuvor. Seit hier 1855 die Galopp-Rennbahn erbaut wurde, ist ein deutlicher Aufschwung zu verzeichnen. Zwei Wochen vor Ostern 1889 wird die Gemeinde jedoch von einem furchtbaren Verbrechen erschüttert.

Am 7. April 1889, einem Sonntag, entdecken Spaziergänger gegen 17.30 Uhr in der Horner Feldmark in einem Graben die grauenhaft zugerichtete Leiche eines zehnjährigen Jungen. Der Körper weist mehrere tiefe Schnittwunden auf, die laut Obduktionsbericht mit einem scharfen Messer ausgeführt wurden. Ein Arm und ein Bein sind fast vollständig abgetrennt. Tödlich war offenbar ein Schnitt in die Kehle; die übrigen Wunden wurden dem Kind zugefügt, als es bereits tot war. Zusätzlich sind am Hals Würgemale zu erkennen. Spuren für ein sexuelles Vergehen werden nicht gefunden. Allerdings ist der Junge nackt, seine blutdurchtränkte Kleidung liegt unter ihm. Begangen worden ist die Tat auf einer bewachsenen Anhöhe, von der aus man die Umgebung überblicken kann. Hier finden sich Blutspuren und niedergedrückte Sträucher. Erst später wurde die Leiche in den Graben geschleift.

Das getötete Kind wird als Emil Steinfatt identifiziert, der Sohn eines Horner Grünwarenhändlers aus dem Bauerberg. Der eilends herbeigerufene Konstabler begibt sich sogleich auf Spurensuche, begleitet von den drei Gehilfen des Rauhen Hauses, die die Leiche entdeckt haben. Lange kann die Tat noch nicht her sein, denn der Leichnam ist noch warm. Ebenfalls mit dabei sind vier Jungen, die kurz vor dem

Auffinden des Toten in Richtung Tatort unterwegs waren. Dabei, so berichten sie, ist ihnen ein Mann entgegengekommen, der es eilig hatte. Der Suchtrupp entdeckt denn auch Fußspuren, die vermutlich vom Mörder stammen, und verfolgt sie in Richtung Kugelfang der Wandsbeker Husaren. Dabei fällt ein Mann auf, der die Suchenden aus einiger Entfernung beobachtet und sich gen Jenfeld aus dem Staub macht, als sie sich ihm nähern. Da es inzwischen dunkel geworden ist, gelingt es ihm, seinen Verfolgern zu entkommen.

Der Mord löst großes Entsetzen und hektische Betriebsamkeit aus. Eine Hamburger Zeitung berichtet am 9. April: „Die Polizeibehörde in Hamburg, die Wandsbeker Polizei und viele Private entwickeln seit gestern eine geradezu fieberhafte Thätigkeit, um das Scheusal, welches ein blühendes junges Leben in so schauderhafter Weise vernichtet hat, zu ermitteln und es dem Arme der Gerechtigkeit zu überliefern." Zugleich beklagt das Blatt, dass der Täter möglicherweise nicht mehr zu fassen sei, weil die Verfolgung zu spät eingesetzt habe.

Nun konzentrieren sich die polizeilichen Ermittlungen auf die Stunden vor dem Mord. Dank einer ganzen Reihe von Zeugen lässt sich das Geschehen detailliert rekonstruieren: Emils Mutter schickte ihren Sohn am Nachmittag zwischen halb vier und vier zu einem Gastwirt in

In der Nähe der Horner Rennbahn geschah das Verbrechen.

die Hammer Landstraße, um dort Bier zu bestellen. Emil wurde dabei von einem kleineren Jungen, dem sechsjährigen Georg Borries, begleitet. Unterwegs gesellte sich ein Mann zu ihnen, den beide nicht kannten. Er ging mit ihnen bis zur Gastwirtschaft, betrat das Gebäude aber nicht, sondern erklärte draußen einem Passanten, die Jungen könnten beim Transport eines Paketes helfen; dafür würden sie 15 Pfennig bekommen. Dem angesprochenen Lehrer Adolf Clasen kam die Sache komisch vor. Bevor er sich aber zum Eingreifen entschieden hatte, waren die Kinder schon wieder draußen und gingen mit dem Mann in Richtung Horner Landstraße davon.

Wenig später schickte der Fremde den kleinen Georg weg und war nun mit Emil allein. Sie wurden noch von mehreren Zeugen gesehen, darunter fünf Jungen, die Emil gut kannten und ihn in Begleitung eines Mannes auf dem Steindamm bei der Rennbahn in Richtung Horner Moor laufen sahen. Sie riefen ihm zu, wohin er denn wolle. „Wat geiht ju dat an", antwortete der Fremde. Da war es ungefähr halb fünf. Eine Stunde später wurde Emils Leiche gefunden.

Die Zeugenaussagen über das Erscheinungsbild des Mannes, mit dem der Junge gesehen wurde, stimmen bemerkenswert gut überein: etwa 22 bis 25 Jahre alt, mittelgroß, fahle Gesichtsfarbe, dünne Lippen, lange gebogene Nase, kleiner hellblonder Schnurrbart, stechender Blick, leicht vorgebeugte Haltung und „schlotteriger Gang". Außerdem habe er auffällig die rechte Schulter hochgezogen. Auch über die Kleidung sind sich die Beobachter weitgehend einig: dunkelblaue Jacke, schwarz-weiß gestreifte Hose, schwarzer steifer Filzhut mit rundem Deckel und Stiefeletten mit hohen Absätzen. Diese Beschreibung wird veröffentlicht, und dank eines aufmerksamen Bürgers kann die Polizei 14 Tage später einen Fahndungserfolg vermelden. Ein Holzhändler hat auf dem Heidenkampsweg einen Mann beobachtet, auf den die Angaben zutreffen, und diesen sogar auf den Mord angesprochen. Daraufhin erschrickt der andere heftig, wird blass und zittert. Der Holzhändler wendet sich an die Polizei, und der Mann wird verhaftet. Sein Name ist Johann Benthien.

Obwohl die meisten Zeugen in ihm jenen Mann erblicken, den sie mit Emil in Horn gesehen haben, bestreitet Benthien, überhaupt dort gewesen zu sein. Vielmehr will er den Sonntag am Wasserturm auf Rothenburgsort, in Meyers Tanzsalon und schließlich beim Angeln an der Elbe verbracht haben. Die Angaben sind nachweislich falsch. Erst am 6. Juni räumt Benthien ein, tatsächlich in Horn gewesen zu sein, um sich Arbeit zu suchen. Unterwegs habe er einen ihm unbekannten Mann getroffen, der ihn aufgefordert habe, einen Koffer im Hotel Marienthal abzuholen und zum Hamburger Hof zu bringen. Auf der Hammer Landstraße habe er dann die beiden Kinder getroffen und ihnen 50 Pfennig versprochen, wenn sie mitkämen und ihm beim Tragen helfen würden. Zu dritt seien sie in Richtung Marienthal gegangen. Dann habe der größere Junge den kleineren zurückgeschickt und sei wenig später selbst umgekehrt, um seine Mutter um Erlaubnis für den Gang zu fragen. Er, Benthien, habe eine Stunde vergeblich auf Emil gewartet und sei dann allein nach Marienthal gegangen. Auch diese Schilderung hält einer genaueren Prüfung nicht stand.

Der Täter Johann Benthien

Mehrere Indizien sprechen zudem gegen Benthien. So hat er Kratzspuren auf der rechten Hand, die nach Ansicht des untersuchenden Arztes nicht wie von Benthien angegeben von einer Katze, sondern von menschlichen Fingernägeln stammen. Auch an seinem Bauch oberhalb des Nabels finden sich Kratzwunden, die Benthien mit einem schadhaften Verschlusshaken an der Hose erklärt – wenig wahrscheinlich, lautet das Urteil des Arztes. Vielmehr, so die Vermutung, habe sich Emil gewehrt und dabei seinem Mörder die Spuren beigebracht. Zudem hatte Benthien am Tag vor dem Mord von seinem Vermieter ein Messer geliehen, das zum Schutz vor Rost mit Wachs eingeschmiert war. Als er es vier Tage später zurückgab, war es blank geputzt. Auf der Klinge befanden sich Schrammen, die nach dem Gutachten eines Sachverständigen von der Reinigung auf einem rauen Stein herrühren. Eine chemische Untersuchung fördert allerdings keine Blutspuren zutage. Ob es sich um das Mordwerkzeug handelt, kann nicht mit Sicherheit festgestellt werden.

Mit dieser Guillotine wurden die Todesurteile in Hamburg vollstreckt.

Mehrere Zeugen geben an, Benthien habe nach Bekanntwerden des Mordes auffällig über die Tat gesprochen. So habe er erklärt, er kenne den Mörder ganz genau. Dieser habe mit ihm auf Steinwerder gearbeitet und dort einen polnischen Arbeiter und zwei kleine Mädchen unsittlich berührt. Eine andere Zeugin berichtet, Benthien habe die Ansicht geäußert, es sei nicht so schlimm, ein Kind zu ermorden, und darüber hinaus Angaben zum Fluchtweg des Mörders gemacht. Es finden sich außerdem Zeugen, die Benthien schon an den Tagen vor dem Mord in Horn gesehen haben. Hier soll er versucht haben, Kinder anzulocken. Ein Junge erzählt, der Mann habe ihn aufgefordert, ihn für 50 Pfennig zum Hotel Marienthal zu bringen.

Benthien stützt sich in erster Linie auf ein körperliches Leiden, um seine Unschuld zu beweisen. Er hinkt und habe das schon immer getan, wohingegen sich der Verdächtige bei der Verfolgung auf dem Horner Moor als sehr guter Läufer erwiesen hatte. Ergo könne er nicht der

Mann gewesen sein, der vor der Polizei weggelaufen war. Dass Benthien jedoch wirklich hinke, bestritten mehrere Personen aus seinem Umfeld.

Die Lebensgeschichte des Johann Benthien ist die eines vernachlässigten, verhaltensauffälligen Kindes. Am 21. Februar 1867 kam er in Bliesdorf im Lauenburgischen unehelich zur Welt. Die Mutter gab einen gewissen Benthien als Vater an. Im Dorf war man jedoch überzeugt, dass Johann ebenso wie zwei seiner bereits verstorbenen Geschwister von dem Anbauer Ahrens gezeugt worden war. Auf diese Weise kam der Junge zu dem Namen Johann Benthien, genannt Ahrens. Als er zwei Jahre alt war, starb die Mutter an Krebs. Der mutmaßliche Vater Ahrens, als arbeitsscheu verschrien und Alkoholiker, kümmerte sich nicht um das Kind. Stattdessen wuchs es beim Großvater auf und genoss dort, wie berichtet wird, „die denkbar schlechteste Erziehung". Zwar habe er gelernt, Gut von Böse zu unterscheiden, ansonsten sei er aber schon als Junge verschlossen, verlogen und diebisch gewesen und außerdem so verwahrlost und schmutzig, dass die anderen Kinder nichts mit ihm zu tun haben wollten.

Mit der Zeit schrieb man jeden negativen Vorfall im Dorf ihm zu. Er soll Brände gelegt, Tiere gequält und Kinder mit dem Messer bedroht haben. Der 17-Jährige fand schließlich in Lübeck eine Lehrstelle bei einem Schuster, doch auch hier galt er als unzuverlässig und verlogen. Benthien wechselte von Lübeck nach Hamburg, war meistens arbeitslos und hielt sich möglicherweise mit Diebstählen und dem Verkauf von Hehlerware über Wasser. Immer wieder zog er um, nicht nur, weil er wiederholt die Miete schuldig blieb, sondern wahrscheinlich auch deshalb, weil er am neuen Wohnort stets ein weiteres Mal Geld aus der Unterstützungskasse der Schuster erhielt.

Nach seinem Sexualleben befragt, erklärt er, er habe weder mit Frauen noch mit Männern sexuelle Beziehungen unterhalten, und er onaniere auch nicht. Ein Gutachter erklärt ihn für völlig zurechnungsfähig. Am 18. Oktober 1889 wird Benthien vom Hamburger Schwurgericht zum Tode verurteilt. Die von dem Angeklagten beantragte Revision weist das Reichsgericht ab, auch ein Gnadengesuch bleibt erfolglos. Am 16. Januar 1890 wird Benthien im Hof des Untersuchungsgefängnisses durch die Guillotine hingerichtet. Am Tag zuvor hatte er ein umfassendes Geständnis abgelegt und die Eltern des ermordeten Jungen kniefällig um Verzeihung gebeten.

FALSCHE PFUNDNOTEN AUS DER OSTERSTRASSE

Der Fall der Geldfälscherbande

Ein spektakulärer Fang gelingt der Polizei am frühen Morgen des 7. Juni 1894 in Eimsbüttel: In einem Wohn- und Geschäftshaus in der Osterstraße, das von einem Großaufgebot Uniformierter umstellt worden ist, erscheint Criminal-Polizeicommissar Hell in Begleitung weiterer Beamter. Sie nehmen den 37 Jahre alten Kaufmann August Thies und den zwei Jahre jüngeren Lithografen Hermann Adolph Edmund Cronemeyer in ihrer Fälscherwerkstatt in Gewahrsam.

Vor Ort entdecken die Beamten verschiedene Gerätschaften zum Gelddrucken wie Platten, Pressen und Farben sowie Papier und Probedrucke und beschlagnahmen falsche britische Pfundnoten und Dollarscheine der Vereinigten Staaten im Nominalwert von mehreren Millionen Mark. „Ganze Pakete theils fertiger, theils halbfertiger Falsificate lagen wohlgeordnet auf Tischen und Stühlen umher. Der vor Schreck über das unerwartete Erscheinen des Polizeibeamten sprachlose Bewohner sowie sein Complice leisteten keinen Widerstand und ließen sich ohne Weiteres fesseln", wissen die „Altonaer Nachrichten" ihren Lesern zu berichten.

Bereits seit mehreren Monaten waren nachgemachte Fünf-Pfund-Noten der Bank von England und gefälschte amerikanische Fünf-Dollar-Scheine in Hamburg aufgetaucht. Die intensive Suche nach der Quelle des Falschgeldes führte schließlich in das zu dieser Zeit kräftig aufblühende Eimsbüttel, das zum 1. Juli 1894 vom Vorort zum hamburgischen Stadtteil erhoben wird.

Die „Hamburger Nachrichten“ sind des Lobes voll über die wackeren Beamten: „Umso erfreulicher ist es, dass es endlich der Polizei gelungen ist, die Stätte zu entdecken, aus welcher die geschickt nachgeahmten Falsificate hervorgehen. Es wird mit Bestimmtheit angenommen, dass die Arrestaten noch weitere Complicen haben. Die Polizei entwickelt daher eine außerordentliche Thätigkeit, um mit der Gesellschaft gründlich aufzuräumen.“

Zur Ergreifung der Täter können die „Altonaer Nachrichten“ noch folgende abenteuerliche Geschichte beisteuern: Ein Seemann nämlich habe die Polizei auf die Spur der Geldfälscher gebracht. Er sei in einer Reeperbahnkneipe allzu redselig gewesen und habe im Beisein eines lauschenden Kriminalers mit seinem Wissen über schnelles Geldverdienen geprahlt. Beim Verlassen des Lokals zur Rede gestellt und auf die Wache gebracht, habe er den Beamten offenbart,

> *„dass er vor längerer Zeit in einem näherbezeichneten Wirthschaftslocal in Eimsbüttel zwei Herren kennen gelernt, die ihm den Vorschlag gemacht hätten, jedesmal bei seiner Reise nach Amerika ein größeres Paket falscher Dollarnoten mitzunehmen und dieselben in Amerika zu verbreiten. Als Honorar sei ihm eine Summe von 30 000 Mark jährlich versprochen worden. Er sei jedoch auf das Anerbieten nicht eingegangen“.*

Der Seemann konnte nicht nur die beiden Unterhändler genau beschreiben, sondern erinnerte sich auch noch an die Lokalität und den Tisch, an welchem er mit den Männern gesessen hatte. Daraufhin hätten sich der Seemann und der ermittelnde Beamte etwas versteckt in das Lokal gesetzt und gewartet. Tatsächlich sei dann auch einer der Herren erschienen und an seinem gewohnten Platz eingekehrt. Die Festnahme am nächsten Morgen gegen 6.30 Uhr ist nur noch Routine.

Einige Tage später kann die Polizei eine versiegelte Kiste beschlagnahmen, welche Thies am 19. Dezember 1893 bei einem Bekannten, dem Schneider Deichmann, in Verwahrung gegeben hatte. Der Inhalt: 5900 Stück falsche Fünf-Pfund-Noten.

Die Ermittlungen nehmen weltumspannende Ausmaße an: Die Hamburger Polizei alarmiert telegrafisch die Kollegen im fernen Australien und bittet um Festnahme des Schlachters Theodor Nestler. Der dreimal wegen Diebstahls vorbestrafte Mann hatte im Januar 1894 für

Zahn-Praxis
10
10

Thies und Cronemeyer eine Reise nach New York unternommen, war im April zurückgekommen und hatte sich auf dem Dampfer „Salier" nach Australien eingeschifft. Der Passagierdampfer des Norddeutschen Lloyds besorgt seit 1886 von Bremen aus den Reichspostdienst und befördert Passagiere, Fracht und Post an das andere Ende der Welt.

In Adelaide wird Nestler sofort festgenommen. Als die Beamten seinen Reisekoffer öffnen, finden sie darin 2500 gefälschte Fünf-Pfund-Noten der Bank von England. Die Vermutung liegt nahe, dass Nestler das Geld auf dem fünften Kontinent absetzen sollte. Doch das Abenteuer ist schnell vorbei: Nestler wird nach ausgiebigen Verhören den deutschen Behörden überlassen und tritt im August gleichfalls auf der „Salier" wieder die Heimreise an.

Nestler tischt den ihn vernehmenden Beamten folgendes Märchen auf: Er sei nach Australien gefahren, um seinen heimwehkranken Bruder abzulösen. Der nämlich sei dort erfolgreich als Schlachter tätig, würde aber gerne nach Deutschland zurückkehren. Dass die Banknoten in seinem Koffer gefälscht waren, sei ihm bekannt gewesen, er habe sie aber nicht selbst in Umlauf bringen wollen. Vielmehr habe er lediglich Postbote spielen und den Inhalt des Koffers im Auftrag von Thies einem Herrn Petersen, erreichbar in Opitz' Hotel in Melbourne, übergeben sollen.

Am 26. Oktober wird auch noch der Kaufmann Gustav Christian Adolf Dechow „gefänglich eingezogen" unter dem dringenden Verdacht, das Eimsbüttler Falschgeld in Deutschland in Umlauf gebracht zu haben. Er will allerdings die Beamten davon überzeugen, die falschen Pfundnoten auf St. Pauli von einem Dänen namens Gregersen im Tausch gegen deutsches Geld bekommen zu haben. Leider ist Herr Gregersen nicht auffindbar, ebenso wenig wie Herr Petersen in Opitz' Hotel in Melbourne oder ein angeblicher Herr Goldschmidt, der – wie Cronemeyer behauptet – zusammen mit Thies die Dollarnoten hergestellt haben soll, natürlich ohne, dass er, Cronemeyer, davon gewusst habe.

Gleichfalls wegen Mitwisserschaft ins Visier der Fahnder gerät der Commis (Handlungsgehilfe) Paul Hermann Weber. Er hatte während eines früheren Aufenthalts in Chicago Möglichkeiten erkundet,

Die Osterstraße in Eimsbüttel: Blick von der Ecke Emilienstraße in Richtung Schulweg

Falschgeld unter die Leute zu bringen, und darüber auch im Verlauf des Jahres 1892 mit Thies einen Briefwechsel geführt.

Am 26. Juni 1895 wird der gesamten Bande der Prozess gemacht. Nach Ansicht der Anklage ist der seit 1880 in Hamburg ansässige Thies offenbar die treibende Kraft gewesen. Er hatte nach einigen beruflichen Rückschlägen keine richtige Beschäftigung mehr und trug sich schon seit mehreren Jahren mit dem Gedanken, es einmal mit der Falschmünzerei zu versuchen. Zunächst hatte er vor, die falschen Banknoten auf fotografischem Wege herzustellen, als er aber mit dem Stein- und Buchdruckereibesitzer Cronemeyer bekannt wurde, änderte er seine Pläne. Cronemeyer, wie sein Kumpan gebürtiger Hannoveraner, war mit seinem Betrieb im Herrengraben 37 in Konkurs gegangen. Mit geliehenem Geld erwarb er am 1. November 1892 das Grundstück Osterstraße 41 in Eimsbüttel. Noch im Winter 1892/93 bezog er mit seiner Familie die erste Etage des Vorderhauses und richtete im Hinterhaus die Druckerei ein.

Vor Gericht beschuldigen sich die beiden Hauptangeklagten gegenseitig, für die Herstellung der Falsifikate verantwortlich zu sein, und wollen die Zuhörer sogar glauben machen, sie hätten die Geldscheine nur zu Reklamezwecken hergestellt.

Nach der Beweisaufnahme führt der Staatsanwalt den Geschworenen noch einmal vor Augen, welche Untat dank der tüchtigen Hamburger Polizei abgewendet worden sei: Es habe wohl selten ein Münzverbrechen gegeben, welches „mit solchem Raffinement und so großem Umfange geplant worden sei, wie das in Frage stehende. Es seien für viele Millionen falsche Noten angefertigt worden, um sie in den Verkehr zu bringen und namentlich die Pfundnoten seien den echten täuschend ähnlich nachgeahmt“. Hätten sich die Angeklagten letztlich nicht doch zu dumm angestellt, würden „sie sonst vielleicht heute irgendwo im Auslande als Millionäre leben“.

Eineinviertel Stunden brauchen die Geschworenen, dann steht ihr Spruch fest: Thies und Cronemeyer je acht Jahre Zuchthaus und acht Jahre Ehrverlust, Nestler vier Jahre Zuchthaus und vier Jahre Ehrverlust, Dechow drei Jahre Zuchthaus und drei Jahre Ehrverlust sowie allesamt Stellung unter Polizeiaufsicht, und Weber vier Monate Gefängnis, die durch die Untersuchungshaft als verbüßt gelten. Mit Freispruch endet das Verfahren für den sechsten Angeklagten, den Graveur Robert Gentsch aus Leipzig. Er hatte für Thies einen Stempel mit dem Kopf des US-Präsidenten Grant angefertigt, aber von der

Anfertigung der Noten nachweislich nichts gewusst. Er wird nach einjähriger Untersuchungshaft auf freien Fuß gesetzt.

Damit ist die Angelegenheit aber noch nicht beendet: Cronemeyers Anwalt legt wegen einiger Formalia beim Reichsgericht Revision ein, die zwar als begründet anerkannt wird, jedoch auf die Höhe des Strafmaßes keine Auswirkungen hat. Die Länge der Haftstrafen gegen Thies und Cronemeyer wird bestätigt.

Am 22. Dezember 1896 meldet der „Hamburgische Correspondent", der „Königlich Großbritannische Generalconsul Herr Charles Saunders Dundas" habe dem Chef der Kriminalabteilung, Polizeirat Gustav Roscher, „ein kunstvoll gearbeitetes silbernes Schreibzeug überreicht", gestiftet von der Bank von England „als Anerkennung für seinerseits entwickelte Thätigkeit bei der Ermittelung der Fälscher von englischen Banknoten". Die an der Aufdeckung der Falschgeldaffäre beteiligten Unterbeamten können sich über eine Anerkennungsprämie von insgesamt 40 Pfund Sterling freuen – garantiert echt und nicht aus der Werkstatt von Thies, Cronemeyer und Genossen.

Die Justizvollzugsanstalt Fuhlsbüttel (umgangssprachlich Santa Fu genannt, heute im Stadtteil Ohlsdorf gelegen) wurde 1879 in Betrieb genommen und ist damit die älteste noch existierende Strafanstalt Hamburgs, hier eine Aufnahme von 1910.

VERSUCHTE VERGEWALTIGUNG UND DOPPELMORD

Der Fall Max Jochen Witt

Das östlich an Hamburg angrenzende Wandsbek gehört seit dem Deutsch-Dänischen Krieg 1864 zum Königreich Preußen, wird 1870 zur Stadt erhoben und zum großen Stolz der Bürger nun Heimat des preußischen Husaren-Regiments Nr. 15. Den Husaren Max Jochen Witt lässt ungehemmte Triebhaftigkeit zu Ostern 1892 zum Mörder werden, der ungeschoren davonkommt. Erst, nachdem er drei Jahre später ein zweites Mal zugeschlagen hat, kann die Polizei endlich seine Spur verfolgen.

Witt kam am 10. Januar 1872 zu Seestermühe im äußersten Nordwesten des Kreises Pinneberg zur Welt. Über seine Jugend ist wenig bekannt, er hatte eine Schwester und wuchs bei einem Stiefvater auf. Witt trieb sich gern und oft in Tanzlokalen herum, hatte aber offenbar Probleme, sich Frauen auf normalem Wege zu nähern und Beziehungen einzugehen. Dies änderte sich auch nicht, als Witt am 1. Oktober 1891 seinen Militärdienst bei den Wandsbeker Husaren antrat.

Ein gutes halbes Jahr hatte Witt „bei Preußens" abgedient, als er über die Ostertage, vom 14. bis einschließlich 18. April 1892, Urlaub erhält. Zunächst besucht er Verwandte in Uetersen. Am Ostersonnabend, dem 16. April, fährt er nach Hamburg. Eigentlich hat er die Absicht, eines der sogenannten Kontrollmädchen – polizeilich registrierte Prostituierte – aufzusuchen, doch stattdessen verbringt er den Tag und den frühen Abend in verschiedenen Kneipen und fährt gegen 21 Uhr in Richtung Wandsbek: Im Wandsbeker Gehölz, an der Grenze zu Eilbek, sollen sich „liederliche Frauenzimmer" herumtreiben.

Stattdessen begegnet er auf der Wandsbeker Chaussee dem Dienstmädchen Christine Giesfeld, geboren am 25. Juli 1867 in Lübeck. Eine Stunde zuvor hatte sie ihr Haus in der Schwarzen Straße 20 verlassen, um eine Bekannte in der Rückertstraße zu besuchen, hatte diese jedoch nicht angetroffen. Auf dem Rückweg zu ihrer Wohnung hält Giesfeld gegen 21.15 Uhr an der Ecke Kantstraße und Wandsbeker Chaussee noch ein etwa 20-minütiges Schwätzchen mit einer Bekannten und macht sich dann auf dem Heimweg.

Das anschließende Geschehen kann die Polizei erst drei Jahre später vollständig aufklären. Angeblich willigt Giesfeld ein, sich von Witt auf dem Heimweg begleiten zu lassen. Als dieser jedoch in der damals noch nicht durchgängig bebauten Ritterstraße nach Passieren der Überführung der Hamburg-Lübecker Eisenbahn darauf drängt, in einen Feldweg abzubiegen, wehrt sich die fünf Jahre ältere Frau heftig. Sie klammert sich an einen Baum, ruft mehrfach um Hilfe und schlägt mit ihrem Schirm auf Witt ein. Doch er reißt sie los und schleift sie zu einer am Feldweg stehenden Bretterbude. Dort schlägt und würgt er sein Opfer. Als ihm Giesfeld dennoch nicht zu Willen ist, beschließt er, sie zu töten. Er hält ihr so lange den Mund zu, bis sie erstickt.

Anschließend geht er zu Fuß nach Uetersen zurück, reinigt unterwegs seine blutige Hand in einem Wassergraben und legt sich ins Bett. Am Dienstag nach Ostern ist Witt pünktlich wieder bei seinem Regiment.

Husaren des Regiments Nr. 15, um 1905

Der Leichnam von Christine Giesfeld wird bereits am frühen Morgen des Ostersonntags vom diensthabenden Konstabler Feist gefunden. Er bemerkt auf seinem Patrouillengang durch die Ritterstraße zunächst verdächtige Fußspuren am Straßenrand und entdeckt dann auf dem Feldweg Teile eines aufgespannten Frauenschirms und einen dunkelblauen Filzhut. Die Schleifspuren führen ihn zum Tatort. Hinweise auf den Täter gibt es nicht, Anwohner geben allerdings an, gegen 22 Uhr unterdrückte Hilferufe gehört zu haben. Auf die Ergreifung des Mörders werden 500 Mark Belohnung ausgesetzt, zahlreiche Verdächtige befragt und mehrere vorläufig festgenommen, doch haben alle ein glaubwürdiges Alibi. Unter den aufbewahrten Beweisstücken ist ein im Schirm festgeklemmter Fetzen Stoff, der anscheinend vom blauen Uniformrock eines preußischen Husaren abgerissen ist.

Fast drei Jahre später wird Witt erneut zum Mörder. Seit seiner Entlassung aus dem Militärdienst ist er bei einem Bauern in Kurzenmoor als Dienstknecht in Stellung. Er hat sich am 7. April 1895, dem Sonntag vor Ostern, in Uetersen, Appen und Pinneberg amüsiert und will am Abend sein Glück bei einem Mädchen in einem der umliegenden Bauernhäuser versuchen. Er nimmt ein Messer mit, offenbar in der Absicht, das Fenster einer der Mädchenkammern notfalls auch gewaltsam zu öffnen. Stattdessen begegnet er kurz nach 22 Uhr auf der Chaussee zwischen den Ortschaften Uetersen und Tornesch der 31-jährigen Schneiderin Margaretha Cordts.

Sie ist auf dem Heimweg von Uetersen, wo sie ihre Schwester besucht hat, zum Dörfchen Esingen. Witts Angebot, sie dorthin zu begleiten, lehnt sie energisch ab. Sie versetzt ihm einen Schlag mit ihrem Schirm, woraufhin Witt sie in den Straßengraben wirft und mit dem Ellenbogen auf der Brust zu Boden drückt. Sie wehrt sich heftig, und so muss er den Versuch, sie zu vergewaltigen, aufgeben. Er versetzt ihr mehrere Faustschläge und hält ihr den Mund zu. „Alsdann hat der Unmensch ihr einen etwa 7 cm tiefen Schnitt am Halse beigebracht, welcher eine Hauptblutader getroffen hat, und das Mädchen so im Kampfe gegen seinen Angreifer verbluten musste", vermelden die „Altonaer Nachrichten" das Ergebnis der gerichtsärztlichen Untersuchung.

Nach der Tat wischt er an einer Zeitung, welche sein Opfer bei sich trug, das Blut von der Hand, steckt sich das blutige Messer in die Hosentasche, geht nach Hause und legt sich in seiner Knechtskammer schlafen. Einen Blutfleck am rechten Hosenbein wäscht er am nächsten Morgen heraus.

Diesmal kommt Witt nicht davon: Ein taubstummer Gerbereiarbeiter, der die Leiche gegen 23 Uhr gefunden hat, sah den Täter davonlaufen, und zwei Dienstmädchen, die Witt zuvor in recht aufdringlicher Weise angesprochen hatte, liefern eine ziemlich genaue Personenbeschreibung.

Der Doppelmörder Max Jochen Witt wurde am 24. Oktober 1895 hingerichtet.

Nach seiner Festnahme legt Witt ein umfangreiches Geständnis ab. Als man ihm einen Stofffetzen zeigt und auf den Kopf zusagt, drei Jahre zuvor in Eilbek das Dienstmädchen Giesfeld umgebracht zu haben, räumt er auch diese unter ganz ähnlichen Umständen verübte Tat ein. Seinen beschädigten Uniformrock hatte er sich damals vom Schneider seiner Schwadron wieder flicken lassen. Nach eigener Aussage war Witt bei seinen beiden Mordtaten nicht betrunken, sondern hatte sein geschlechtliches Verlangen, auch gewaltsam, befriedigen wollen.

Das öffentliche Interesse an dem Fall ist groß: Bereits die Überführung des mit Ketten gefesselten Verurteilten in das Gerichtsgefängnis sorgt für Tumulte, und nur mit Mühe können die Polizeibeamten die tobende Menge daran hindern, den Doppelmörder an Ort und Stelle zu lynchen. Ein besonders aufgebrachter Schlossermeister will dem Delinquenten sogar mit einem schweren Hammer zu Leibe rücken.

Die Urteilsfindung fällt umso leichter, als Witt voll geständig ist und alle Fragen zum Tathergang bereitwillig und ausführlich beantwortet. Auch die Verkündung des Todesurteils durch das königliche Schwurgericht am 29. Mai 1895 nimmt er vollkommen gefasst hin. Er wird wegen Mordes in zwei Fällen jeweils zum Tode und zusätzlich wegen versuchter Notzucht zu einer Gesamtstrafe von fünf Jahren Zuchthaus verurteilt, ferner werden ihm die bürgerlichen Ehrenrechte auf Dauer aberkannt.

Als Tag der Hinrichtung wird der 24. Oktober 1895 bestimmt. Schon am Vorabend der Exekution versammeln sich Neugierige vor den düsteren Mauern des Altonaer Gerichtsgefängnisses. Von der Polizei in gebührendem Abstand gehalten, schauen sie gebannt zu, wie der Leichenwagen eines Bestattungsunternehmens vorfährt, ein schlichter Sarg ausgeladen wird und kurze Zeit später eine Frau die letzte Mahlzeit des Delinquenten anliefert.

Bevor sich Witt seine Henkersmahlzeit schmecken lassen kann, verliest ihm der Staatsanwalt die am 6. Oktober ausgefertigte königliche Ablehnung seines Gnadengesuches. Als ihm für 8 Uhr am folgenden Morgen die Hinrichtung ankündigt wird, quittiert er dies mit den Worten: „Das ist aber schad, dass es nicht glik losgeiht!" Dann isst er, wie die „Altonaer Nachrichten" sichtlich beeindruckt vermelden, mit „einem kaum glaublichen Appetit" zwei große Beefsteaks mit Kartoffeln, leert eine Flasche Rotwein bis auf den letzten Tropfen, raucht sieben (!) Zigarren und hält Klönschnack mit dem Wachpersonal und den beiden anwesenden Geistlichen: „Was wird wohl Petrus sagen, wenn ich morgen früh mit dem Kopf unterm Arm bei ihm ankomme."

Dann fällt er in einen leichten Schlaf, aus welchem er jedoch bald wieder geweckt wird. Er hat schließlich eine Verabredung mit einem großen, stattlichen Mann mit durchaus gutmütigen Gesichtszügen: Friedrich Reindel aus Magdeburg, einer der bekanntesten Scharfrichter in Preußen, der in dem Vierteljahrhundert seiner beruflichen Tätigkeit mehr als 200 Menschen vom Leben zum Tode beförderte. Waren in Preußen bis 1851 noch öffentliche Hinrichtungen gang und gäbe, wurden seither Todesurteile sichtgeschützt vollstreckt.

Um 8 Uhr öffnet sich die Tür der Armensünderzelle, und in Begleitung von zwei Geistlichen tritt Witt seinen letzten Gang an, wieder ruhig und gefasst. Es ist, wie ein lyrisch veranlagter Zeitungskorrespondent notiert, ein „Herbstmorgen, wie man ihn sich nicht herrlicher denken kann". Vollstreckt wird das Urteil im hinteren Gefängnishof. Damit alles seine Ordnung hat, sind neben Vertretern der Justiz unter anderem auch zwölf vom Magistrat abgeordnete Bürger und ein Kommando Soldaten unter Gewehr vor Ort. Nach nochmaliger Verlesung des Todesurteils wird Witt dem Henker übergeben. Man nimmt ihm die Augenbinde ab, legt ihn auf den Richtblock, und dann trennt das von Reindel mit geübter Hand geführte Richtbeil den Kopf vom Rumpf. Die gesamte Prozedur von der Vorführung bis zum Abschlagen des Kopfes dauert nur zweieinhalb Minuten.

DER KOMMISSAR BLEIBT HARTNÄCKIG

Der Fall Henriette Thurau

Irgendwo zwischen Königsberg und Hamburg verschwindet eine Frau spurlos. Die ohne besonderen Nachdruck betriebenen Ermittlungen der Polizei bleiben ergebnislos. Es scheint, als sei die Frau in Ostpreußen abgefahren, in der Hansestadt aber nie angekommen. Eine Reihe von Zufällen sorgt dafür, dass die Akte über das vom Erdboden verschluckte Dienstmädchen auf dem Tisch des Hamburger Kriminalkommissars Plötz landet. Der lässt nicht locker, bis er herausgefunden hat, was mit Henriette Thurau geschehen ist.

Am Anfang steht eine Vermisstenanzeige: Am 21. Oktober 1899 geht bei der Hamburger Polizei ein Brief ein, in dem eine Frau Westerkamp mitteilt, ihre Freundin Henriette Thurau sei seit längerer Zeit verschwunden und wahrscheinlich einem Verbrechen zum Opfer gefallen. Die Vermisste ist etwa 30 Jahre alt und stammt ursprünglich aus Ostpreußen, aus der Nähe von Königsberg. Ihr Lebensweg ist für die Zeit nicht untypisch. Thurau hat früh ein Kind bekommen, ohne verheiratet zu sein. Um dieses Kind versorgen zu können, arbeitete sie seit einigen Jahren in Hamburg als Dienstmädchen, während ihr Sprössling bei Verwandten in Ostpreußen aufwuchs.

Im Sommer 1899 reiste sie in die Heimat, um mit ihrem Kind dessen Konfirmation zu feiern. Zuvor hatte sie Bekannten erzählt, sie könne eventuell eine Erbschaft ihrer verstorbenen Mutter antreten. Nach der Feier fuhr Thurau zurück nach Hamburg. Dann hörte man nichts mehr von ihr. Verwandte und Freunde erhielten auf Briefe keine Antwort und wendeten sich schließlich an die Polizei. Die fragte bei Familie Buchholz in der Kellerwohnung des Hauses Grindelallee 60 nach, bei der Thurau zuletzt gewohnt hat. Dort hieß es, das Dienstmädchen sei von der Reise nach Königsberg nicht zurückgekehrt. Damit schien die Sache erledigt: Möglicherweise war die Frau unterwegs verunglückt, oder sie hatte sich entschlossen, eine neue Stelle anzutreten.

Wenige Wochen später fällt der Vorgang einem Polizeischüler auf, der im Rahmen seiner Ausbildung möglichst viele Akten studieren soll. Sein Vater ist Kommissar bei der Kripo, und so kann er durchsetzen, dass die Akte Thurau, die bisher bei der Wohlfahrtspolizei geführt wird, zur Kriminalpolizei wandert. Noch einmal werden in Hamburg und Königsberg Ermittlungen angestellt, wiederum ergebnislos. Nachdem im Oktober der Brief der Freundin eingetroffen ist, nimmt sich Kommissar Plötz, der Vater der Polizeischülers, der Sache an. Er befragt nochmals den Grünwarenhändler Friedrich Buchholz und dessen Frau, und nun ergeben sich plötzlich Widersprüche. Beide behaupten, jeweils allein am Bahnhof gewesen zu sein,

Blick über die Grindelallee in die Rentzelstraße. In der Grindelallee fand man die Leiche Henriette Thuraus.

um Henriette Thurau abzuholen. Dann stellt sich heraus, dass Frau Buchholz zur fraglichen Zeit gar nicht in Hamburg, sondern mit ihren Kindern bei Verwandten in Lübeck war. Weitere Tatsachen kommen ans Licht, die den Fall verdächtig erscheinen lassen. So hat sich Thurau für die Reise einen Koffer geliehen und diesen später der Eigentümerin zurückgegeben. Damit steht fest, dass sie wieder in Hamburg eingetroffen war.

Bei einem Pfandleiher taucht Thuraus Taschenuhr auf. Versetzt hat sie Friedrich Buchholz. Der entscheidende Hinweis kommt aber vom Vermieter der Familie Buchholz. Der frühere Kapitän zur See berichtet, dass er gegen Buchholz eine Räumungsklage wegen ausbleibender Mietzahlungen angestrengt habe, und ergänzt: „Denken Sie sich, als die Räumungsklage bereits entschieden war und der Mann wusste, dass er ausziehen muss, hat er in seinem Schlafzimmer noch Fußboden gelegt." Weil ihn das Hämmern und Klopfen gestört habe, sei er hinuntergegangen. In der Kellerwohnung sei der Boden aufgerissen gewesen, und Herr Buchholz habe erklärt, unter den Dielen sei der Schwamm, den er beseitigen wolle. „Das fand ich sehr merkwürdig, denn so etwas macht man doch nicht noch kurz vor der Räumung der Wohnung."

Plötz wird hellhörig. Sollte Buchholz dort etwas vergraben haben, womöglich eine Leiche? Nur mit Mühe kann er sich in der Behörde mit seinem Verdacht durchsetzen. Das Ehepaar Buchholz wird wegen Raubmordes bzw. Beihilfe zum Raubmord verhaftet. Die augenscheinlich neuen Dielen in einem Teil der Kellerwohnung werden entfernt, das Erdreich darunter wird aufgegraben. Der anwesende Untersuchungsrichter macht aus seinem Missfallen keinen Hehl: „Jetzt graben wir hier schon stundenlang und werden schließlich eine tote Katze finden." In einer Tiefe von 1,35 Meter entdeckt man erste Spuren einer Leiche.

Friedrich Buchholz wird herbeigeholt. Er identifiziert die Tote als Henriette Thurau und gibt zu, die Leiche vergraben zu haben, beharrt aber darauf, dass er die Frau nicht getötet habe. Zunächst gibt er an, sie habe am Tag nach ihrer Rückkehr aus Königsberg Milch getrunken. Davon sei ihr schlecht geworden, und sie sei schließlich gestorben. Nachdem sich herausgestellt hat, dass der Tod durch einen Schlag mit einem stumpfen Gegenstand auf den Kopf verursacht worden ist, liefert er eine neue Erklärung: Im Flur der Kellerwohnung hatte er unter der Decke zwei Querleisten angebracht und dort eine Ablage für sein Werkzeug geschaffen. Am 12. Juli 1899 wollte er oben eine Schaufel herausziehen und stellte sich dafür auf einen Hauklotz. Der geriet ins Wanken, eine der Leisten brach, und alles, was oben gelagert war, nämlich Bretter und auch eine schwere eiserne Wagenachse, stürzte herunter – auf den Kopf der danebenstehenden Henriette Thurau. Diese sei sofort tot zusammengebrochen.

Um einem möglichen Mordverdacht zu entgehen, habe er die Leiche verscharrt. Einige Tage später habe er sie wieder ausgegraben in der Absicht, sie zu zerstückeln und in Einzelteilen aus dem Haus zu schaffen. Weil ihm das nicht gelang, habe er das Loch vergrößert und vertieft und sie erneut begraben. Buchholz, der wegen Bettelei und Tierquälerei sowie wegen Diebstahls vorbestraft ist, gibt auch zu, Thuraus Kleider versetzt zu haben, will das aber in ihrem Auftrag getan haben.

Im weiteren Verlauf der Untersuchung schätzt der zuständige Richter diese Version der Ereignisse als so glaubwürdig ein, dass er den Haftbefehl gegen Buchholz und seine Frau aufhebt. Wesentlich für diese Entscheidung ist das Fehlen eines Motivs. Ein sogenannter Lustmord ist laut ärztlichem Befund ausgeschlossen. Ein Raubmord gilt als äußerst unwahrscheinlich, weil Thurau keine nennenswerten Geldmittel besaß. Auch die Staatsanwaltschaft hält die Darstellung für glaubhaft, zumal ein Sachverständiger bestätigt, dass eine an der Achse befestigte Mutter ziemlich genau in das Loch im Schädel der Toten hineinpasst. Glaubhaft sei auch, dass Buchholz die Leiche beseitigte, um nicht in Mordverdacht zu geraten. Der Mann soll sich nun vor der Strafkammer I des Hamburger Landgerichts wegen fahrlässiger Tötung verantworten.

Kommissar Plötz gibt allerdings nicht auf. Er ermittelt weiter und präsentiert schließlich als mutmaßliches Tatwerkzeug einen Hammer, den Buchholz mit anderen Eisenteilen an einen Trödler verkauft hat. In der Hauptverhandlung am 11. September 1900 beharrt Plötz darauf, dass Thurau gewaltsam ums Leben gekommen sei, und überzeugt damit das Gericht: Das befindet, der Angeklagte erscheine hinreichend verdächtig, Henriette Thurau vorsätzlich getötet und die Tötung „mit Überlegung", also geplant, ausgeführt zu haben. Da eine solche Tat die Zuständigkeit der Strafkammer überschreitet, wird der Fall ans Schwurgericht überwiesen. Dort nimmt man sich fünf Sitzungstage

Zeit, um den Sachverhalt zu klären. 67 Zeugen werden vorgeladen. Sogar das Gerüst im Flur der Kellerwohnung Grindelallee 60 wird nachgebaut, um die Unfallthese auf ihre Stichhaltigkeit zu prüfen. Fachleute und Sachverständige sehen es anhand des Modells als erwiesen an, dass der angebliche Unfall sich keinesfalls so abgespielt haben kann, wie der Angeklagte ihn geschildert hat.

Ein Geständnis legt Buchholz nicht ab. Das Urteil, das am 10. Oktober 1900 gefällt wird, lautet auf vorsätzliche Tötung. Die Frage, ob es sich um einen geplanten Mord handelte, verneinen die Geschworenen. Als Strafmaß setzt das Gericht zwölf Jahre Zuchthaus fest. Sehr wahrscheinlich habe ein sexuelles Motiv, verbunden mit Raub, zu dem Verbrechen geführt. Die vom Angeklagten beantragte Revision der Entscheidung weist das Reichsgericht ab. Friedrich Buchholz sitzt seine Strafe nicht vollständig ab. Am 10. Juli 1910 wird er vorzeitig aus der Haft entlassen.

Der Täter Friedrich Buchholz hatte die Leiche Henriette Thuraus im Boden seiner Kellerwohnung vergraben.

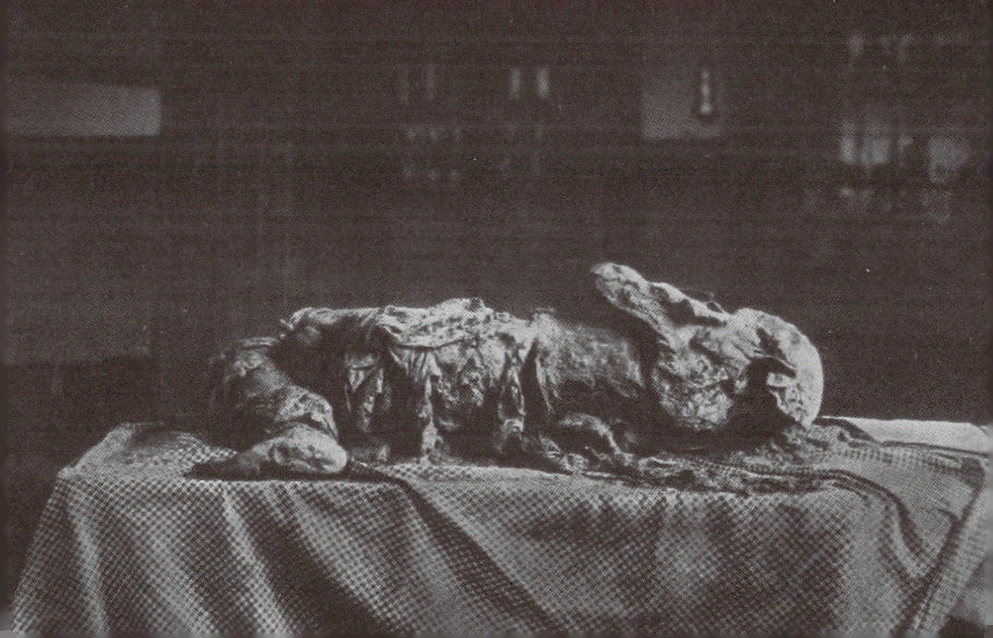

DIE ENGELMACHERIN
Der Fall Elisabeth Wiese

Der Fall der „Engelmacherin" Elisabeth Wiese wirft ein Schlaglicht auf die Situation lediger Mütter in der Kaiserzeit. Oft handelt es sich um Dienstmädchen, die kaum eine Möglichkeit haben, ihr Kind bei sich zu behalten. Wenn sich keine Verwandten bereitfinden, den Nachwuchs zu betreuen, bleibt nur die Suche nach einer dauerhaften Pflegestelle. Für die Versorgung des Kindes zahlt die Mutter Kostgeld. Soll das Kind „für eigen" abgegeben, also adoptiert werden, wird meist noch eine Vermittlungsgebühr fällig. Häufig laufen solche Verfahren unter der Hand ab. Eine systematische staatliche Kontrolle gibt es nicht.

„Ein entmenschtes Weib" – so betitelt der Gerichtsreporter Hugo Friedländer seinen Bericht über das Verfahren gegen Elisabeth Wiese im Jahr 1904, der unter anderem fünffacher Kindesmord vorgeworfen wird. „Sie war eine mittelgroße, schlanke Frau. Sie hatte ein speckgelbes Gesicht, eingefallene Wangen, eine lange Habichtsnase und kleine stechende Augen. Sie machte ganz den Eindruck einer ‚Hexe', mit der man Kinder graulich machen konnte", beschreibt Friedländer die Angeklagte.

Elisabeth Wiese, geboren als Elisabeth Berkefeld 1853 in Bilshausen im Landkreis Göttingen, ist gelernte Hebamme. Mit der Justiz hat sie bereits Erfahrung: In Hannover stand sie unter anderem wegen Kuppelei, Betrugs, Urkundenfälschung und Hehlerei vor Gericht und saß mehrmals Haftstrafen ab. Mit 33 Jahren brachte sie unverheiratet ihre Tochter Paula zur Welt, zwei Jahre später ehelichte sie den Kesselschmied Heinrich Wiese. Seit 1896 wohnte die Familie in der Wilhelminenstraße 23 in Hamburg St. Pauli. Unter den Eheleuten gab es häufig Streit ums Geld, sie warf ihm Trunksucht vor, er beschuldigte sie der Verschwendung. Heinrich Wiese verfügte über Ersparnisse, die er gegenüber seiner Frau eisern unter Verschluss hielt. Elisabeth Wiese hatte gegenüber Bekannten Spekulationen über einen baldigen Tod ihres Mannes angestellt und im Winter 1901 möglicherweise versucht, diesen Tod mittels Gift zu beschleunigen – auch das ist Gegenstand der Gerichtsverhandlung von 1904.

Die „Engelmacherin" Elisabeth Wiese nutzte die verzweifelte Lage lediger Mütter skrupellos aus.

Später entdeckte sie für sich eine neue Einkommensquelle: Sie schickte ihre Tochter auf den „Inseratenstrich". Auch dafür muss sie sich vor Gericht verantworten. „Eine junge Dame bittet einen edel denkenden Herrn um 30 Mark Unterstützung gegen dankbare Rückzahlung", lautete der Text der Anzeige, mit der Freier angelockt werden sollten. Die widerstrebende Paula wurde durch Prügel gefügig gemacht. Den „edel denkenden" Männern riet die Mutter, ihre Ansprüche nötigenfalls mit Gewalt durchzusetzen. Im Frühjahr 1902 floh die 16-Jährige nach London, wo sie eine Stelle als Dienstmädchen bei einer deutschen Familie fand.

So stand ihre Mutter wieder ohne eigenes Geld da. Vielleicht brachte die Zeitung sie auf ihre neue Geschäftsidee, denn im Anzeigenteil war der „Inseratenstrich" oft direkt neben den Annoncen zu finden, mit denen Pflegestellen für Kleinkinder gesucht wurden. Obwohl Wiese wegen ihrer Vorstrafen keine Kostkinder aufnehmen durfte, reagierte sie auf die Anzeigen. Vom Sommer 1902 bis April 1903 wurden ihre mehrere Babys anvertraut, von denen sie einige selbst betreuen wollte, andere an Pflege- bzw. Adoptiveltern zu vermitteln versprach – gegen entsprechende Gebühr.

Das funktionierte so lange, bis sich am 17. April 1903 eine Frau Wülfing bei der Polizei in Harburg meldete. Sie berichtete, sie habe auf Vermittlung von Frau Wiese seit dem 12. März die kleine Bertha Blanck, geboren am 26. Februar 1903, in Pflege gehabt. Nachdem am

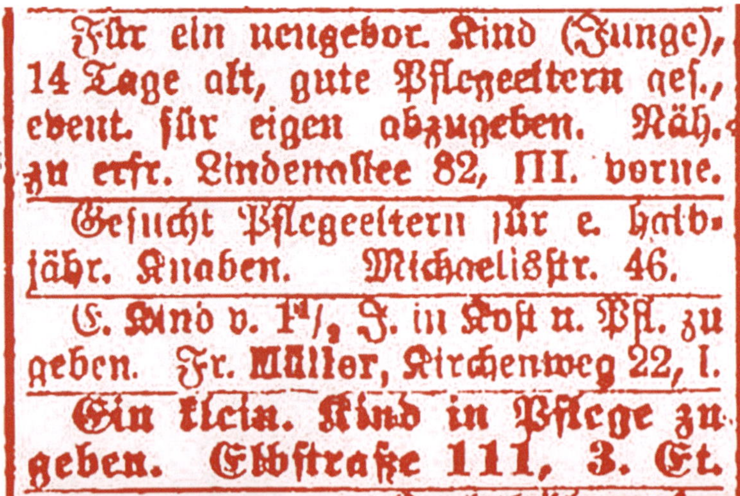

Für ein neugebor. Kind (Junge), 14 Tage alt, gute Pflegeeltern ges., event. für eigen abzugeben. Näh. zu erfr. Lindenallee 82, III. vorne.

Gesucht Pflegeeltern für e. halbjähr. Knaben. Michaelisstr. 46.

E. Kind v. 1½ J. in Kost u. Pfl. zu geben. Fr. Müller, Kirchenweg 22, I.

Ein klein. Kind in Pflege zu geben. Elbstraße 111, 3. Et.

In Zeitungen, wie hier im „Hamburger Anzeiger" vom 6. Oktober 1903, finden sich immer wieder Anzeigen, in denen nach Pflegestellen für kleine Kinder gesucht wird.

12. April nicht die vereinbarten 20 Mark Kostgeld gezahlt worden waren, brachte sie das Kind eine Woche später der Vermittlerin zurück. Diese reagierte verärgert, erklärte dann aber, sie habe Kontakt zu einer Engländerin, die ein Kind adoptieren wolle. Ihr werde sie das Mädchen mitgeben. Bertha solle aber noch in Harburg gemeldet bleiben, denn dort, wo sie hinkomme, brauche sie keine Papiere. Diese Bemerkung war es, die Frau Wülfing stutzig machte und sie veranlasste, bei der Polizei Anzeige zu erstatten.

Wiese machte über den Verbleib des Kindes widersprüchliche Angaben. Der leiblichen Mutter hatte sie gesagt, sie selbst wolle Bertha adoptieren. Ein anderes Mal behauptete sie, sie habe das Mädchen nach Amerika vermittelt. Dann hieß es, sie habe es in der Familie in London untergebracht, bei der ihre Tochter angestellt war. Schließlich versuchte sie Berthas Mutter und eine Bekannte zu der Aussage zu überreden, sie seien dabei gewesen, als eine „englische Dame" das Kind abgeholt habe. Alle Nachforschungen blieben jedoch ergebnislos, ebenso wie die nach drei anderen Kindern, die Wiese anvertraut worden waren und spurlos verschwanden: Wilhelm Karl Klotsche, geboren am 19. Oktober 1902, den Wiese bei ihrer Schwester in Bilshausen untergebracht haben wollte, Peter Schultheiß, geboren am 31. Dezember 1902, der nun in der Familie eines Schlachters in Wien leben sollte, und Franz Sommer, geboren am 23. Dezember 1902, der angeblich nach London vermittelt worden war.

Wiese wird in Untersuchungshaft genommen. In den folgenden 18 Monaten suchen die Behörden unter erheblichem Aufwand nach den Kindern, entdecken aber weder ein Lebenszeichen von ihnen noch deren Leichen. So ist die Staatsanwaltschaft in dem Prozess im Oktober 1904 bei ihrer Beweisführung weitgehend auf Indizien angewiesen. Dazu zählt die Tatsache, dass der Herd in der Wohnung von Elisabeth Wiese offenbar stark überhitzt worden ist. Daraus zieht der Staatsanwalt den Schluss, dass darin Babyleichen verbrannt wurden. Außerdem hat sich die Angeklagte über ein fremdes Rezept Morphium verschafft und damit – so die Annahme – die Kinder getötet.

Elisabeth Wiese sagt vor Gericht aus, dass sie die Kinder ins Ausland vermittelt habe, kann dafür aber keinerlei Nachweise erbringen. Schließlich geht sie dazu über, andere zu beschuldigen: „Mein Mann wollte mit dem Kinde [gemeint ist der wenige Monate alte Wilhelm Karl Klotsche] Unsittlichkeiten treiben; ich verbot ihm dies, und darauf verließ er unter der Erklärung, dann solle ich es auch nicht haben, mit dem Kinde die Wohnung." Dann behauptet sie, eine Frau Miosga, der sie zwei Kinder übergeben habe, müsse diese wohl ermordet haben.

Zu einer entscheidenden Zeugin der Anklage wird Paula Berkefeld. Die junge Frau war im Mai 1902 aus London nach Hamburg zurückgekehrt, nachdem sich herausgestellt hatte, dass sie schwanger war. Mithilfe ihrer Mutter brachte sie am 6. Juli 1902 einen Jungen zur Welt. Vor Gericht sagt sie aus, das Kind sei voll ausgetragen und lebensfähig gewesen und habe sich bewegt. Sie sei von ihrer Mutter aufgefordert worden, den Jungen zu töten, was sie aber nicht gewollt und nicht gekonnt habe. Später sei das Kind verschwunden gewesen, und einige Tage danach habe ihr „die Wiese", wie sie sie nennt, mitgeteilt, ihr Sohn sei gestorben. Die Angeklagte kontert: „Was die Person hier gesagt hat, ist alles Lüge." Ihre Tochter habe kein ausgetragenes, lebensfähiges Kind zur Welt gebracht, sondern ein froschähnliches Gebilde. Das habe sie ins Klosett geschüttet. Ihrem Mann und ihrer Tochter habe sie allerdings vorgemacht, dass sie es habe beerdigen lassen, um einen Grund für ihre Schulden anführen zu können.

Auch wenn Wieses Anwalt in seinem Schlussplädoyer eindringlich an die Geschworenen appelliert, sich nicht von der Sensationspresse beeinflussen zu lassen und keinen Schuldspruch zu fällen, wenn es auch nur den geringsten Zweifel an der Schuld der Angeklagten gebe, ist das Urteil eindeutig: Wegen Mordes an fünf Kindern wird Wiese zum Tode verurteilt, wegen schwerer Kuppelei und Anstiftung zum Meineid in zwei Fällen außerdem zu sechs Jahren Zuchthaus. Nur vom angeblichen Mordversuch an ihrem Ehemann spricht man sie frei. Bis zuletzt, so heißt es in der „Neuen Hamburger Zeitung", habe sie ein solches Urteil offenbar nicht erwartet.

„Wie ward diese Frau zur Verbrecherin?", fragt sich der Verfasser des Zeitungsartikels und führt als möglichen Grund an, sie sei „als junges Ding" verführt worden und dadurch auf die schiefe Bahn geraten. Doch auch die Gesellschaft sei verantwortlich: „Zu einem solchen Weibe werden von jungen Müttern uneheliche Kinder gebracht. Das ganze Elend des gefallenen Mädchens steht vor unsern Augen. Hier liegt eine wuchtige Anklage gegen die Gesellschaft, die die außereheliche Mutter wie eine Verbrecherin brandmarkt und die sie Megären, wie dieser Wiese, in die Hände treibt." Friedländer sieht den Staat in der Pflicht: „Das Fehlen von Findelhäusern in Deutschland hat schon so manchem kleinen Wesen das Leben gekostet", schreibt er in seinem Bericht.

Um das Todesurteil gegen Elisabeth Wiese entsteht in den folgenden Wochen eine heftige Kontroverse. In einem Teil der Bevölkerung und der Presse herrscht die Ansicht vor, dass eine Frau nicht hingerichtet werden dürfe. Dagegen lehnen insbesondere Frauen jede Milde ab. Eine teilt brieflich mit: „Wenn die Männer in Hamburg alle zu große Memmen sind, um an einem solchen Scheusal die Todesstrafe zu vollstrecken, so bin ich, eine schwache Frau, auch ohne Entgelt bereit, die Todesstrafe an einem solchen Weibe zu vollziehen." Wiese wird am 2. Februar 1905 um 8 Uhr morgens im Hof des Untersuchungsgefängnisses vor dem Holstentor mit dem Fallbeil hingerichtet.

Der Schreiber dieses Briefes versuchte den Scharfrichter davon zu überzeugen, dass eine Frau nicht hingerichtet werden dürfe.

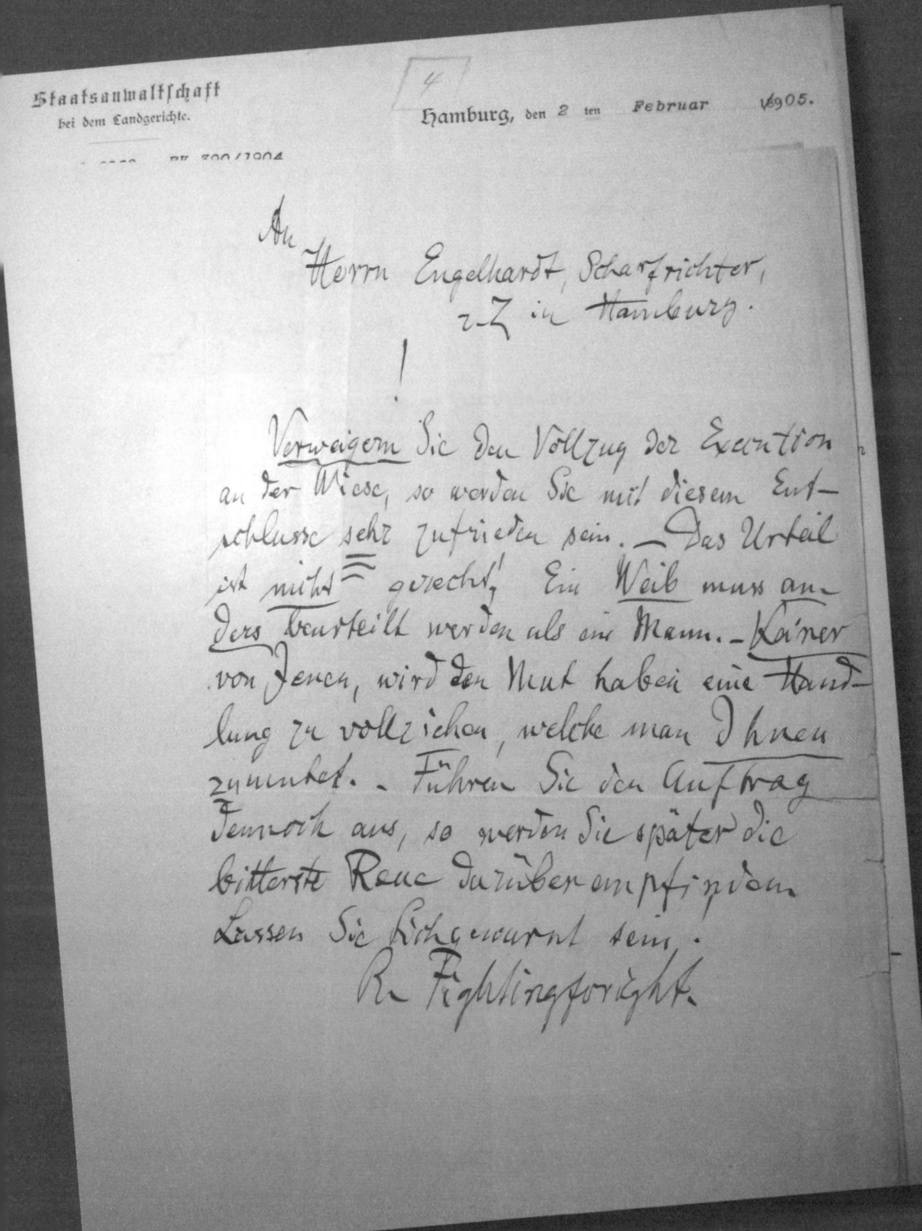

Staatsanwaltschaft
bei dem Landgerichte.

4

Hamburg, den 2 ten Februar 1905.

An
Herrn Engelhardt, Scharfrichter,
z. Z. in Hamburg.

!

Verwaigern Sie den Vollzug der Execution
an der Wiese, so werden Sie mit diesem Ent-
schlusse sehr zufrieden sein. – Das Urteil
ist nicht gerecht! Ein Weib muss an-
ders beurteilt werden als ein Mann. – Keiner
von Jenen, wird den Mut haben eine Hand-
lung zu vollziehen, welche man Ihnen
zumutet. – Führen Sie den Auftrag
dennoch aus, so werden Sie später die
bitterste Reue darüber empfinden
Lassen Sie sich gewarnt sein.

R. Fightingforight.

EIN „UNVERNÜNFTIGER MENSCH VON ROHER ERZIEHUNG“

Der Fall Heinrich Randt

Beim Prozess markiert er den Geisteskranken, doch das hilft ihm auch nicht: Heinrich Randt ist ein Mörder und kommt unter das Fallbeil. Damit endet ein unstetes Leben, welches an einem entscheidenden Wendepunkt auch einen besseren Ausgang hätte nehmen können.

Am 8. Oktober 1871 in Schwerin in Mecklenburg geboren, erwies sich Randt schon in der Volksschule und anschließend in der Tischlerlehre als zwar tüchtig, aber zugleich schwer erziehbar. Über zehn seiner 35 Lebensjahre verbrachte er hinter Gittern, davon acht Jahre wegen wiederholter leichterer Vergehen im Gefängnis und gut zwei Jahre im Zuchthaus. Unter seinen insgesamt sechs Vorstrafen sind Verurteilungen wegen schweren Diebstahls, Betrugs und Widerstands gegen die Staatsgewalt. Seit seiner Haftzeit in Hamburg von 1895 bis 1901 war Randt hier aktenkundig als ein „wegen hartnäckigem Leugnen verstockter Charakter, der von Reue und Buße nichts wissen wollte“. Sich selbst charakterisiert Randt in einem im Juli 1900 in der Strafanstalt Fuhlsbüttel aufgesetzten Gnadenersuch als einen von Jugend auf „unvernünftigen Menschen von roher Erziehung und daher so großen Schwachheiten preisgegeben“. Es habe „eine drückende Last“ auf seinem Gemüt gelegen, erst hinter Gittern habe er sich davon befreien können.

Nach seiner vorzeitigen Haftentlassung geriet er im Juni 1902 in Verdacht, seine frühere Geliebte ermordet zu haben. Nach vier Wochen in Untersuchungshaft setzte man ihn wieder auf freien Fuß: Die Vorwürfe haben sich trotz nicht unerheblicher Verdachtsmomente nicht bestätigen lassen.

Zur Tragik seines Lebens gehört es, dass Randt als geschickter Handwerker seinen Lebensunterhalt auch mit ehrlicher Arbeit hätte bestreiten können: Hinter den Gittern von Fuhlsbüttel hatte er nicht nur seine Strafe abgesessen, sondern auch eine gut wirkende Möbelpolitur zusammengemixt sowie eine Fahrradsicherung erfunden – er profitierte dabei von seinen „Berufserfahrungen" als einstiger Fahrraddieb.

Heinrich Randt wurde zum Mörder. Dabei hätte sein Leben eine andere Wendung nehmen können.

Unglücklicherweise macht Randt zu Pfingsten 1906 die Bekanntschaft des Möbelpolierers Baumann. Dieser hat gleichfalls eine Möbelpolitur entwickelt, und Randt wird sein Teilhaber. In der Hoffnung, nun das große Geld zu machen, verkauft Randt im September 1906 seine bis dahin florierende Tischlerwerkstatt in der Jungmannstraße in Altona und kümmert sich fortan um den Vertrieb der Baumann'schen Möbelpolitur und des Fahrradzubehörs. Daneben arbeitet er als Inseratenagent für das von seiner Braut gegründete „Central-Nachweisbureau" für möblierte Zimmer: Randt schließt die Verträge mit den Zimmerwirten ab und kassiert die entsprechenden Vermittlungsgebühren.

Alles hätte gut werden können, doch dann kündigt sein Partner Baumann, nachdem dieser sich zeitweise von Randt hatte alimentieren lassen, die Geschäftsbeziehung auf und begründet dies damit, dass Randt ja nun mal leider vorbestraft sei. Nun sieht Randt keinen anderen Ausweg als die Rückkehr zur Kriminalität. Potenzielle Opfer sind vermögende ältere Damen, in deren Wohnungen er durch seine Tätigkeit für die Zimmervermittlung Einlass bekommt.

Ende Oktober 1906 macht er auf diese Weise die Bekanntschaft der 54-jährigen Privatière Bertha Jark. Sie ist erst vier Wochen zuvor nach Hamburg gezogen und bewohnt in der ersten Etage des Hauses

Fruchtallee 113 in Eimsbüttel vier Zimmer, Küche und Nebenräume. Davon möchte sie zwei Zimmer möbliert vermieten und gibt zu diesem Zweck in verschiedenen Tageszeitungen Inserate auf. Nebenan wohnt ihre Cousine, der Jark am 1. November von dem Kontakt mit der Zimmervermittlung berichtet. Am frühen Nachmittag des 2. November wird Jark das letzte Mal lebend gesehen.

Als am folgenden Tag trotz mehrfachen Klingelns niemand aufmacht, ruft die Verwandte den Hausmeister zur Hilfe. Sie verschaffen sich Zugang zur Wohnung und finden Bertha Jark vor ihrem Bett bäuchlings tot auf dem Boden liegend, das Gesicht in einer kleinen Blutlache. Auch auf der Bettdecke und der Überdecke finden sich Blutspuren. Zunächst hält der Polizeiarzt auch einen Herzschlag als natürliche Todesursache für möglich, ordnet aber angesichts der Druckstellen an der linken Halsseite die Überführung des Leichnams in das Hafenkrankenhaus an.

Der Verdacht auf eine Straftat wird zur Gewissheit, als weder Geldsachen noch Schmuck zu finden sind. Alle Schlüssel fehlen, ebenso ein Sparkassenbuch über 225,86 Mark. Zudem ist der Toten der Trauring ihrer Mutter, den sie nach Auskunft ihrer Verwandten stets am linken Mittelfinger getragen hatte, offenbar gewaltsam entfernt worden.

Der Verdacht, die Frau getötet zu haben, richtet sich bald gegen Randt, der ja am Tag zuvor in der Wohnung gewesen ist. Als die Polizei bei ihm zu Hause auftaucht, ist er gerade unterwegs. Als er erfährt, dass die Obrigkeit ihm schon auf der Spur ist, setzt er sich am Morgen des 4. November ohne Gepäck nach Bremen ab. Durch einen Brief an den in der Gärtnerstraße wohnhaften Bruder seiner Braut und der darin angegebenen Bremer Adresse kommen ihm die Verfolger auf die Spur.

Zuerst treffen die Bremer Beamten auf einen Zuchthausbekannten von Randt. Dieser berichtet, dass Randt ihn gefragt habe, wie er am besten ein gestohlenes Sparkassenbuch zu Geld machen könne. Später wird Randt in Bremen festgenommen. Die Polizei findet bei ihm nicht nur das Sparkassenbuch, sondern auch mehrere Wertgegenstände aus der Wohnung der Toten sowie Pfandleihscheine über versetzten Schmuck.

Trotz dieser Beweise streitet Randt zunächst ab, überhaupt in Hamburg gewesen zu sein. Dann tischt er den Bremer Beamten folgende Geschichte auf: Er sei bei der Jark gewesen und hätte ihr von seinen Erfindungen vorgeschwärmt. Damit er diese erfolgreich vermarkten könne, habe sie ihm Geld leihen wollen. Sie habe ihm zunächst das

Die 54-jährige Bertha Jark wurde in ihrer Wohnung von Heinrich Randt ermordet.

Sparkassenbuch überreicht, es ihm dann jedoch wieder entrissen und sei dabei unglücklich gestürzt. Als er mitsamt den Wertsachen die Wohnung verlassen habe, sei die Frau noch am Leben gewesen.

Diese Darstellung wiederholt er auch nach seiner Überführung nach Hamburg bei seiner ersten Vernehmung am 7. November. Dann verlegt er sich aber darauf, „durch Vornahme nicht wiederzugebender Handlungen“ (so schreiben die „Hamburger Nachrichten“) die Rolle eines Geisteskranken zu spielen. Er habe am Tag der Tat unter geistiger Umnachtung gelitten und könne sich an nichts erinnern.

Untersuchungen seines Geisteszustands kommen zu dem Resultat, dass bei Randt zwar von Kindheit an eine degenerative Veranlagung gegeben sei, von einem richtigen Irresein könne aber weder grundsätzlich noch am Tag der Mordtat die Rede sein. Mit anderen Worten: Randt simuliert, und mildernde Umstände liegen nicht vor.

Nach den Ermittlungen der Polizei hat sich die Tat so abgespielt, dass sich Randt, nachdem ihm die Tür geöffnet worden war, auf die Jark stürzte, ihr Mund und Nase zuhielt und sie so lange mit dem Gesicht auf das Kopfkissen drückte, bis sie nicht mehr atmete. Anschließend warf er sie auf den Boden, um den Eindruck zu erwecken, das Opfer sei in Folge des Sturzes zu Tode gekommen.

Auch während der Gerichtsverhandlung versucht sich Randt wieder den Anschein des Geisteskranken zu geben, verfolgt jedoch sehr genau den Gang des Verfahrens und die Aussagen der Zeugen. Zu ihnen gehört auch sein Vater, praktizierendes Mitglied einer Baptistengemeinde, der die Geschworenen eindringlich bittet, den Sohn wegen mangelnder Zurechnungsfähigkeit im Augenblick der Tat freizusprechen.

Zwei vom Gericht bestellte Gutachter kommen allerdings zu dem Ergebnis, Randt sei jähzornig und zur Brutalität neigend, aber beileibe nicht geisteskrank. Den Antrag seines Verteidigers, noch einen Obergutachter heranziehen zu lassen, lehnt das Gericht ab. Der Staatsanwalt nennt die Tat einen geplanten und mit voller Überlegung ausgeführten Raubmord. Dafür sprechen sowohl der ermittelte Tatablauf als auch die Aussage, die Randt zunächst vor der Polizei gemacht habe. Eine Tötung im Affekt sei auszuschließen, vielmehr sei Randt des Raubmordes schuldig.

Das Schwurgericht verurteilt Randt am 30. November 1907 nach gut einstündiger Beratung wegen Mordes in ideeller Konkurrenz mit Raub zum Tode und zum dauernden Verlust der bürgerlichen Ehrenrechte.

Nach der Urteilsverkündung verabschiedet sich Randt vom Status des Geisteskranken und verlegt sich darauf, mit zahlreichen schriftlichen Einwendungen die Vollstreckung des Urteils möglichst lange hinauszuschieben. Eine Revision wird vom Reichsgericht am 15. März 1908 verworfen. Mit Unterstützung seiner Angehörigen reicht er mehrere Eingaben ein, um eine Wiederaufnahme zu erreichen. Doch all diese Versuche sind vergeblich. So rücken Tag und Stunde der Hinrichtung, der 27. Juni 1908, ein Sonnabend, 6 Uhr morgens, immer näher heran.

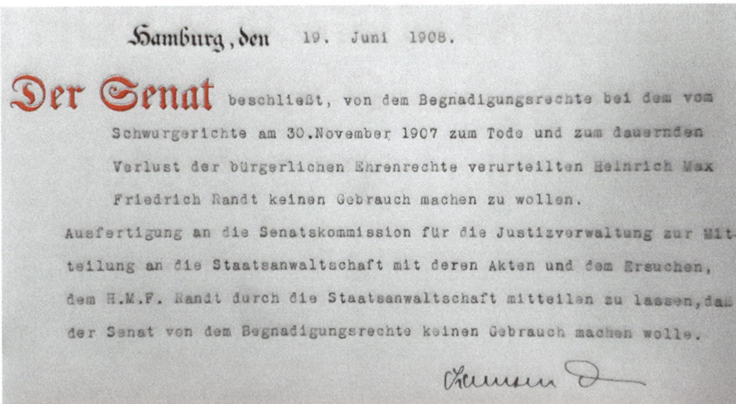

Hamburg, den 19. Juni 1908.

Der Senat beschließt, von dem Begnadigungsrechte bei dem vom Schwurgerichte am 30.November 1907 zum Tode und zum dauernden Verlust der bürgerlichen Ehrenrechte verurteilten Heinrich Max Friedrich Randt keinen Gebrauch machen zu wollen.

Ausfertigung an die Senatskommission für die Justizverwaltung zur Mitteilung an die Staatsanwaltschaft mit deren Akten und dem Ersuchen, dem H.M.F. Randt durch die Staatsanwaltschaft mitteilen zu lassen, daß der Senat von dem Begnadigungsrechte keinen Gebrauch machen wolle.

Der Senat lehnte am 19. Juni 1908 eine Begnadigung von Heinrich Randt ab.

Das Prozedere nimmt seinen festgesetzten Lauf: Am Nachmittag des 26. Juni teilt ihm der Staatsanwalt offiziell mit, dass der Senat unter dem Datum vom 19. Juni vom Recht der Begnadigung keinen Gebrauch gemacht habe, woraufhin Randt regelrecht zusammenbricht. Den Trost des Gefängnisgeistlichen nimmt er an, das ihm angebotene Essen verschmäht er und greift nur bei den Zigarren kräftig zu. Von seinen Angehörigen nimmt er tränenreich Abschied.

Am folgenden Morgen lässt er sich zunächst ohne Sträuben zur Guillotine im Hof des Untersuchungsgefängnisses vor dem Holstentor bringen und hört sich gefasst die nochmalige Verlesung des Urteilsspruchs an, gefolgt von der Weisung des Staatsanwalts: „Scharfrichter, walten Sie Ihres Amtes.“ Als Randt dann seinen letzten Gang antreten soll, schreit er fortwährend „Ich bin unschuldig, ich bin geisteskrank“ und wehrt sich nach Kräften. „Der Scharfrichter und seine Gehilfen mussten kurz vor der Exekution Gewalt anwenden, um ihre Aufgabe zu erfüllen“, meldet der „Hamburgische Correspondent“. Einem der Gehilfen des Scharfrichters fügt er eine Bisswunde zu, sodass Randt mit Gewalt unter dem Fallbeil festgeschnallt werden muss.

Der unerfreuliche Vorgang hat ein Nachspiel: Am 21. Juli empfiehlt die Gefängnisdeputation der Staatsanwaltschaft, „wegen der im vorliegenden Fall bei der Hinrichtung zu Tage getretenen Missstände eine Änderung des Verfahrens in Anregung zu bringen“.

DER AXTMÖRDER VON ALTONA

Der Fall Thomas Rücker

Von Altona nach Blankenese braucht der Vorortzug laut Fahrplan 21 Minuten. Für den Zahnarzt Dr. Friedrich Claussen wird dies zu einer Fahrt in den Tod. Der Fall des „Axtmörders von Altona" erregt weithin Aufmerksamkeit, auch deshalb, weil die Motive des 17-jährigen Gewalttäters im Dunkeln bleiben.

Am Sonnabend, den 10. November 1906, verlässt Dr. Claussen seine Praxis in der Königstraße 105 in Altona und setzt sich in den Zug nach Blankenese, der um 15.33 Uhr abfahren soll. Er ist gerade von einer mehrtägigen Reise zurückgekehrt und freut sich auf das Wochenende mit Frau und Kindern, die in der Familienvilla in Blankenese auf ihn warten. Als wenig später ein gut gekleideter junger Mann von sympathischem Aussehen das ansonsten leere Coupé II. Klasse betritt, schaut der Arzt nur kurz von der Mittagsausgabe des „Hamburgischen Correspondenten" auf. Die Zeitungen sind immer noch voll von Nachrichten über den Schustergesellen Wilhelm Voigt, der drei Wochen zuvor als „Hauptmann von Köpenick" die preußische Obrigkeit lächerlich gemacht hat.

Bei der Ankunft des Zuges um 15.54 Uhr in Blankenese wird die Bluttat entdeckt: Claussen liegt blutüberströmt und tödlich verletzt auf dem Boden des Eisenbahncoupés. Sein Schädel ist durch fünf kräftige Axthiebe zertrümmert worden. Die Polizei hat, so sollte man meinen, bei der Suche nach dem Mörder leichtes Spiel. Der Billettschaffner in Klein Flottbek kann ihn nämlich genau beschreiben. Dort ist der Täter ausgestiegen, und so hat – wie die „Altonaer Nachrichten" anmerken – „die so oft bekrittelte Formalität der Bahnsperre" doch einmal ein Gutes: Der Kontrolleur merkt natürlich, dass etwas nicht in Ordnung sein kann, als ihm ein junger Mann mit blutbespritzten Händen entgegenkommt. Doch er glaubt ihm die Erklärung, er habe heftiges Nasenbluten, und lässt ihn passieren, allerdings erst, nachdem er für die Strecke von Groß Flottbek-Othmarschen nach Klein Flottbek nachgelöst hat. Ordnung muss sein. Dass der Mann eine kleine Axt unter seiner Kleidung versteckt hatte, bemerkte der Kontrolleur nicht.

Fürs Erste ist der Täter, der 17-jährige Thomas Rücker, also entkommen. Auf seinem Rückweg nach Altona wäscht er sich in einer Bedürfnisanstalt, so gut es geht, das Blut ab und überprüft seine Beute: ein mit 160 Mark gefülltes Portemonnaie aus braunem Krokodilleder, eine Brieftasche und eine goldene Uhr mit verziertem Sprungdeckel und Uhrkette. Mit dem Geld kauft er sich in einem Bäckerladen ein Schrotbrot und bei einem Grünwarenhändler ein paar Äpfel. Das muss als Verköstigung reichen – Rücker verzehrt kein Fleisch und ist auch dem Alkohol abhold. Die Tatwaffe, ein Handbeil, das sein Vermieter zum Holzhacken benutzt, legt er wieder zurück an den gewohnten Platz. Später am Nachmittag findet er noch die Zeit, der Polizei in Altona mit verstellter Schrift einen Brief zu schreiben und einzuwerfen: „Ich habe heute ein Mann auf Bahn tot gemacht. Warum? Weil sein ausgewiesen und sein kein Geld habt. Ich war gut gekleidet – Der Mörder."

Die Nachricht von der schaurigen Bluttat macht schnell die Runde. Am nächsten Tag werden überall Plakate angeschlagen: „2000 Mark Belohnung. Raubmord im Vorortzug Altona-Blankenese". Das Ehepaar Kossmann, Rückers Logisgeber, schöpft angesichts der Beschreibung des Täters Verdacht. Als die Vermieterin Rücker am Sonntagmorgen fragt, ob er schon von der Bluttat gehört habe, gerät er in große Aufregung. Er verlässt sein Zimmer und läuft in der Stadt umher. Dann betritt er, wohl

Der Hauptbahnhof in Altona, 1905

zum ersten Mal in seinem Leben, ein Wirtshaus, wo er drei junge Männer kennenlernt, die sich gerne zu einigen Runden Bier einladen lassen. Anschließend besucht er erstmals ein Bordell. Aber auch die käufliche Weiblichkeit vermag ihm kein rechtes Amüsement zu bereiten.

Nachdem er sich längere Zeit herumgetrieben hat, geht er wieder in seine Kammer in der (heute nicht mehr vorhandenen) Rolandstraße 35. Dort wird sein Schlaf am frühen Morgen des 13. November jäh beendet: Der Altonaer Polizeiinspektor Engel betritt mit drei Schutzleuten das Zimmer. Sie nötigen den jungen Mann dazu, sich rasch anzukleiden und in Handschellen auf das Revier zu kommen. Leugnen hat keinen Zweck: An der Kleidung sind Blutflecken. Im Sofa versteckt finden die Polizisten die goldene Taschenuhr des Zahnarztes. Vom geraubten Geld sind noch 18,85 Mark übrig.

Der Tathergang ist somit rasch geklärt, allein die Motive geben den Ermittlern einige Rätsel auf. Er sei schon seit drei Wochen arbeitslos, habe seit mehreren Tagen nichts gegessen und sei deshalb hungrig gewesen, erklärt Rücker den Beamten. Warum er nicht zum Dieb geworden ist, vermag er nicht zu sagen: Selbst das geltende Strafgesetzbuch sieht bei Mundraub mildere Strafen vor. Die eine Mark Fahrgeld für die Zugfahrt hat er sich von seiner Vermieterin geliehen.

Zu seiner Person macht Rücker folgende Angaben: Er wurde am 28. Dezember 1888 zu Hermsdorf in Böhmen (heute Heřmanice) geboren, katholisch getauft und erzogen. Sein mittlerweile in Reichenberg (heute Liberec) ansässiger Vater sei ein wohlbestallter Architekt und habe ihn das Geigenspiel erlernen lassen. Auch seine Mutter sei noch am Leben und ein jüngerer Bruder besuche das dortige Gymnasium. Er selbst habe in Reichenberg das Gymnasium besucht, sei aber in der Obersekunda wegen Lernschwierigkeiten abgegangen. Statt des vom Vater erhofften Theologiestudiums habe er eine Gärtnerlehre gemacht und nach Abschluss der Ausbildung noch zwei Semester lang die „Landwirtschaftliche und Gärtnerlehranstalt zu Oranienburg“ bei Berlin besucht. Anschließend sei er als Gärtner tätig gewesen. Der Handelsgärtner Berndt in Wandsbek habe ihn jedoch entlassen: Rücker sei wegen mangelnden Fleißes und Bummelei für den Gärtnerberuf völlig ungeeignet, mehr noch, man werde dafür sorgen, dass er in Hamburg und Umgegend als Gärtner keine Anstellung mehr finden könne.

Auch seine letzte Stellung in einer Eisenwarenhandlung mit 20 Mark Wochenlohn habe er eingebüßt und sei daher in Geldnöten

gewesen. Deshalb sei ihm der Gedanke gekommen, einen wohlhabenden Alleinreisenden umzubringen und zu berauben. Claussen war also kein Zufallsopfer. Rücker hatte ihn schon auf dem Altonaer Bahnhof als geeignet ausgespäht, sich gezielt zu ihm in das Abteil gesetzt, die Tat dann kurz nach Passieren von Bahrenfeld ausgeführt und sein Opfer dann kurz vor dem Aussteigen beraubt.

Warum er nicht einfach seinen Vater um Hilfe gebeten hat, der ihm sicherlich Geld vorgestreckt hätte, bleibt für die Ermittler ein Rätsel. Hinweise auf ein Zerwürfnis mit den Eltern gibt es nicht. Selbst seine Vermieter hätten ihm im Wissen um seinen familiären Hintergrund jederzeit mit kleineren Summen ausgeholfen.

Warum also dieser kaltblütig geplante Mord? Er habe seinen Eltern die Schande ersparen wollen, dass ihr Sohn ein Dieb sei, so die Antwort. Warum diese leichter mit der Wahrheit leben könnten, ihr Sohn sei ein Raubmörder, kann Rücker hingegen nicht erklären.

Normalerweise hätte es für eine solche Tat die Todesstrafe gegeben, doch Rücker ist zur Tatzeit noch keine 18 Jahre alt. Der Prozess vor der Strafkammer wegen Raubmordes beginnt am 12. Januar 1907. Auf das Gericht und die Zuhörer macht der adrette junge Mann mit den guten Manieren und der gepflegten, akzentfreien Ausdrucksweise, der da gefesselt in den Saal geführt wird, einen vortrefflichen Eindruck. Kann so jemand wirklich ein kaltblütiger Mörder sein?

Es wurden sogar Ansichtskarten mit dem Porträt des „Axtmörders von Altona" verbreitet.

Offenbar hegt auch der vorsitzende Richter gewisse Zweifel: Er fragt ihn nach seinen Einträgen in seinem Tagebuch, das Rücker kurz vor der Tat begonnen hatte. Ob er religiös sei („Ich bin hin und wieder in die Kirche gegangen"), ob er nicht einmal versucht habe, sich durch Geigenspiel Geld zu verdienen, und was denn sein Lesestoff gewesen sei (unter anderem ein „Nick Carter"-Groschenroman, in dem es um einen Raubmord im Eisenbahncoupé geht). Der Richter zitiert auch einen höchst belastenden Tagebucheintrag: „Um einen Betrug zu begehen, fehlt mir der Mut, dagegen könnte ich es fertigbringen, zur Stillung meines Hungers einen Menschen zu ermorden und zu berauben."

Ein positives Zeugnis legen hingegen die als Zeugen geladenen Wirtsleute ab: Der Angeklagte sei ein sehr ordentlicher, zurückgezogen lebender Mensch, dem ein schwerwiegendes Verbrechen nicht zuzutrauen sei. Im Gegenteil: Wenn er Geige gespielt habe, sei dies so wohlklingend gewesen, dass die Leute auf der Straße stehen geblieben seien.

Was seinen körperlichen und geistigen Zustand angeht, so wird nach dem Zeugnis der ihn untersuchenden Ärzte zu Protokoll gegeben: Rücker habe einen schlechten Schlaf, habe öfter Kopfschmerzen und führe im Schlaf Selbstgespräche. Um ihn für den Zeitpunkt der Tat für unzurechnungsfähig zu erklären, reicht dies allerdings nicht aus.

Sogar die beiden Damen aus dem Etablissement in der Altonaer Christianstraße, das Rücker am Tag nach der Tat aufgesucht hatte, werden in den Zeugenstand gebeten, mit Rücksicht auf die Wahrung der Sittlichkeit selbstverständlich unter Ausschluss der Öffentlichkeit. Nur die Presse darf bleiben. Sie geben zu Protokoll, der Angeklagte sei unfähig gewesen, den Beischlaf auszuführen, ihrer Ansicht nach sei Rücker wohl homosexuell veranlagt.

Angesichts des Tatablaufs und der freimütigen Äußerungen des Angeklagten hat das Gericht keine andere Wahl, als „wegen Mordes im rechtlichen Zusammentreffen mit Raub" die höchstzulässige Freiheitsstrafe für einen noch Minderjährigen zu verhängen: 15 Jahre Gefängnis, zu verbringen im Provinzialgefängnis zu Neumünster.

Der ungewöhnliche Fall verschafft Rücker eine gewisse Popularität: Sogar Ansichtskarten mit dem Porträt des „Axtmörders von Altona" werden verkauft, und im Gefängnis bekommt Rücker Post von Frauen, die ihn gerne kennenlernen wollen: „Wenn Sie einstmals frei sind, steht Ihnen mein Haus offen", schreibt eine. Ob Rücker das Angebot wahrgenommen hat, ist unbekannt.

DER GEWALTSAME TOD EINER PFANDLEIHERIN

Der Fall Arthur Holste

Arthur Holste hat den sozialen Abstieg seiner Familie nach der Pleite der väterlichen Firma offenbar nie verwunden. Der junge Mann möchte sich schick anziehen und mit Frauen ausgehen. Und wenn das Geld dafür nicht reicht, muss er eben welches stehlen. Oder eine Frau ermorden, die über reichlich Geld und Wertgegenstände verfügt.

Am 12. Januar 1910 fällt Herrn Mehler, einem Angestellten der Wach- und Schließgesellschaft, bei seinem spätabendlichen Rundgang auf, dass die Tür einer Pfandleihe in der Poolstraße unverschlossen ist. Er betritt den Laden der 55-jährigen Luise Merkli und bemerkt, dass im Zimmer hinter dem Laden Licht brennt. Auf sein Rufen erhält er keine Antwort. Mehler wird die Sache unheimlich. Er bittet einen jungen Mann, den er auf der Straße trifft, ihn zu begleiten. Als sie in die Wohnung vordringen, bietet sich ihnen ein grauenhaftes Bild: Die Pfandleiherin liegt blutüberströmt und leblos auf dem Boden. Ihr Kopf ist mit einem Tuch abgedeckt. Die spätere Obduktion ergibt, dass Merkli durch zwei tiefe Schnitte in den Hals getötet wurde. Die herbeigerufene Polizei findet unweit der Leiche die Mordwaffe, ein Rasiermesser, sowie weitere Gegenstände, mit denen der Mörder offenbar auf sein Opfer eingeschlagen hat, und ein Handtuch mit Blutflecken. Die Tür des Geldschranks steht offen. Später stellt sich heraus, dass etwa 1200 Mark an Bargeld und eine große Zahl an Wertgegenständen wie Uhren und Schmuck fehlen.

Schon zwei Tage später wird ein dringend tatverdächtiger Mann gefasst. Der Handlungsgehilfe Arthur Holste ist ein Kunde von Luise Merkli und hat sie auch privat wiederholt besucht. Nach seiner Festnahme im Café Opera legt er ein umfassendes Geständnis ab. Das

Der Raubmord an der 55-jährigen Pfandleiherin Luise Merkli blieb nicht lange unentdeckt.

Motiv für die Tat: Geldverlegenheiten. Holste, 1888 in Hannover geboren, stammt aus gutbürgerlichen Verhältnissen. Sein Vater besitzt ein Baustoffgeschäft. Als das Unternehmen in finanzielle Schieflage geriet, büßte auch der Sohn erheblich an gesellschaftlichem Status ein. Er musste die Realschule verlassen und begann 1903 eine Ausbildung im Einzelhandel. Das Geld, das er dabei verdiente, reichte nicht für seine Bedürfnisse. Wiederholt musste er die Stelle wechseln, weil er sich, wie es heißt, mehrfach Unrechtmäßigkeiten zuschulden kommen ließ.

Im April 1908 verschlug es Holste nach Hamburg. In der reichen Kaufmannsstadt hatte er zunächst Probleme, eine passende Anstellung zu finden. Also verdingte er sich als Zeitungsordner in einem Café und hielt sich dann längere Zeit mit dem Verkauf von Postkarten in feineren Restaurants über Wasser. Die hochwertige, elegante Kleidung vieler Gäste faszinierte ihn. Schließlich fand er einen Job als Verkäufer beim Bekleidungsgeschäft Gerson & Co., hörte dort aber im Juli 1909 schon wieder auf. Ein paar Monate war er arbeitslos und ließ sich von seinem Bruder unterstützen, von dem es heißt, er lebe von Betrügereien.

Im Oktober wurde Holste Verkäufer im Seidenhaus Brandt, zwei Monate später fing er im Bekleidungshaus Götsch in der Gärtnerstraße an. Doch sein Gehalt genügte weiterhin nicht seinen Ansprüchen: Holste kleidete sich gern elegant und führte häufig junge Frauen aus. Um seinen aufwendigen Lebensstil finanzieren zu können, musste er immer wieder das ein oder andere Teil verpfänden. Auf diese Weise lernte er im Mai oder Juni 1909 Luise Merkli kennen. Die allgemein als geizig bekannte Frau schloss den jungen Mann ins Herz – er ähnelte ihrem früheren Liebhaber – und belieh seine Pfänder höher als üblich. Holste witterte eine Chance und besuchte Merkli öfter auch privat, las ihr aus der Zeitung vor und ging mehrmals mit ihr und seiner damaligen Freundin aus. Dem Mädchen gegenüber prahlte er, Merkli besäße 50 000 bis 60 000 Mark. Wenn man sie sich warmhalte, könne man sie vielleicht einmal beerben.

Seine finanzielle Lage wurde immer prekärer. Holste bestahl seinen Arbeitgeber und wurde nach Entdeckung der Tat am 7. Januar 1910 entlassen. Von einer Strafanzeige sah das Bekleidungshaus vorerst ab, weil der Delinquent die Diebstähle eingestanden und versprochen hatte, den entstandenen Schaden in Höhe von 107,86 Mark binnen drei Tagen zu ersetzen. Vergeblich versuchte Holste, das nötige Geld aufzutreiben. In der Nacht zum 11. Januar, so erklärt er später in der Vernehmung, sei ihm dann der Gedanke gekommen, Luise Merkli zu ermorden und ihr Geld an sich zu nehmen.

Am folgenden Tag wird der Gedanke zum Plan: Am Nachmittag des 12. Januar kauft Holste einen Hammer, um die Pfandleiherin zu erschlagen. Die ursprüngliche Idee, sie zu erschießen, scheitert daran, dass er keinen Revolver besitzt und außerdem fürchtet, die Nachbarschaft durch die Schüsse aufzuschrecken. Als er gegen 20 Uhr das Haus verlässt, steckt er noch ein Rasiermesser ein, angeblich, um sich selbst zu töten, falls bei seinem Plan etwas schiefgehen sollte. Bei Merkli angekommen, klopft er an die verschlossene Ladentür, ohne eine Antwort zu erhalten. Er zögert, denkt daran, sein Vorhaben aufzugeben, und pocht dann ans Fenster. Hierauf bittet ihn Merkli herein und schließt hinter ihm ab. Beide setzen sich an den Tisch. Er liest ihr aus der Zeitung vor und gibt ihr später das Blatt.

Als sie sich in die Lektüre vertieft, sieht Holste den richtigen Zeitpunkt für seinen Mordplan gekommen. Er schlägt mehrfach mit dem Hammer auf Merkli ein. Diese schreit entsetzt auf und bricht unter

Am 9. Februar 1910 widmen sich die „Hamburger Nachrichten" dem Raubmörder und „traurigen Helden des Tages" Arthur Holste.

den Schlägen zusammen. Sie wehrt sich und bietet dem Angreifer schließlich an, ihm alles zu geben, was er verlange. Holste, zwischenzeitlich im Handgemenge selbst zu Fall gekommen, schlägt weiter auf sein Opfer ein, erst mit einem Holzscheit, dann mit der Kohlenschaufel. Merkli wehrt sich noch immer und krallt sich in seinen Haaren fest. Da greift Holste zum Rasiermesser und bringt der Frau am Hals zwei tiefe Schnitte bei, die schließlich zum Tod führen.

Er legt ein Tuch und eine Schürze über das Gesicht der Ermordeten, um sie nicht ansehen zu müssen. Dann durchsucht er das Zimmer nach Geld und Wertgegenständen. Einiges findet er in Zigarrenkisten, die auf dem Klavier stehen. Außerdem räumt er den geöffneten Geldschrank aus: Gegenstände aus Gold und etwa 1200 Mark an Bargeld sind dort verwahrt. Mit einem Handtuch wischt er sich Blut von Gesicht und Händen und verlässt den Tatort – nicht ohne Vorsichtsmaßnahmen: Um zu verhindern, dass jemand auf das Klirren des Schlüsselbunds aufmerksam wird, löst er alle Schlüssel von dem Ring, bevor er die Tür aufschließt. Außerdem versucht er, die Türglocke zu blockieren, was ihm jedoch nicht gelingt, da sie zu hoch hängt.

Zu Hause angekommen, verstaut Holste die Wertsachen in einem Koffer, legt das Geld auf die Chaiselongue und geht ins Bett. Schlafen kann er aber nicht, ein „ekelhafter Blutgeruch“ und das schlechte Gewissen halten ihn wach. Also steht er wieder auf und rechnet den Wert der Beute zusammen: über 7000 Mark laut seiner Schätzung. Am nächsten Tag ist von Reue nichts mehr zu spüren: Holste geht erst einmal shoppen. Er ersteht einen neuen Anzug und einen Mantel, bestellt zwei Paar Stiefel, lässt sich einen Smoking anfertigen – dieser allein kostet 165 Mark und damit das Doppelte seines letzten Monatsgehalts – und tätigt weitere Einkäufe. Er lässt sich rasieren und die Haare schneiden und sucht ein öffentliches Bad auf. Seine blutverschmierten Kleider bringt er in die Reinigung. Er sei zwischen zwei Straßenbahnen geraten, erklärt er den Zustand der Kleidung. Schließlich zahlt er bei seinem früheren Arbeitgeber seine Schulden und sucht die Firma Israel & Co. auf, um sich dort für eine Stelle in Südbrasilien zu bewerben.

Doch die Polizei kommt ihm schnell auf die Spur. Am nächsten Tag wird Holste verhaftet. Als Motiv für seine Tat erklärt er, er habe sich mit seiner Braut zerstritten und gehofft, als finanziell besser gestellter Mann ihre Liebe zurückgewinnen zu können. Dieser Darstellung widerspricht die junge Frau entschieden. Später räumt Holste ein, den Raubmord begangen zu haben, um seine Schulden zu begleichen und sich selbstständig zu machen.

Am 24. Juni 1910 verurteilt ihn das Hamburger Schwurgericht wegen Mordes zum Tode. Noch am selben Tag beantragt sein Rechtsanwalt eine Revision des Urteils und führt dafür unter anderem formale Gründe an. Zentraler Punkt des Einspruchs sind aber zwei einander widersprechende Gutachten über den Geisteszustand des Angeklagten. Das eine kommt zum Ergebnis, dass ein „Zustand von Bewusstlosigkeit oder krankhafter Störung der Geistestätigkeit, durch welche seine freie Willensbestimmung ausgeschlossen war“, nicht vorgelegen habe. Das andere konstatiert, Holste leide an ererbter Syphilis, die seine „gesamte geistige Veranlagung zu einer minderwertigen“ stempele. „Es scheint mir unmöglich, seine Gehirnkonstitution für eine normale zu erklären“, urteilt dieser Gutachter. Diese Einschätzung habe das Gericht nicht hinreichend berücksichtigt und nicht eingehend untersucht, so der Verteidiger. Am 8. September 1910 weist das Reichsgericht die Revision ab. Später wird die Todesstrafe jedoch in lebenslängliche Zuchthausstrafe umgewandelt.

DIE BLUTTAT VON SÜDERWISCH

Der Fall Hermann Meißner

200 Mark – so hoch ist die Beute, für die ein betagtes Gastwirtsehepaar „in geradezu viehischer Weise“ (so schreibt der „Hamburgische Correspondent“) am Tag vor Heiligabend 1911 umgebracht wird. Der Schauplatz des schwersten Verbrechens, das seit Jahren in Cuxhaven und Umgebung verübt worden ist, ist die kleine Ortschaft Süderwisch. Die hanseatische Obrigkeit ist für die Landgemeinde zuständig, weil Cuxhaven von 1394 bis 1937 zu Hamburg gehört.

Hermann Meißner hat bereits ein wechselvolles Leben meist am Rande der Gesellschaft hinter sich, als er mit 21 Jahren zum Doppelmörder wird: 1890 in Frankfurt an der Oder geboren, hatte er die Schule vorzeitig verlassen und sich in verschiedenen Orten als Laufbursche verdingt, bevor er mithilfe der Armenbehörde 1907 eine Stelle als Dienstknecht bei dem Bauern Petersen in Altenbruch bei Cuxhaven erhielt. Der Bauer war mit ihm zufrieden. Meißner hatte zwar eine Sprachstörung, war aber ohne Vorstrafen und erwies sich als anstelliger und fleißiger Bursche. Schlecht ging es ihm dort nicht: Er bezog freie Kost und Logis sowie jährlich 300 Mark Lohn, von denen er noch fünf Mark bekommen sollte.

So weit hätte alles gut sein können. Allein, Meißner war ein Hochstapler: Um seinen Arbeitgeber und seine Verlobte, ein Dienstmädchen, zu beeindrucken und sich einen möglichst guten Leumund zu verschaffen, hatte er allen erzählt, er sei durchaus wohlhabend, auf den Arbeitslohn eigentlich gar nicht angewiesen und werde überdies am 1. Oktober 1912 den familieneigenen Bauernhof übernehmen. In Wahrheit war sein Vater früh verstorben, seine Mutter kämpfte sich als arme Waschfrau täglich mit Mühe und Not durchs Leben und die Großmutter war abhängig von städtischer Armenunterstützung.

Warum nun Meißner zum Mörder wurde, lässt sich auch durch die Gerichtsverhandlung letztlich nicht klären. Möglicherweise fürchtete er seine baldige Entlarvung und gesellschaftliche Ächtung. Jedenfalls brachte Meißner am Abend des 23. Dezember 1911 den Gastwirt Ulrich und seine Ehefrau brutal ums Leben. Der Tatort ist ein einsam gelegenes, strohgedecktes Haus an der Altenwalder Landstraße in Süderwisch. Dort betrieb das Ehepaar Ulrich, mittlerweile im siebten Lebensjahrzehnt stehend, die Gastwirtschaft „Zur Erholung".

Am Morgen des 24. Dezember kommt der Milchmann Wiebusch gegen 9.15 Uhr auf seinem Weg von Lüdingsworth nach Cuxhaven an der Wirtschaft vorbei. Als die Eingangstür bei seinem Rückweg gegen 11 Uhr immer noch verschlossen ist und die Rollvorhänge heruntergelassen sind, wird er misstrauisch. Wiebusch geht um das Haus herum und gelangt durch eine Hintertür hinein. Dort findet er die Besitzer mit heftigsten Kopfverletzungen – laut Obduktionsbefund „mit Beteiligung des Schädels und des Gehirns" – tot auf dem Boden liegend

In der einsam gelegenen Gastwirtschaft an der Altenwalder Landstraße in Süderwisch verübte Hermann Meißner wegen 200 Mark den Doppelmord an dem Gastwirtsehepaar.

vor: den Gastwirt voll angekleidet in der vorderen Wirtsstube in einer Blutlache, seine Frau, schon im Nachtgewand, im Schlafzimmer. Laut der Obduktion war das Tatwerkzeug ein keulenartiger Gegenstand mit gradlinigen, halb scharfen Kanten.

Die polizeilichen Ermittlungen nehmen bald Meißner ins Blickfeld: Laut Zeugenaussagen war er am Vorabend nicht nur der letzte Gast bei Ulrich gewesen, sondern hatte sich dort auch Geld leihen wollen. Später trat er in Cuxhaven im „Deutschen Haus", in den „Reichshallen" und weiteren Lokalen sehr spendabel auf und feierte mit einem Knecht aus dem Flecken Altenbruch. Auf dem Weg nach Hause machte er – was seinem Begleiter sehr merkwürdig vorkam – einen Umweg über die Felder, um nicht am Mordhause vorbeigehen zu müssen.

Am Morgen des 24. Dezember verließ Meißner um 7 Uhr den Petersen-Hof, besuchte gegen 8 Uhr noch seine Braut und drückte ihr als Geschenk zwei Fünfmarkscheine in die Hand. Anschließend setzte er sich mit Ziel Frankfurt/Oder in die Bahn. Beim Zwischenhalt in Berlin kaufte er sich einen Anzug und erschien frisch ausstaffiert bei seiner Mutter. Ihr schenkte er 20 Mark zu Weihnachten, gab ihr 60 Mark zur Verwahrung und zahlte seinem Bruder 20 Mark zurück. Von den insgesamt rund 200 Mark, die er den Ulrichs gestohlen hatte, waren bei seiner Festnahme noch 33,10 Mark übrig.

Die Handschellen klicken am Morgen des Zweiten Weihnachtstages, als Meißner nach durchzechter Nacht, stark angeheitert und fröhlich singend, im Auto eines Freundes vor der Wohnung seiner Mutter auftaucht. Zunächst leugnet er die Tat. Als er jedoch in Begleitung des nach Frankfurt an der Oder entsandten Kriminaloberwachtmeisters Schinke zur weiteren Vernehmung auf eine Polizeiwache gebracht wird, ist er bald geständig.

Seine Erläuterungen zum Tathergang verändern sich im Laufe der Vernehmungen, eine vorsätzliche Tötung streitet er aber rundheraus ab. Nach seiner Aussage hat er am 23. Dezember von 14.15 bis 20.45 Uhr bei Ulrich gesessen, in diesen sechseinhalb Stunden aber nur 1,10 Mark ausgegeben und sei deshalb völlig nüchtern geblieben. Er hatte, so Meißner weiter, sich schon länger von Ulrich Geld für die Reise leihen wollen, was dieser jedoch abgelehnt habe. Auch seine Behauptung, ihm sei ein Portemonnaie mit 160 Mark abhandengekommen und er brauche das Geld dringend, habe auf Ulrich keinen Eindruck gemacht.

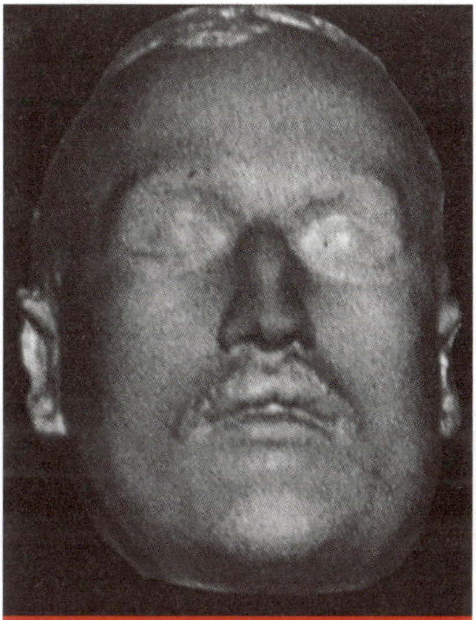

Totenmaske des Doppelmörders Hermann Meißner

Weil die Gaststube voll gewesen war, konnte er mit Ulrich nicht unter vier Augen sprechen. Deshalb war er am späteren Abend noch einmal zurückgekommen. Dann sah er in der Küche auf dem Fensterbrett ein Stück Eisen, und eine „unwiderstehliche Kraft" sei über ihn gekommen: Er steckte das Metallstück ein, setzte sich mit Ulrich in der Gaststube an den Tisch und versetzte ihm in einem geeigneten Moment mehrere Schläge auf den Kopf. Der Frau setzte er nach einem Handgemenge in gleicher Weise zu, bis sie keinen Laut mehr von sich gegeben habe. Dann nahm er etwa 200 Mark aus der Blechkassette, die zuvor in der Schlafstube aufbewahrt worden war, und verließ das Haus.

Bei dieser Aussage bleibt Meißner auch, nachdem ihn die Polizei zu einem Ortstermin an den Tatort gebracht hat. Erst bei einer nochmaligen Vernehmung im Untersuchungsgefängnis revidiert er sich in zwei wesentlichen Punkten: Das Tatwerkzeug sei nun ein eiserner Rundbaumbolzen gewesen, wie er beim Einzäunen von Viehweiden verwendet werde, und er habe ein Taschenmesser mit sich geführt, in der Absicht, den Kitt an den Gaststubenfenstern zu lösen, um in die Wirtschaft einzubrechen. Meißners Arbeitgeber bestätigt, dass ein solcher Bolzen auf dem Hof verfügbar gewesen sei. Der Bauer Petersen kann sich sogar daran erinnern, dass er sich vor einiger Zeit von einem Schmied drei solche Teile anfertigen ließ. Davon habe einer immer neben der Scheunentür gelegen, war aber seit der Mordnacht verschwunden. Auf Wunsch der Polizei fertigt der Schmied ein identisches Werkstück an, das von den hinzugezogenen Ärzten als denkbares Tatwerkzeug identifiziert wird.

Bei seinen späteren Vernehmungen räumt Meißner freimütig ein, er habe die Absicht gehabt, Geld zu stehlen und notfalls auch jemanden umzubringen. Seine Auskunftsfreude macht es dem Anklagevertreter bei der Verhandlung am 21. März 1912 im Strafjustizgebäude leicht, den Mordvorwurf zu belegen. Meißner habe seine Tat planmäßig und mit voller Überlegung ausgeführt, nachdem er durch seine Angeberei hinsichtlich seiner persönlichen Verhältnisse in eine unangenehme Lage geraten sei. Die Argumente des Verteidigers, sein Mandant habe die Wirtsleute nur berauben wollen und die Morde wären im Affekt geschehen, machen auf die Geschworenen keinen Eindruck. Sie benötigen gerade einmal 90 Minuten, dann ist das Todesurteil wegen zweifachen Mordes und der rechtswidrigen Mitnahme der 200 Mark gefällt.

Meißner nimmt den Urteilsspruch ohne äußerliche Regung hin. Einen Antrag auf Revision weist das Reichsgericht am 18. Mai 1912 zurück. Auch das von seinem Rechtsanwalt Hermann Samuel eingereichte Gnadenersuch hat keinen Erfolg: Am 20. September bescheidet der Senat auf Vortrag von Justizsenator Bruno Schaefer das Gesuch abschlägig und legt zugleich fest, dass eine Umwandlung der Todes- in eine lebenslange Zuchthausstrafe „auf dem Wege der Gnade" nicht möglich sei. Meißner bittet am 25. September 1912 in einem letzten Brief seine Mutter um Verzeihung: „Liebe Mutter, sei so gut und trage mir meine Fehler nicht weiter nach und verzeih mir alles schlechte, was ich dir und der Familie angetan habe. Ich gehe in der Hoffnung auf deine und der Geschwister Verzeihung von dieser Welt." Die Hinrichtung wird auf Donnerstag, den 26. September 1912, um 6.15 Uhr festgesetzt.

An seinem letzten Abend bestellt sich der Delinquent Eier, Wein und Zigarren und ist dann – wie es im Amtsdeutsch heißt – den „Tröstungen der Religion" zugänglich. Gefängnispastor Lüder berichtet: „Bei der von kurz vor ½ 6 – 6 Uhr gehaltenen Beichte und Abendmahlsfeier war er tief bewegt und dankte mir hernach. Auch über die letzten Minuten halfen ihm Gesänge und Gebete hinweg, und dann ging er ruhig und gefasst zur Verkündigung und Vollstreckung des Urteils, die er ohne einen Laut über sich ergehen ließ." Bald darauf künden behördliche Bekanntmachungen an den Anschlagsäulen von der Vollstreckung des Todesurteils. Hermann Meißner wollte mehr sein, als er tatsächlich war – das geht vielen so, aber glücklicherweise werden nur die wenigsten dafür zum Mörder.

RACHE FÜR EIN VERWEHRTES ATTEST

Der Fall Bernhard Draheim

Wer sich von Behörden schikaniert fühlt, dem mag schon einmal der Gedanke kommen, einen Mord begehen zu wollen. In den allermeisten Fällen bleibt es zum Glück beim Gedankenspiel. Anders bei Bernhard Draheim, der am 18. Mai 1916 deswegen zum Täter wird.

Viel Glück im Leben hat er nicht gehabt: Am 11. August 1883 in der westpreußischen Ortschaft Jakturke geboren, ging Draheim mit 14 Jahren von der einklassigen Schule seines Geburtsortes ab, fand hier und dort im Gebiet des Deutschen Reiches Arbeit und wurde in seiner Militärdienstzeit strafrechtlich erstmals auffällig: Am 5. Januar 1907 wegen tätlichen Angriffs auf einen Vorgesetzten zu zweieinhalb Jahren Haft verurteilt, kam er nach 18 Monaten gnadenhalber auf freien Fuß. Einige Zeit später wurde Draheim in Hamburg heimisch und arbeitete unter anderem auf der Vulkanwerft in Steinwerder und nebenan bei Blohm & Voß.

Während seiner Anstellung beim Maschinenbauunternehmen Seidel & Spiegelberg in Ottensen soll er etwa im Jahr 1913 einen schweren Arbeitsunfall erlitten haben. Angeblich mit Rücksicht auf einen Arbeitskollegen habe er den Vorfall nicht gemeldet, die Folgen der Schädelverletzung seien jedoch fatal gewesen: chronische Kopfschmerzen und eine daraus resultierende seelische Anspannung und Gereiztheit in Krisensituationen. Draheim fühlt sich zu normaler Arbeit nicht mehr imstande. Mehr noch: Er ist der festen Überzeugung, er habe einen sofortigen Anspruch auf Frührente von der Landesversicherungsanstalt der Hansestädte.

Von Ende August 1914 bis Ende September 1915 verbringt er zur Behandlung unterschiedlicher Leiden insgesamt fast vier Monate in drei verschiedenen Hospitälern. Das einhellige ärztliche Verdikt: Draheim führe nicht nur „unglaublich unverschämte“ Reden, sondern sei auch ein „Drückeberger“. Vom 15. Januar bis zum 16. Februar 1916 liegt er in Eppendorf zwecks Untersuchung auf Neuropathie, eine Erkrankung des peripheren Nervensystems, und Hypochondrie, eine chronische Gemütsbeklemmung – beides durch ärztliche Kunst objektiv schwer nachzuweisen. Als nicht mehr behandelbar wird er nach Hause geschickt, findet allerdings wenige Tage später noch einmal im Krankenhaus Barmbeck Aufnahme.

Zuletzt wird er am 18. März aus der Klinik St. Georg nach nochmals zwei Wochen im Krankenbett als geheilt entlassen: Selbst wenn der Patient tatsächlich an einer sogenannten Neurasthenie leide – eine im ausgehenden 19. Jahrhundert erstmals diagnostizierte Nervenschwäche als Reaktion auf das hektische Großstadtleben, gewissermaßen ein Vorläufer des Burn-out-Syndroms –, sollte ihn das im mittlerweile dritten Weltkriegsjahr nicht an der Arbeit hindern. Auf andere Menschen wirkt Draheim zwar leidend und mit der Welt, insbesondere den Ärzten und der Krankenkasse, fortwährend unzufrieden, aber doch intelligent und klar im Kopf. Nun aber steigert er sich zunehmend in die Wahnvorstellung hinein, auf Schritt und Tritt von Spionen der Versicherungsanstalt verfolgt zu werden.

Im Krankenhaus Barmbeck wurde Bernhard Draheim für kurze Zeit behandelt. Hier eine Aufnahme von 1918

Das Unheil nimmt seinen Lauf, als Draheim Mitte April 1916 wegen mangelnder Arbeitswilligkeit jegliche Unterstützung entzogen wird. Zudem weigert sich der ihn zuletzt behandelnde Armenarzt Dr. Karl Grumbrecht, ihm nach seinem Wunsch ein Attest auszustellen.

Am 18. Mai 1916, einem Donnerstag, verlässt Draheim früh sein Logis und geht in die Schanzenstraße 83. Im ersten Stock wohnt Grumbrecht zusammen mit seiner langjährigen Haushälterin und einem Dienstmädchen und hält in seiner Wohnung ab 9 Uhr auch die Sprechstunde ab. Draheim muss eine Zeit lang im Wartezimmer sitzen, vor ihm sind fünf andere Patienten an der Reihe. Dann läutet eine Glocke als Signal zum Eintreten. Der zunehmend ungeduldige Draheim geht über den Korridor in das Sprechzimmer. Etwa eine Minute später hören die Wartenden, unter ihnen der Schlossergeselle Denkinger, drei Schüsse und Hilferufe des Arztes. Später fällt noch ein vierter Schuss. Denkinger versteckt sich in der Toilette, alle anderen laufen auf die Straße, um Hilfe zu holen.

Als die Haushälterin in die Praxis zurückkehrt, findet sie den Arzt blutend am Boden liegend. Er bittet sie, ihn ins Krankenhaus bringen zu lassen. Doch weil plötzlich Draheim wieder im Behandlungszimmer auftaucht und mit seinem Revolver herumfuchtelt, unterbleibt eine ärztliche Versorgung. Unterdessen sind der uniformierte Schutzmann Frömming, der seinen Posten an der Ecke Schanzen- und Kampstraße verlassen hat, und ein weiterer Polizeibeamter vor Ort. Als sie zusammen mit dem gleichfalls alarmierten Arzt Dr. Simon vor der Wohnung eintreffen, fallen in der Praxis noch weitere Schüsse, die für Grumbrecht tödlich sind: Am Arm verletzt und an Leber und Lunge getroffen, verblutet er innerlich.

Draheim und die Polizisten liefern sich nun ein Katz-und-Maus-Spiel: Durch die zerbrochene Glasscheibe der Etagentür fordern die Beamten Draheim auf, endlich herauszukommen. Draheim wiederum, den Revolver in der Hand, lädt sie ein, doch bitte hineinzukommen. Nach einiger Zeit wird es den Polizisten zu bunt: Sie dringen in die Wohnung ein und liefern sich mit Draheim einen lebhaften Schusswechsel. Frömming wird am rechten Oberarm getroffen, Draheim selbst bleibt unverletzt.

Überwältigt wird Draheim erst mithilfe der Feuerwehr, die am Balkon eine Leiter angelegt hat: Ein kräftiger Wasserstrahl aus dem Feuerwehrschlauch bringt ihn ins Straucheln, und er lässt seine Waffe fallen. „Endlich gelang es, den sich rasend gebärdenden Attentäter zu überwältigen und die Treppe hinabzubringen, wo das inzwischen

Wegen eines nicht erteilten Attestes wurde Bernhard Draheim zum Mörder.

angesammelte Publikum ihn zu lynchen versuchte und mit Stöcken und Schirmen auf ihn einhieb. Gefesselt transportierte man ihn auf einer Karre zum Polizeibureau", meldet der „Hamburger Anzeiger".

Bei seiner ersten Vernehmung erscheint Draheim wieder ruhig und überlegt, gibt seine Personalien an und begründet seine Tat so: „Ich wollte Dr. Grumbrecht deswegen erschießen, weil er mich als Kranken arbeitsfähig geschrieben hat." Auf die Frage, ob er die Tat bereue, erklärt er: „Er ist tot, nun ist es ja doch zu spät."

Auch als er bei der sogenannten Legalsektion in der Gerichtsmedizin mit dem Leichnam konfrontiert wird, verzieht er keine Miene, sondern interessiert sich auch noch für das Kleingedruckte auf dem amtlichen Formular, das er unterschreiben soll – eine Kaltblütigkeit, die dem Justizpersonal bei einer gerichtlichen Leichenöffnung bis dato noch nicht untergekommen ist.

Bei späteren Vernehmungen und auch vor Gericht weist er den Vorwurf zurück, mit fester Tötungsabsicht in die Arztpraxis gegangen zu sein. Den Revolver habe er bereits gut vier Wochen zuvor gekauft, um sich zu schützen und bei Spaziergängen auf Vögel zu schießen. Am Tattag sei die Waffe eher zufällig in seiner Jacke gewesen. Als ihm der Arzt seine Wünsche nicht habe erfüllen wollen, obwohl er ihm im Verlauf des kurzen, aber höchst emotionalen Wortwechsels für die Gefälligkeit sogar Geld angeboten hatte, habe er in höchster Erregung nach dem Revolver gegriffen und geschossen. In seinem Kopf sei „alles rund" gegangen.

Auch sein Verteidiger Dr. Edgar Wehner gibt sich große Mühe, das Gericht davon zu überzeugen, Draheim habe sich am Morgen des 18. Mai „in einem Zustand krankhafter Störung der Geistestätigkeit befunden, wodurch seine freie Willensbestimmung ausgeschlossen worden“ sei. Höchst erregt sei sein Mandant vor allem deshalb gewesen, weil seine Versuche, eine leichte Arbeit zu bekommen, allesamt gescheitert wären. Auf Drängen des Anwalts hin wird Draheim noch einmal psychologisch begutachtet. Nach sechs Wochen stationären Aufenthalts in der Irrenanstalt Langenhorn lautet die Diagnose: Ja, Draheim leide an allgemeiner Neuropathie, aber er sei für seine Tat voll verantwortlich.

Am 27. Januar 1917 verurteilt das Schwurgericht den Angeklagten wegen Mordes zum Tode sowie wegen gefährlicher Körperverletzung zu fünf Jahren Gefängnis. Irgendwelche mildernden Umstände vermögen die Geschworenen nicht zu erkennen. Die von Wehner eingelegte Revision, verbunden mit dem Wunsch, den Fall an ein anderes Gericht zu überweisen, wird am 19. März vom Reichsgericht verworfen. Am 18. Juli lehnt der Senat die Umwandlung der Todesstrafe in eine zeitige oder lebenslängliche Zuchthausstrafe auf dem Wege der Gnade ab.

Dieser Beschluss wird Draheim am Nachmittag des 26. Juli zur Kenntnis gegeben, wobei sich ein für diesen Delinquenten typischer Dialog entwickelt. Laut amtlichem Bericht antwortet Draheim auf die Erklärung des Ersten Staatsanwalts: „Wenn ich recht verstanden habe, ist die Todesstrafe in lebenslängliches Zuchthaus verwandelt.“ Nachdem ihm nochmals die bevorstehende Hinrichtung verdeutlicht worden ist, führt Draheim aus, er „wäre gern begnadigt und beantrage dies hiermit, denn er sei noch jung und könne noch tüchtig arbeiten“.

Letztlich aber muss sich Draheim fügen. Er bestellt „gebratenes Fleisch mit einer großen Portion Kohlrabi, was er sofort mit gutem Appetit völlig verzehrte und alsdann noch mehr Speise verlangte, die ihm gegeben wurde und die er gleichfalls mit großem Appetit zu sich nahm. Ihm auf seinen Wunsch verabfolgte Zigarren rauchte er behaglich“.

Am 27. Juli 1917, einem Freitag, wird morgens um 7 Uhr das Urteil auf dem Hof des Untersuchungsgefängnisses vollstreckt. Das Protokoll vermerkt: „Das Anschnallen des Draheim erfolgte schnell und unter seinem Weinen fiel unter dem Beile sein Haupt. Von dem Zeitpunkte des Abholens des Draheim aus der Zelle bis zum Fallen des Hauptes waren 2 ½ Minuten vergangen.“ Einer der bekanntesten Scharfrichter Deutschlands, Carl Gröpler aus Magdeburg, tat mithilfe des Fallbeils der Gerechtigkeit Genüge. Nach der Hinrichtung des Draheim wird die Todesstrafe in Hamburg bis zum Beginn der NS-Herrschaft kein weiteres Mal vollstreckt.

DURCH MORD ZUR NEUEN IDENTITÄT

Der Fall Martin Mortensen

Durch akribische Kleinarbeit gelingt der Polizei die Identifizierung eines Mordopfers, das zehn Monate lang in einem Waldstück vergraben lag. Sie kann schließlich auch den mutmaßlichen Täter ermitteln. Ein Zeuge bringt die Beamten auf die Spur des mehrfach vorbestraften Mannes, der inzwischen die Identität seines Opfers angenommen hat.

Am Mittag des 16. Juni 1916 entdecken Kinder aus einem Bergedorfer Waisenhaus beim Spielen in einer Kiefernschonung unweit der Landstraße zwischen Bergedorf und Geesthacht einen halb vergrabenen menschlichen Schädel. Vergeblich versuchen sie, ihn mit einem Spaten freizulegen. Später erzählen sie der Heimverwalterin von ihrem Fund; die alarmiert die Polizei. Am folgenden Tag wird in 60 Zentimeter Tiefe eine stark verweste, aber vollständig bekleidete Leiche ausgegraben. Laut amtsärztlicher Untersuchung handelt es sich um einen etwa 30-jährigen, mindestens 1,75 Meter großen Mann mit weißblondem Haar. Sein Tod wurde demnach „durch vielfache, mittels starker Gewaltanwendung hervorgerufene Zertrümmerung des Schädels“ verursacht. Papiere hat er nicht bei sich. Das Gesicht des Mannes ist nicht mehr zu erkennen.

Die Polizei vermutet jedoch bald, dass es sich bei dem Toten um den Dänen Martin Ludwig Mortensen handelt, der in Hamburg als Malergeselle gearbeitet hat und seit dem 23. August 1915 spurlos verschwunden ist. Dafür sprechen die hellen Haare und die Körpergröße, aber auch die leicht vorstehenden Schneidezähne, das nach rechts gebogene Nasenbein – Mortensen war von einem Gerüst gefallen und hatte sich die Nase gebrochen – sowie die großen Füße (Schuhgröße 45).

Recherchen über die Herkunft der Kleidungsstücke erhärten den Verdacht. Die Stiefel des Ermordeten werden von dessen Bruder wiedererkannt. Er war dabei, als Mortensen sie in einem Schuhgeschäft an der Eimsbütteler Chaussee gekauft hat. Die auffälligen Manschettenknöpfe – in der oberen Hälfte ist ein Wappenschild zu sehen, in der unteren eine Eule – werden von mehreren Zeugen als diejenigen identifiziert, die Martin Mortensen sonntags zu tragen pflegte. Schließlich findet sich auch der Schneider, der den Anzug des Getöteten angefertigt hat und bestätigen kann, dass dieser für den Dänen bestimmt war.

Nachdem die Identität des Toten mit hoher Wahrscheinlichkeit feststeht, befasst sich die Polizei genauer mit den Umständen von Mortensens Verschwinden im August 1915. Als wichtiger Zeuge erweist sich dessen Landsmann Peter Olsen. Er berichtet, er sei Mitte August in einer Schankwirtschaft in der Schlachterstraße, in der viele Dänen verkehren, von einem etwa 30-jährigen Mann angesprochen worden. Dieser behauptete, er sei bei einem Gutsbesitzer in der Gegend von

Am 16. Juni 1916 hatten Kinder die stark verweste Leiche Mortensens im Wald entdeckt.

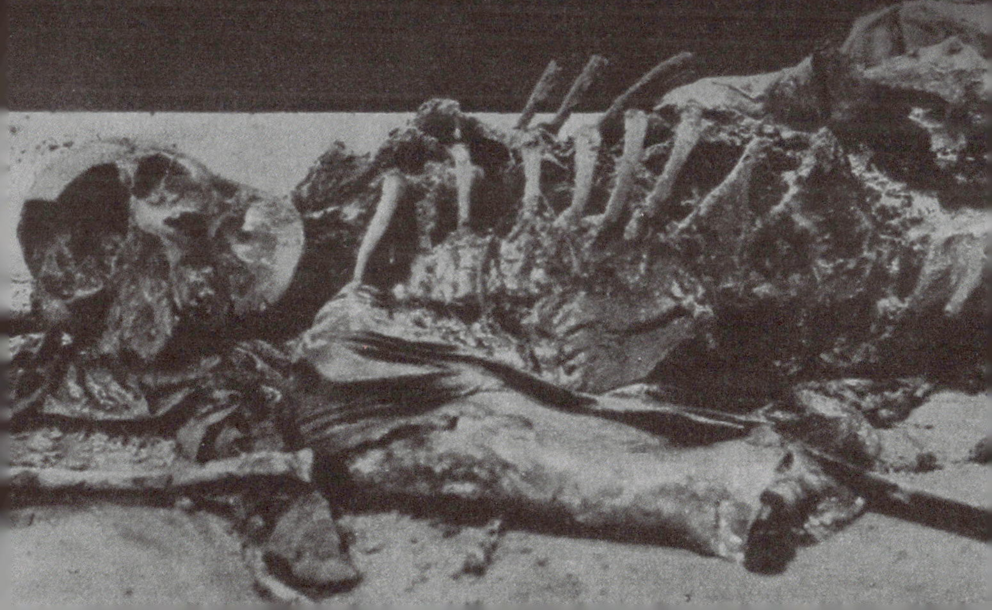

Wittenberge beschäftigt. Der suche einen Hausverwalter, der gleichzeitig seinen Kindern Dänisch beibringen solle. Olsen lehnte das Angebot ab, erzählte aber dem arbeitslosen Mortensen davon.

Der unbekannte Mann und Mortensen kamen offenbar ins Geschäft. Am 21. August tauchte der Unbekannte in aller Frühe bei Mortensens Unterkunft in der Altonaer Straße auf, traf diesen allerdings nicht an und kam abends ein weiteres Mal dorthin. Bei der Gelegenheit erzählte er der Wirtin, er sei Diener bei einem Reichstagsabgeordneten, der ein Gut in der Nähe von Perleberg und eine Villa in Friedrichsruh besitze. Wieder war davon die Rede, dass dort ein dänischer Diener gesucht werde, der den Kindern Sprachunterricht erteilen könnte. Nach 21 Uhr erschien Mortensen in der Kneipe in der Schlachterstraße und erzählte einem anderen Bekannten, er werde die Stellung antreten. Es sei schriftlich vereinbart, dass er monatlich 80 Mark Lohn und 15 Mark für den Sprachunterricht erhalten solle. Das berichtete er am nächsten Tag auch seiner Wirtin.

Am 23. August verließ Martin Mortensen nachmittags mit seiner sämtlichen Habe, einem braunen Handkoffer, einer schwarzen Handtasche und einem Reiseplaid, die Wohnung in der Altonaer Straße. Um halb sechs abends, so erklärte er, wollte er sich mit dem Unbekannten am Hauptbahnhof treffen. Weder seine Familie noch seine Landsleute hatten seitdem etwas von ihm gehört oder gesehen.

Weitere Nachforschungen, etwa nach dem angeblichen Reichstagsabgeordneten mit der Villa in Friedrichsruh, bleiben ergebnislos. Da der Fundort der Leiche unweit eines Weges liegt, der nach Friedrichsruh führt, besteht der starke Verdacht, dass der Unbekannte Mortensen dorthin gelockt, ihn ermordet und beraubt hat. Weiter vermutet die Polizei, dass es dem Täter dabei in erster Linie um die Papiere seines Opfers gegangen ist, denn Geld oder Wertgegenstände waren bei dem Dänen nicht zu holen.

Eine Zeitungsnotiz führt schließlich auf die Spur des Mörders. In Hankensbüttel, einem Dorf etwa 130 Kilometer südlich von Hamburg, liest am Abend des 29. Juli 1916 ein Herr Helmke in der Uelzen-Isernhagener Zeitung, dass der bei Bergedorf gefundene Tote als der Däne Martin Mortensen identifiziert worden sei. Am nächsten Tag ruft er bei der Kripo in Hamburg an, um zu berichten, dass in seiner Nachbarschaft neuerdings ein Mann dieses Namens wohne, der allerdings nicht mit dänischem Akzent spreche.

Helmke erzählt auch der Frau, die mit dem angeblichen Mortensen zusammenlebt, von dem Zeitungsartikel und alarmiert damit den mutmaßlichen Mörder. Der packt gerade seine Sachen zusammen, als der Gendarmeriewachtmeister Busch erscheint, um ihn festzunehmen. Der Mann flieht durch das Fenster, kehrt aber, während der Wachtmeister draußen nach ihm sucht, noch einmal zurück, rafft sein Zeug und die Papiere zusammen und fährt mit dem Fahrrad weg. Im nächsten Dorf wird er aufgehalten und so bedrängt, dass er Fahrrad und Gepäck zurücklassen muss. Er selbst kann entkommen, durchwatet einen Fluss und versteckt sich im nahen Wald.

Durchsuchungen der Wohnung und des zurückgelassenen Gepäcks erhärten den Verdacht, dass der angebliche Mortensen in Wirklichkeit dessen Mörder ist. Die Polizei entdeckt mehrere Gegenstände, die offensichtlich dem Dänen gehört haben, etwa einen mit seinen Initialen gekennzeichneten Überzieher, Pinsel und Malerschablonen sowie die Handtasche und den Koffer. Außerdem befinden sich bei den zurückgelassenen Sachen mehrere Legitimationspapiere Martin Mortensens, unter anderem sein dänischer Pass, aus dem das

Durch öffentliche Anschläge ruft die Polizei die Bevölkerung auf, zur Aufklärung von Mordfällen beizutragen.

Mk. 1000 Belohnung.

Raubmord bei Bergedorf.

Der laut Bekanntmachung der Polizeibehörde Hamburg vom 1. August 1916 verfolgte, nebenstehend abgebildete Maurer und Knecht

Martin August Franz Ebert,

geboren am 12. November 1886 in
Freyenstein, Kreis Ostprignitz, welcher
dringend verdächtig ist, den seit dem
25 August 1915 vermißten dänischen
Staatsangehörigen, Maler Martin
Ludwig Mortensen, geboren am 31.
Oktober 1886 in Hoerslev, getötet und
beraubt zu haben, ist bisher nicht er-
griffen worden. Seit dem 30. Juli 1916
ist Ebert aus Hankensbüttel, Kreis
Isenhagen, Provinz Hannover, flüchtig
und arbeitet wahrscheinlich ausweislos
oder auf Grund falscher Ausweise auf
Gutshöfen, Bauernstellen oder in
Ziegeleien. Vielleicht haust er wie
früher in Wäldern, lebt vom Pilze-
verkauf oder vom Erlösen aus Dieb-
stählen oder betreibt Kaninchenzucht
Daß er sich, wie zuletzt, Mortensen
nennen wird, ist nicht anzunehmen
Vermutlich wird er versuchen, sich
wieder, wie bei Mortensen, die Ausweis-
papiere eines neutralen Ausländers zu verschaffen. Vom Heeresdienst ist Ebert ausgeschlossen.
Gegen ihn besteht Steckbrief des Untersuchungsrichters V beim Landgericht Hamburg
Ebert ist gefährlich. Bei seiner Festnahme ist Vorsicht geboten.

Beschreibung:

Etwa 1,70 m groß, schlank, dunkelblondes Haar, niedrige Stirn, blonde Augenbrauen, blaugraue Augen, angewachsene Ohrläppchen, spitzes Kinn, große Nase, gute Zähne, kleiner blonder, etwas aufgedrehter Schnurrbart, vielleicht auch Spitzbart oder Vollbart, längliches Gesicht, Tätowierungen auf dem rechten Unterarm: Anker, Herz, Kreuz; geht etwas gebückt. Trug bei der Flucht schwarzgrauen, abgetragenen Jackettanzug, grünlichen Schlapphut, halblange Schaftstiefel, keine Wäsche. Ist jetzt vielleicht mit grauer Manchesterhose, grauer Jägertuchhose oder schwarzer Tuchhose bekleidet.

Für die Ergreifung des Täters oder den Nachweis von Tatsachen, die seine Ergreifung zur Folge haben, ist laut der Bekanntmachung vom 1. August 1916 obige Belohnung ausgesetzt worden.

Sachdienliche Mitteilungen werden an die Polizeibehörde, Abteilung II (Kriminalpolizei) Hamburg oder an die nächste Polizeibehörde oder den nächsten Gendarmeriewachtmeister erbeten — 4651/16. II. D. —

Hamburg, den 29 September 1916.

Die Polizeibehörde.

Foto des Besitzers entfernt und durch das des Entflohenen ersetzt worden ist. Auch die Größenangabe – jetzt 1,69 Meter – und die Unterschrift im Pass wurden verändert.

Anhand des Fotos wird der Geflüchtete als der vielfach vorbestrafte Knecht Martin Ebert identifiziert. Wegen schweren Diebstahls und Betrugs war er 1902 als knapp 18-Jähriger erstmals zu zwei Monaten Gefängnis verurteilt worden. Es folgten immer neue Fälle von schwerem Diebstahl und immer längere Strafen. Zuletzt wurde Ebert 1912 als Wiederholungstäter zu vier Jahren Zuchthaus verurteilt. Nachdem er einen Teil der Strafe verbüßt hatte, bescheinigte man ihm eine Haftpsychose, die er möglicherweise simuliert hatte, und brachte ihn in verschiedenen Irrenanstalten im norddeutschen Raum unter. Anfang 1915 wurde er in die Staatskrankenanstalt Friedrichsberg in Hamburg-Eilbek überwiesen, die als besonders fortschrittliche psychiatrische Einrichtung galt. Von dort konnte er Mitte 1915 fliehen.

Ebert blieb kurze Zeit in Hamburg, arbeitete dann in Mecklenburg, verschwand aber bald wieder, nachdem er in Verdacht geraten war, mehrere Diebstähle und ein Sexualdelikt begangen zu haben. Mitte August 1915 war er wieder in Hamburg, wo ihm Martin Mortensen über den Weg lief. Nachdem er diesen getötet und dessen Papiere an

Auch mithilfe von Steckbriefen wurde nach Martin Ebert gefahndet.

sich gebracht hatte, reiste er nach Uelzen und meldete sich als Malergeselle Martin Mortensen bei einem Arbeitsvermittler. In den folgenden Monaten wechselte er mehrmals die Arbeitsstelle.

Nach seiner Flucht aus Hankensbüttel setzt sich Ebert nach Mecklenburg ab. Er gibt sich als Franz Müller aus und findet einen Job als Landarbeiter. Dass er am 13. Dezember 1916 in Wismar verhaftet werden kann, hat er sich selbst zuzuschreiben: Er sucht in der Stadt einen Barbier auf, ergreift aber die Flucht, als er in dem Laden einen Polizisten entdeckt. Dem Schutzmann kommt das verdächtig vor, er verfolgt ihn und nimmt ihn fest. Zwar erklärt Ebert, er wolle ein volles Geständnis ablegen, in der Vernehmung weist er dann aber den Mord an Mortensen energisch von sich und behauptet, der Däne habe ihm die Papiere verkauft. Zudem bestreitet er, dass es sich bei der in Bergedorf aufgefundenen Leiche überhaupt um Mortensen handelt.

Auch wenn die Anklage sich nicht auf unmittelbare Beweise stützen kann, wird Ebert am 17. April 1918 wegen Raubmords zum Tode verurteilt. Die Geschworenen folgen damit der Darlegung des Staatsanwalts, der nicht nur eine lückenlose Indizienkette präsentiert, sondern auch ein starkes Motiv für die Tat sieht: Als entsprungener Zuchthäusler habe der Angeklagte sich den Nachforschungen der Polizei entziehen, seine kriminelle Vergangenheit verschleiern und zugleich dafür sorgen wollen, dass er als neutraler Ausländer im Deutschen Reich nicht zum Kriegsdienst herangezogen wird.

Ebert kommt mit dem Leben davon. In den letzten Kriegsmonaten wird das Todesurteil nicht vollstreckt. Am 7. Dezember 1918 wandelt dann der Arbeiter- und Soldatenrat, der in Hamburg regiert, die Strafe in lebenslänglich Zuchthaus um. Zwei Wochen später wird Ebert in die Strafanstalt Bremen-Oslebshausen eingewiesen. 1924 kehrt er für zehn Jahre nach Hamburg zurück – in die Staatskrankenanstalt Langenhorn, in der er wegen Geisteskrankheit behandelt wird. 1934 geht es zurück nach Bremen. In den folgenden Jahren werden seine regelmäßigen Gnadengesuche ebenso regelmäßig abgelehnt. In Berichten über ihn ist wiederholt davon die Rede, dass er mit seinem Können, eine Geisteskrankheit vorzutäuschen, prahle. Andererseits sammle er Beweise für seine Unschuld und behaupte, der Mord an Mortensen sei fingiert worden, um ihn als unbequemen Zeugen zu beseitigen. 1944 wird Martin Ebert aus der Haft entlassen.

HAMBURG IN DER WEIMARER REPUBLIK

Polizei an der Ecke Lange Mühren/Bugenhagenstraße um 1930

Am 6. November 1918 erreichte die Revolution Hamburg. „Rote“ Matrosen aus Kiel reisten mit der Bahn an, und nach kurzen Kämpfen übernahm ein Arbeiter- und Soldatenrat die faktische Macht. Als im März 1919 eine verfassunggebende Bürgerschaft gewählt wurde, errang die SPD eine knappe absolute Mehrheit, überließ aber die Hälfte der Senatsposten bürgerlichen Parteien, was Hamburg bis Anfang der 1930er-Jahre eine weitgehende politische Stabilität verschaffte.

Die Nöte der Zeit schufen neue Formen der Kriminalität. Die Hafenpolizei überwachte die im Juni 1919 zum Schutz des Warenumschlags verhängte und bis Oktober 1927 geltende Zugangssperre für den Freihafen und durchsuchte Seeschiffe vor der Abfahrt auf blinde Passagiere. Die Straßenkriminalität wuchs an, und die Überfälle auf Lebensmittelgeschäfte häuften sich.

Die Empörung der hungernden Massen entlud sich am 23. Juni 1919 in den „Sülze-Unruhen“, ausgelöst durch eine unhygienische Fabrikation in der Fleischwarenfabrik von Jacob Heil. Infolgedessen wurde eine kasernierte sogenannte Ordnungspolizei ins Leben gerufen, wegen der Farbe ihrer Uniformen auch „die Blauen“ genannt. Allerdings erwiesen sich Teile dieser unter anderem aus Ex-Soldaten und Freikorpsmännern gebildeten Ordnungspolizei als demokratisch wenig zuverlässig, sodass es nach der Niederschlagung des Kapp-Putsches im März 1920 zu Entlassungen kam.

Die Führung der Polizei lag in der Verantwortung sozialdemokratischer Polizeisenatoren. Auch der am 22. Oktober 1923 zum Chef der Ordnungspolizei ernannte Lothar Danner gehörte der SPD an. Seine erste Aufgabe war die Niederwerfung des „Hamburger Aufstands“ der KPD, bei dem zwischen dem 23. und dem 25. Oktober 1923 vor allem in Eimsbüttel, Barmbek und Schiffbek (heute: Billstedt) heftig gekämpft wurde.

Ebenso wie andere Hafenstädte zählte auch Hamburg zu den Umschlagplätzen für illegale Drogen. Im Zuge der ab Herbst 1921 einsetzenden Geldentwertung schossen illegale Spielclubs aus dem Boden, oft getarnt als „gesellige Vereine“. Die Einführung der sogenannten Rentenmark im November 1923 entzog ihnen den Boden.

Auch diverse Hochstapler und Betrüger machten Hamburg ihre Aufwartung, wie Alexander Randad, der angebliche „Prinz von und zu Cordoba“, oder der Ex-Soldat Otto Merckel, der sich als „Fürst von Schliewen“ aus dem Baltikum ausgab, bis er nach der Eheschließung mit einer jungen Schauspielerin am 26. Mai 1919 beim

Hochzeitsschmaus im Hotel „Europa“ an der Kirchenallee festgenommen wurde. In die gleiche Kategorie gehörten Wunderheiler wie Ernst Julius Buchholz, der den Menschen weismachte, er könne anhand einer Haaranalyse Krankheiten diagnostizieren. Der Geschäftserfolg des Herrn Buchholz und seiner „Kollegen“ ließ die Ärzteschaft nicht ruhen, die mit Betrugsanzeigen gegen sie vorging.

Die 1920er-Jahre waren auch die große Zeit zweier Berufsverbrecher, die mit ihren Untaten für Schlagzeilen sorgten: der „Ein- und Ausbrecher“ Julius Adolf Petersen, genannt „Lord von Barmbeck“, und der Einbrecher und Raubmörder Ernst Hannack – der Erste ein mit großem Organisationstalent ausgestatteter Anführer einer umfangreichen Organisation mit „Geschäftsbeziehungen“ weit über Hamburg hinaus, der Zweite ein gewiefter Einzelgänger, der sich rühmte, wenn es sein müsse, „mache“ er an „einem Abend vier bis fünf Villen“.

Die wirtschaftliche Konsolidierung der Jahre 1924 bis 1929 bot nicht nur der Politik die Chance zu Reformen unter anderem im Schulwesen und im Städtebau, sondern ermöglichte auch die Gründung einer Polizeischule und ebnete Frauen den Weg in die Kriminalpolizei. Am 1. April 1927 übernahm Josefine Erkens die Führung der neuen weiblichen Kriminalpolizei mit der Zuständigkeit für die Fürsorge von Frauen und sittlich gefährdeten Mädchen. Einstellungsvoraussetzung war eine Ausbildung zur „Staatlich anerkannten Wohlfahrtspflegerin“. Als am 5. Juli 1931 am Strand von Pellworm die Leichen der Polizeibeamtinnen Therese Dopfer und Maria Fischer gefunden wurden, die anscheinend nach Konflikten mit Erkens Selbstmord begangen hatten, wurde das Experiment beendet. Man machte letztlich Erkens als ihre Vorgesetzte für den Suizid verantwortlich. Die weibliche Kripo unterstand fortan männlicher Führung.

Die als Folge des „Schwarzen Freitags“ an der New Yorker Börse 1929 einsetzende Weltwirtschaftskrise stürzte nicht nur Millionen Menschen in Arbeitslosigkeit und Elend, sondern verschärfte auch die politisch motivierte Gewalt. Auseinandersetzungen zwischen Nationalsozialisten, Kommunisten und Sozialdemokraten waren an der Tagesordnung. 1931 musste die Polizei bei über 1300 Saalkundgebungen und mehr als 700 Demonstrationen Präsenz zeigen. 1932 waren es schon dreimal so viele. Die Ermordung des KPD-Bürgerschaftsabgeordneten Ernst Henning in der Nacht vom 14. auf den 15. März 1931 sorgte über Hamburg hinaus für Aufsehen.

Auch die Polizei selbst wurde in die Auseinandersetzungen hineingezogen: Am 13. März 1931 feuerte der Polizeioberwachtmeister Friedrich Pohl im Stadthaus auf Regierungsrat Oswald Lassally, der ihn wegen seiner nationalsozialistischen Umtriebe verhören wollte. Der parteilose jüdische Beamte überlebte schwer verletzt, Pohl kam mit zwei Jahren Haft davon; am 27. August 1931 wurde Polizeimeister Wilhelm Perske vor dem Haus Chateauneufstraße 31 in Hamm von Kommunisten erschossen, der Haupttäter wurde im Dezember 1933 zum Tode verurteilt.

Weitreichende politische Folgen hatte der „Altonaer Blutsonntag" am 17. Juli 1932, als die Nationalsozialisten in der Absicht, Gewalttaten zu provozieren, durch das „rote" Altona marschierten. 18 Menschen, meist unbeteiligte Zivilisten, kamen bei Schießereien ums Leben, 285 wurden verletzt. Drei Tage später, am 20. Juli 1932, nahm Reichskanzler Franz von Papen dies zum willkommenen Anlass, per Notverordnung die seit dem 24. April 1932 nur noch kommissarisch amtierende preußische Regierung unter Otto Braun (SPD) abzusetzen, sich selbst zum Reichskommissar in Preußen zu ernennen und – wie in Altona/Wandsbek und Harburg-Wilhelmsburg – sozialdemokratische Polizeipräsidenten ihrer Ämter zu entheben. Bis dahin waren Preußen und seine Polizei ein Bollwerk der Demokratie, ein halbes Jahr später war die Weimarer Republik Geschichte.

LEBENSMITTEL-SKANDAL MIT WEITREICHENDEN FOLGEN

Die Sülze-Unruhen in Hamburg

Ein Fass mit Fleischabfällen, das vom Wagen fällt und seinen übel riechenden Inhalt übers Pflaster ergießt, wird im Juni 1919 zum Auslöser mehrtägiger Unruhen, die durch Gerüchte immer neu befeuert werden. Die Reichswehr bereitet dem Aufstand schließlich ein blutiges Ende. Mindestens 80 Tote sind zu beklagen. Der Mann, aus dessen Sülzefabrik die Abfälle stammen, kommt mit einer milden Strafe davon.

Ein gutes halbes Jahr nach dem Ende des Ersten Weltkriegs hat sich die Lebensmittelversorgung in Hamburg gegenüber den Kriegsjahren kaum gebessert. Die eigene landwirtschaftliche Produktion reicht bei Weitem nicht aus, um die Bevölkerung angemessen zu ernähren. Seit Anfang des Jahres sind schon mehrfach die Rationen, die es auf Lebensmittelkarten gibt, herabgesetzt worden. Durch die weitgehend aufrechterhaltene britische Seeblockade – sie fällt erst nach der Unterzeichnung des Versailler Friedensvertrags im Juni 1919 – gelangen nur wenig importierte Lebensmittel in die Hansestadt, und das, was ankommt, ist für die ärmeren Bevölkerungsschichten unerschwinglich. Zwar existieren verschiedene Behörden, die für die Zuteilung der Grundnahrungsmittel und die Festsetzung und Kontrolle von Höchstpreisen zuständig sind, in der Praxis funktioniert das System jedoch nicht.

Während vor allem in den städtischen Arbeiterhaushalten akuter Hunger herrscht, decken sich die wohlhabenden Bürger über den sogenannten Schleichhandel mit Lebens- und Genussmitteln ein. Die zu überhöhten Preisen an den Vorschriften vorbei bezogenen Waren werden damit der allgemeinen Versorgung entzogen. Die Wut der ärmeren Bevölkerung nimmt mit den wachsenden Zweifeln an der Gerechtigkeit des staatlichen Verteilungssystems immer weiter zu. Im Januar 1919 und zu Ostern kommt es in Hamburg bereits zu Hungeraufständen und Plünderungen.

Das Fass des Fleischwarenherstellers Heil & Co. in der Kleinen Reichenstraße platzt im wahrsten Sinne des Wortes mitten hinein in diese Zeit großer sozialer Spannungen. Tatsächlich sollen die Abfälle nach Ochsenwerder gebracht und dort als landwirtschaftlicher Dünger verwendet werden. Doch unter den Augenzeugen des Zwischenfalls kommt rasch das Gerücht auf, der Inhalt des Fasses sei zur Herstellung der „Sülze von größtem Nährwert und delikatem Geschmack" bestimmt. Zwei zufällig anwesende Mitglieder des Arbeiterrates und der Preisprüfungsstelle machen sich an eine genauere Inspektion des Betriebs. Draußen ist inzwischen die Rede davon, dabei sei ein halb verwester Hundekopf entdeckt worden. Daraufhin stürmt die aufgebrachte Menge das Firmengelände, auf dem unter anderem verschimmelte Felle und Häute gefunden werden. Die Wut richtet sich gegen den Fabrikanten Jacob Heil und seine Angestellten. Heil wird schwer misshandelt, mit einem gekaperten Krankenwagen zum Rathausmarkt transportiert und in die Kleine Alster geworfen. Zwei Polizisten retten ihn und bringen ihn ins Rathaus. Dort wird er unter dem Verdacht der schweren Nahrungsmittelverfälschung festgenommen und ins Polizeigefängnis überstellt.

Die Menge versucht, das Rathaus zu stürmen, und gibt das Vorhaben erst auf, als die Rathauswache Warnschüsse abfeuert. Am Abend beruhigt sich die Lage, doch am nächsten Vormittag geraten erneut die Angestellten der Sülzefabrik ins Visier der Demonstranten. Denn inzwischen haben Zeitungen berichtet, dass die dort Beschäftigten einen überdurchschnittlichen Lohn und ein tägliches „Schweigegeld" beziehen. Die aufgebrachten Menschen machen mehrere Mitarbeiter ausfindig und stellen sie auf dem Rathausmarkt an den Pranger. Die Polizei wird von dem neuerlichen Gewaltausbruch überrascht und greift erst verspätet ein.

Auch andere Hamburger Sülzehersteller werden von der Welle der Empörung überrollt. Nachdem bei der Firma Starck & Co. in der Barmbeker Oberaltenallee stinkende Überreste von Tierkadavern entdeckt worden sind, werden auch von hier Arbeiter zwangsweise zum Rathausmarkt gebracht und drangsaliert. Der Werkführer der Firma Roßkamp & Staack in Hohenfelde wird zur Selbstanklage gezwungen und genötigt, von der hauseigenen Sülze zu essen. Durch die Versicherung, dass alle Schuldigen ermittelt und bestraft würden, lässt sich die Menge nur vorübergehend beschwichtigen. Der Protest schaukelt sich immer weiter hoch, er richtet sich nun auch gegen die Behörden, die nicht gegen die Zustände in den Sülzefabriken eingeschritten sind und überhaupt bei der Aufgabe versagen, alle Hamburger mit ausreichend Nahrung zu versorgen. Demonstranten belagern das Rathaus.

Ein zeitgenössisches Flugblatt zeigt, wie Mitarbeiter der Fabrik Heil die hauseigene Sülze essen müssen.

In dieser Situation ruft der Kommandant von Groß-Hamburg, Walther Lamp'l, die „Bahrenfelder" zu Hilfe, ein Freiwilligenkorps, das sich überwiegend aus bürgerlichen Offizieren zusammensetzt und wegen seiner Verwurzelung im preußisch-kaiserlichen Militär bei den Arbeitern verhasst ist. Es kommt zu schweren Zusammenstößen zwischen den Bahrenfeldern und den Aufständischen, von denen sich etliche inzwischen bewaffnet haben. Bei einem Überfall auf unbewaffnete Angehörige der Truppe werden 14 Bahrenfelder getötet und 42 verwundet. Bis heute erinnert eine Tafel in der Rathausdiele an die Toten. Weil die Hamburger offenbar nicht in der Lage sind, in der eigenen Stadt für Ordnung zu sorgen, marschieren unter dem Befehl von General Paul von Lettow-Vorbeck am 30. Juni Reichswehrtruppen in der Hansestadt ein, die mit Waffengewalt die Ruhe wiederherstellen. Bis zum Jahresende gilt in Hamburg der Belagerungszustand. Mindestens 80 Menschen kommen infolge der Sülze-Unruhen ums Leben.

Am 21. Oktober 1919 beginnt vor der Strafkammer III der Prozess gegen Jacob Heil und seine Betriebsleiterin Auguste König.

Aufgebrachte Menschen überprüfen Lieferungen weiterer fleischverarbeitender Betriebe auf ihre Qualität.

140 Zeugen und 15 Sachverständige werden gehört. Heils Betrieb ist eigentlich eine Gerberei. Mit der Herstellung von Lebensmitteln habe er sich als „Nebenbeschäftigung" befasst, teilt der Unternehmer mit und prahlt damit, Rohmaterial, das „sonst nicht für menschliche Ernährung, sondern für Lederzwecke verwendet" worden sei, für die „Ernährung der Menschheit" nutzbar gemacht zu haben. Die Hygiene dem neuen Geschäftszweig anzupassen, ist ihm dabei offenbar nicht in den Sinn gekommen. Nach Aussage mehrerer Arbeiterinnen wurden vor allem enthaarte Kopfhäute zu Sülze verarbeitet, aber auch Pferdeschweife und tierische Geschlechtsteile haben demnach Eingang in die Produktion gefunden. Häufig sei das Material alt und verfault, verschimmelt oder mit Maden durchsetzt gewesen. Durch den Zusatz von Kalk habe man versucht, den Zustand der Rohstoffe zu verbessern.

Entgegen der Behauptung Heils, er habe Anweisung gegeben, verdorbenes Material auszusortieren, kann sich keine Zeugin an eine solche Aufforderung erinnern. Die eine oder andere erklärt, sie habe selbst besonders unappetitliche Stücke weggeworfen, die Betriebsleiterin habe diese aber für verwendbar erklärt und zurückgelegt. Andere berichten von Hunde- und Katzenköpfen, die sie auf dem Betriebsgelände gefunden hätten. Allerdings finden sich auch Zeuginnen, die aussagen, dass sie nur gutes, gesundes Material verarbeitet und alles Verdorbene weggeworfen hätten. Polizeiwachtmeister Fest, ein gelernter Schlachter, der schon früher nach verschiedenen Beschwerden und Klagen über die Firma Heil mit Ermittlungen betraut worden war, gibt vor Gericht ebenfalls an, dass er dort nie etwas Unsauberes bemerkt habe. Mehrere Zeuginnen vertreten allerdings die Ansicht, Fest habe ein Verhältnis mit Frau König gehabt. Als sein Auftrag bereits erledigt war, soll er sich weiterhin oft im Betrieb aufgehalten, den Arbeiterinnen Anweisungen gegeben und sie sogar durchsucht haben. Letzteres bestreitet Fest entschieden. Gegen ihn wird später ein Disziplinarverfahren eingeleitet.

Bei der Analyse der Sülze aus dem Hause Heil ergibt sich kein Hinweis darauf, dass Hunde-, Katzen- und Rattenfleisch verarbeitet wurde. Der nachgewiesene Anteil von Pferdefleisch und tierischen Geschlechtsteilen stelle aber eine Nahrungsmittelfälschung dar, befindet einer der Gutachter. Das Schlimmste sei jedoch, dass Heil wissentlich verdorbenes, gesundheitsschädliches Material verwendet habe. Das Urteil über die Qualität der Heil'schen Erzeugnisse fällt verheerend aus: „Die Heil'sche Sülze verdient nicht den Namen Sülze, denn sie besteht aus 83 Prozent Gallerte und enthielt 80 bis 90 Prozent Wasser, hat nur sehr geringen Nährwert und ist als Nahrungsmittel wertlos."

Der Angeklagte, der den Gutachtern jeden Sachverstand abspricht und zudem seinen Angestellten vorhält, sie seien für die Verwendung von verdorbenem Material verantwortlich, verfolgt eine wirkungsvolle Verteidigungsstrategie. Weil seine Fabrik am 23. Juni von aufgebrachten Menschen gestürmt wurde, schreibt er nun alle auf dem Betriebsgelände entdeckten Scheußlichkeiten diesen Personen zu. Damit hat er Erfolg. Das Gericht konstatiert zwar „ein sehr schweres Vergehen gegen die Volksernährung", sieht aber einen Vorsatz nicht als bewiesen an und geht lediglich von fahrlässigem Verhalten aus. Ob die verfaulten Häute schon vorher in der Fabrik lagerten oder erst durch die Eindringlinge hineingetragen wurden, lasse sich nicht mehr eindeutig klären. Zudem seien die Aussagen der Arbeiterinnen widersprüchlich. Das Urteil lautet auf drei Monate Gefängnis und 1000 Mark Geldstrafe wegen Vergehens gegen das Nahrungsmittelgesetz in Tateinheit mit Vergehen gegen das Gesetz über Schlachtvieh- und Fleischbeschau in Verbindung mit der Bekanntmachung betreffend gesundheitsschädliche und täuschende Zusätze zu Fleisch und dessen Zubereitungen. Auguste König muss wegen Beihilfe für sechs Wochen hinter Gitter. Beide Haftstrafen sind durch die Untersuchungshaft abgegolten.

Heil zeigt nach dem Urteil keinerlei Unrechtsbewusstsein. Was er produziert habe, sei „geradezu ein Bedürfnis" der Menschen gewesen. Insofern habe man sich mit seiner Verurteilung „der Menschheit gegenüber versündigt". Bald nimmt er den Handel mit Häuten wieder auf und eröffnet in Berlin eine Firma, in der Kalbs- und Rinderköpfe zu Wurstwaren verarbeitet werden. Der Betrieb untersteht der Leitung von Auguste König. Sein Versuch jedoch scheitert, von der Stadt Hamburg Schadenersatz für die Kopfhäute und Leimstücke zu erhalten, die nach Ausbruch der Unruhen in der Kleinen Reichenstraße beschlagnahmt worden waren und die seiner Meinung nach zwar nicht für die Sülzeproduktion, aber doch noch „zur Verwendung für Lebensmittelzwecke geeignet" gewesen seien. Das Landgericht weist seine Klage kostenpflichtig ab.

DER „LORD VON BARMBECK“

Der Fall des Ein- und Ausbrechers Julius Adolf Petersen

Über 200 000 Mark - so hoch ist die Beute am späten Abend des 29. September 1920, nachdem sich Julius Adolf Petersen und Kollegen das Postamt in der Susannenstraße vorgenommen haben. Es ist einer der größten Raubzüge des Gentlemen-Verbrechers und seiner „Barmbecker Verbrechergesellschaft“. Auch die Gesetzeshüter sind angetan - selbstredend nicht von seinen Untaten, vielmehr von der Professionalität, mit der diese ausgeführt werden.

Die Petersen-Bande hat einen Tipp bekommen: Jeweils kurz vor Ende eines Monats ist der Tresor im Postamt 6 gut mit Lohngeldern gefüllt. An diesem Mittwochabend allerdings müssen sich die Herren, darunter auch Petersens neun Jahre jüngerer Bruder Arnold, im Ersten Weltkrieg wegen Tapferkeit vor dem Feind mit Orden dekoriert, noch ein bisschen gedulden: Ein Nachtwächter ist vor Ort, der sich im Kassenraum heftig mit einem Mädchen vergnügt, wie Petersen & Co. amüsiert durch ein Fenster beobachten. Nachdem sich der Besuch verabschiedet hat, ist es so weit: Petersen hält dem überraschten Wachmann den Revolver vor die Nase, sagt ihm, er solle sich ruhig verhalten, dann passiere ihm auch nichts, und sperrt ihn in einen Garderobenschrank. Anschließend brechen die Gangster in aller Ruhe mit einem zwölf Millimeter breiten Stemmeisen den Tresor auf. 221 000 Mark sowie Briefmarken im Wert von 354 750 Mark und 48 goldene Trauringe nehmen sie mit. Es dauert, so berichtet tags darauf die „Neue Hamburger Zeitung“, bis um 4 Uhr morgens, ehe sich der Beamte aus dem noch mit einem Tau verschnürten Schrank befreien und die Polizei alarmieren kann.

Anfang der 1920er-Jahre ist der mit dunklem Anzug und steifem Bowlerhut posierende „Lord von Barmbeck" (bis 1946 noch mit „ck" geschrieben) eine ganz große Nummer in der Unterwelt. Geboren am 7. Oktober 1882 in einer Kellerwohnung am Borstelmannsweg, geriet er bereits als 13-Jähriger ins Strafregister: Gegen einige Bonbons hatte ihm ein Freund eine gefundene Geldbörse samt Inhalt überlassen. Die Sache kam heraus und der Junge musste fünf Tage in Haft. Noch ärger traf es seine Mutter: Ihr hatte der Sohnemann das Geld abgeliefert, und sie bekam drei Wochen wegen „Fundunterschlagung".

Auf den Pfad der Tugend gelangte Petersen auch als Erwachsener nicht. Nach einigen erfolgreichen Einbruchstouren wurde er erneut verhaftet. Vorzeitig entlassen, führte er nach außen hin ein solides Leben als Besitzer einer Kellerkneipe an der Ecke Am Schützenhof/ Bartholomäusstraße in Barmbek-Süd. Wegen seiner „Arbeit" im Untergrund als Einbrecher und Bankhalter in mindestens zwei illegalen Spielclubs landete er aber wieder im Knast, wo ihm in der Nacht auf den 23. Dezember 1917 mit der Flucht aus dem Untersuchungsgefängnis der erste spektakuläre Ausbruch gelang.

Die ersten Jahre der Weimarer Republik sind die große Zeit der Petersen-Bande. Allein zwischen dem 2. und dem 29. September 1920 gelingen ihnen mehrere schlagzeilenträchtige Raubzüge. Sie haben herausgefunden, dass nach den Rennen auf der Trabrennbahn in Farmsen die Herren der Rennbahngesellschaft das Geld vom Totalisator mit einer Kutsche in die Stadt befördern. Am Abend des 2. September schlägt Petersen in großer Besetzung zu: Er hat zwei Radfahrer geschickt, die der Kutsche vorausfahren und Signal geben. Als der Geldtransport die Ecke Uhland- und Lenaustraße erreicht, wird die Gaslaterne gelöscht, zwei Mann greifen den Pferden in die Zügel, und Petersen springt mit den Worten „Geld her" in die offene Kutsche. Als einer der Insassen flüchten will, bekommt er mit dem Gummischlauch einen über. Der Kutscher wird durch einen Revolverschuss am Arm verletzt. Petersen und seine Leute entkommen mit einem gemieteten Auto, die Beute beträgt gut 190 000 Mark. Die Presse spricht von einem „Wildweststück". Vier Tage später erbringt ein Einbruch in das Büro der Krankenkasse des Kaufmännischen Vereins von 1858 in der Esplanade 35 000 Mark. Am 26. September beträgt die Beute bei einem Einbruch in der Amtskasse der Norddeutschen Seewarte 53 000 Mark. Der Überfall auf das Postamt in der

Susannenstraße ist aber bis dahin das größte Gaunerstück der Petersen-Bande.

Zwischenzeitlich hält es der Chef für angezeigt, noch bei der Presse vorbeizuschauen: Nachdem das „Hamburger Fremdenblatt“ die Vermutung geäußert hatte, der einschlägig bekannte „Ein- und Ausbrecher“ habe den Überfall auf den Totalisator-Wagen verübt, marschiert Petersen in die Redaktion und verlangt eine Gegendarstellung. Im „Fremdenblatt“ vom 7. September 1920 ist daraufhin zu lesen:

Julius Adolf Petersen, alias „Lord von Barmbeck“, war *die* Unterweltgröße Hamburgs in den 1920er-Jahren.

„Heute erschien Herr Julius Adolf Petersen, der als kaufmännischer Angestellter am Pulverteich 25 wohnt und polizeilich angemeldet ist, auf der Redaktion und teilte uns mit, dass er nicht der Attentäter wäre. Er sei überhaupt kein Einbrecher, sondern höchstens ein Ausbrecher. Seine letzte Straftat liege zwölf Jahre zurück und wenn immer von ihm als dem Ein- und Ausbrecher gesprochen werde, so könne es ihm nicht gelingen, wieder eine ehrliche Stellung zu erringen. Um diese Möglichkeit zu verhindern, teilen wir diese Aussagen des Herrn Petersen unseren Lesern mit.“

Soviel Chuzpe muss man erst einmal haben. Dennoch geht das Glück, das Petersen bei seinen unzähligen Raubzügen begleitet, allmählich zur Neige. Er lässt sich im März 1921 nach zehnjähriger Ehe von seiner einstigen großen Liebe, der bildschönen, aber in höhere Kreise strebenden Helmi, scheiden. Anschließend lebt er in der Pension im

Haus Colonnaden 21, die er im Januar 1920, dem Vernehmen nach für 100 000 Mark, erworben und seinem „Verhältnis" Frieda Goedje geschenkt hat. Unweit dieser Pension „Bei der Esplanade" befindet sich im Haus 104 das Wäschegeschäft Lau. Dessen Geldschrank hat es dem „Lord" angetan, allerdings vermögen Petersen & Co. diesen in der Nacht am 5. Juni 1921 nicht zu öffnen. Mangels Bargeld nehmen sie Damenwäsche mit, und weil Teile der Beute direkt abgesetzt werden, kommt ihnen die Polizei auf die Spur. Am Abend des 29. Juni 1921 wird Petersen festgenommen. Er will allerdings zum Zeitpunkt des Überfalls auf einer Verlobungsfeier gewesen sein.

Diesmal jedoch sind die Beamten cleverer: Sie befragen Petersen und alle anderen von ihm benannten Zeugen nach der Speisenfolge, und da kommt es zu Widersprüchen, was wann serviert worden ist. Das Alibi platzt, und nach kurzer Zeit sitzen die meisten Mitglieder der Bande hinter Gittern. Bei der Durchsuchung der Wohnung von Petersens Mutter, die in St. Georg wohnt, finden die Beamten nicht

Das abenteuerliche Leben des „Lords" wurde 1974 unter der Regie von Ottokar Runze verfilmt, hier der spektakuläre Überfall auf die Kutsche.

nur diverse gestohlene Wertsachen, sondern auch Unterlagen darüber, dass Petersen ein breites Netz von Mitwissern und Abnehmern der gestohlenen Wertsachen geknüpft hatte. Außerdem entdecken sie auch diverse Sparbücher, die beweisen: Petersen ist ein schwerreicher Mann. Am 12. Juli 1921 kann das „Fremdenblatt" unter der Überschrift „Die Raubtaten der Bande Adolf Petersen" triumphierend verkünden, dass 18 Mitglieder der Bande hinter Schloss und Riegel gebracht worden sind und Petersen „endlich einmal das Handwerk gelegt worden ist".

Die Professionalität des Vorgehens beeindruckt auch den zuständigen Untersuchungsrichter Dr. Lazarus: „Nach den bisherigen Ermittlungen", so schreibt er am 2. August 1921 in einem Bericht,

> *„umfasst die Bande Adolf Petersen einschließlich aller Komplicen und Helfershelfer sicher annähernd 200 Personen aus allen Gegenden Hamburgs und anderer Städte [...], und ferner stehen [...] [ihm] fast unbeschränkte Geldmittel zur Verfügung. Seine Einbrüche und Überfälle sind in geradezu bewunderungswürdiger Weise organisiert. Die bisherige Voruntersuchung hat ergeben, dass Petersen überall nach der Methode arbeitet, dass er nur bestimmte Mitglieder seiner Bande zu der betreffenden Tat heranzieht, gleichzeitig aber von vornherein andere Mitglieder bestimmt, die ihm [...] das Alibi nachweisen."*

Ironie am Rande: Die Ermittlungen gegen Petersen gestalten sich für den Untersuchungsrichter zum Beispiel „durch Einnahme der Mahlzeiten außerhalb des Hauses, durch Fahrgelder, durch Kosten für kleine Reisen" usw. als so zeitaufwendig und kostspielig, dass er zum 1. Januar 1922 seine Kündigung einreicht. Er würde nur dann auf einen Wechsel in die für ihn lukrativere Stellung als Rechtsanwalt verzichten wollen, wenn ihm „eine monatliche Entschädigung von 1500 Mark gewährt würde". Doch die um ihre Meinung befragte Finanzdeputation bittet „wegen ernster, grundlegender Bedenken" am 5. Dezember „dringend, dem Antrag die Genehmigung zu versagen".

Nach neun Monaten Untersuchungshaft, am 20. April 1922, ist Petersen bereit, auszupacken. Er gesteht über 49 „bandenmäßig ausgeführte Einbrüche und Räubereien" und benennt 63 Mittäter und Hehler, von denen 25 zum inneren Kreis seiner Gefolgschaft zählen. In mehreren Verfahren wird Petersen zu insgesamt über 50 Jahren Zuchthaus verurteilt, davon allein sechs Jahre für den Raub in der Susannenstraße. Zum Leidwesen des Nachtwächters kommen bei dieser Verhandlung am 10. November 1922 auch dessen amouröse Abenteuer zur Sprache. „Der Postbeamte hätte so allerhand Fisimatenten gemacht, er sei scheinbar ganz toll verliebt gewesen", gibt der Bandenchef zu Protokoll.

Wegen seiner Geständnisfreude fasst das Landgericht am 31. März 1924 die Einzelurteile zu einer Gesamtstrafe von 15 Jahren Zuchthaus zusammen. Hinter den Mauern von Fuhlsbüttel erweist sich Petersen als Mustergefangener. Er ist höflich, ruhig und bescheiden und beschwert sich über reinweg gar nichts. Gleichzeitig beginnt er 1927 mit dem Abfassen einer Lebensbeichte, die zugleich eine sozialkritische Darstellung der „bürgerlichen" Welt wie auch jener Halb- und Unterwelt ist, aus der sich Petersen trotz all seiner Talente nicht befreien konnte und wohl auch nicht wollte. Selbst über das Buchcover macht er sich seine Gedanken und legt fest, dass „links in der Ecke das gewaltsame Öffnen eines Geldschrankes" zu sehen sein soll. Doch das Manuskript gerät in Vergessenheit und taucht erst vier Jahrzehnte später wieder auf.

Am 29. April 1932 öffnen sich für ihn vorzeitig auf Widerruf die Gefängnistore. Einige Monate später hat ihn die Polizei in Verdacht, zusammen mit seinem Bruder Arnold gefälschte 20-Mark-Scheine in Umlauf gebracht zu haben. Am 14. Juni 1933 – mittlerweile haben die Nazis das Sagen – wird er morgens in Friedas Pension in den Colonnaden verhaftet, am 25. Juli aber wieder aus „Santa Fu" entlassen. Angeblich soll er der Polizei den Raubmörder Ernst Hannack ans Messer liefern. Ein Treffen am 24. Oktober in der Nähe der Kirche St. Johannis in Harvestehude endet mit einem Feuergefecht zwischen Hannack und den ihm auflauernden Polizisten, bei dem Petersen in den Arm getroffen wird.

Zwei Tage später ist Petersen erneut in Gewahrsam, aber diesmal kehrt er nicht in die Colonnaden zurück. Von der Polizei immer nachdrücklicher zu den jüngsten Einbruchfällen und den Falschgeldgeschäften seines Bruders befragt, erhängt sich der „Lord von Barmbeck" am 21. November 1933, laut Anstaltsprotokoll zwischen 19.38 und 20.19 Uhr, in seiner Einzelzelle in einer aus zwei Strümpfen und einem Taschentuch gefertigten Schlinge. Somit erfüllt sich sein Geschick so, wie in der Vorrede zu seiner Autobiografie beschrieben: „Ich büße so, wie ich gefehlt habe, kühn waren meine Handlungen, ohne Murren ist meine Buße."

WETTEN OHNE RISIKO
Der Fall Bertold Wiese

In der Filmkomödie „Der Clou" von 1973 legen zwei kleine Trickbetrüger, dargestellt von Paul Newman und Robert Redford, einen Gangsterboss aufs Kreuz und erleichtern ihn um eine halbe Million Dollar. Dabei nutzen sie eine – in diesem Fall künstlich erweiterte – zeitliche Lücke, die zwischen dem Finaleinlauf eines Pferderennens und der Ergebnisübermittlung an die Buchmacher entsteht. Der Film spielt 1936, zur Zeit der schweren Wirtschaftskrise, in Chicago. In Hamburg wird der Trick mit der Zeitverzögerung schon ein Jahrzehnt früher angewendet.

Die Luft im Wettbüro des Buchmachers Dietz am Steindamm flirrt von Tabakrauch und gespannter Erwartung. Die meisten Gäste wetten mit kleinen Einsätzen. Nur einmal auf den richtigen Außenseiter setzen und dann ganz groß abräumen! Am Fenster sitzt ein Mann im grauen Zweireiher, der immer wieder verstohlene Blicke auf die andere Straßenseite wirft. Aus dem Lokal gegenüber tritt ein Mann im schwarzen Mantel, schaut sich um, lüftet zweimal kurz seinen steifen Hut – Eiersieder wird der in Hamburg genannt – und verschwindet wieder in der Kneipe. Nun gerät der Mann in Grau in Bewegung. Er verlässt seinen Fensterplatz, eilt zum Wettschalter, setzt einen nicht unerheblichen Betrag – und gewinnt mit hoher Quote.

Zwei Tage später betritt der Mann mit dem Eiersieder erneut die Kneipe gegenüber dem Wettbüro. Dort wird er als Stammgast begrüßt. „Das Übliche?", erkundigt sich der Wirt. Eine Viertelstunde später geht der Gast zum Telefon, nennt dem Fräulein vom Amt eine Nummer und spricht kurz mit dem Teilnehmer am anderen Ende der Leitung. Offenbar nimmt er eine Nachricht entgegen: „In Ordnung. Ich habe verstanden." Dann geht er vor die Tür, um frische Luft zu schnappen, guckt ein bisschen nach rechts und links und kratzt sich dabei gelegentlich am Kopf. Zurückgekehrt, widmet er sich seinem Bier. Drüben im Wettlokal hat der Mann im grauen Zweireiher wieder einmal den richtigen

Riecher. Im Rennen in Lyon liegt die Nummer 5 vorn. Genau darauf hat er im allerletzten Moment getippt.

Dietz ist nicht der einzige Hamburger Buchmacher, den die ungewöhnliche Glückssträhne eines einzelnen Kunden stutzig macht. Auch bei anderen Wettbüros werden immer wieder hohe Beträge auf Außenseiter gesetzt, die dann tatsächlich als Sieger bzw. Zweiter durchs Ziel gehen. Es handelt sich ausnahmslos um Rennen in Frankreich, und die

Um Pferderennen drehte sich der Hamburger Wettbetrug unter Führung von Bertold Wiese in den 1920er-Jahren. Hier ein Rennen im englischen Epsom 1925

Wetten werden stets zu einem Zeitpunkt platziert, zu dem das Rennen schon gelaufen, das Ergebnis in Hamburg aber noch nicht bekannt ist. Außerdem sind es immer wieder dieselben Personen, die vom Wettglück begünstigt werden. Zu ihnen zählt der Herr im grauen Zweireiher, der regelmäßig bei Dietz am Fenster sitzt.

Es dauert eine Weile, bis sich die Buchmacher an die Polizei wenden. Dann geht weitere Zeit ins Land, bis die dahinterkommt, wie der Trick mit den todsicheren Wetten funktioniert. Schließlich werden acht Männer festgenommen. Im Juni 1928 stehen sie in Hamburg vor Gericht und sind durchaus geständig. Auf die Idee zu dem Betrug, so räumt der Angeklagte Bertold Wiese ein, ist er nicht von allein gekommen. Vielmehr sei es Anfang 1925 Stadtgespräch gewesen, dass die Matrosen eines Kriegsschiffs, das im Hamburger Hafen lag, die Funkanlage des Schiffes genutzt hatten, um die – seinerzeit noch unverschlüsselten – Funksprüche des Wettdienstes von Radio Eiffelturm abzufangen. So erfuhren sie die Ergebnisse französischer Pferderennen, bevor diese bei allen Hamburger Buchmachern eingetroffen waren, und konnten, wenn sie sich beeilten, ihre Wetten mit 100-prozentiger Gewinnchance platzieren.

Wiese erwärmt sich für diese Geschäftsidee. Anfang 1926 versucht er zunächst, Radio Eiffelturm mit einem Vierröhrenempfänger abzuhören. Doch die Zimmerantenne ist zu schwach, um die Signale zu empfangen. Später installiert einer der Mitangeklagten, ein Funker, in Wieses Wohnung eine stärkere Anlage mit Bodenantenne, sodass sie nun die französische Welle abhören können. Pech nur, dass die Rennergebnisse aus Frankreich inzwischen verschlüsselt übermittelt werden. Doch die Herren haben Geduld. In wochenlanger Kleinarbeit und mit vielen Fehlversuchen gelingt es, den Code zu knacken. Dann endlich können sie sich die Nachlässigkeit der Buchmacher zunutze machen, die ihnen einen kleinen Vorsprung verschafft.

Die Rennergebnisse aus Frankreich werden von Radio Eiffelturm an Vertrauensleute in den großen Städten übermittelt; in Hamburg ist es das Büro des Hauptbuchmachers Ganzel. Dort werden die Meldungen dechiffriert und per Rundruf gleichzeitig an alle Abonnenten des Dienstes weitergegeben. Bis zu diesem Zeitpunkt, also bereits nach Rennschluss, nehmen die Buchmacher noch Wetten an. Die Angeklagten brauchen nur etwas schneller zu sein als der offizielle Ablauf. Sie empfangen und entschlüsseln die Ergebnisse, suchen eines mit guter Quote heraus, geben es telefonisch an einen Mittelsmann weiter, der wiederum durch zuvor verabredete Zeichen dem Mann vor Ort signalisiert, auf welches Pferd er setzen soll. Mithilfe des Funkers gelingt es später, auch Rennergebnisse aus New York und Lyon abzufangen.

Im Prozess bemühen sich die Angeklagten, die Wirksamkeit ihres Systems herunterzuspielen. Viel habe es nicht eingebracht, häufig seien Fehler passiert und Verluste entstanden. Mehrere Männer geben an, sie seien frühzeitig aus dem Geschäft ausgestiegen, weil der Ertrag bzw. ihr Anteil daran zu gering gewesen sei. Die Buchmacher berichten dagegen von erheblichen Summen, die in die Taschen der Angeklagten geflossen seien; einzelne wollen 5000 Mark durch die Schwindelwetten verloren haben. Zumindest für Wiese ist die Sache lukrativ genug, um am Ball zu bleiben. Als die Hamburger Buchmacher allmählich misstrauisch werden und einzelne Wetten ablehnen, gehen Wiese und Co. 1927 auf „Tournee". In Hannover, Magdeburg und Leipzig, in Chemnitz, Düsseldorf und Bremen ziehen sie ihre Masche erfolgreich durch. Nur in Berlin klappt das nicht. Die dortigen Buchmacher seien heller als die in Hamburg, erläutert der Angeklagte Heinrich Gaeth, der sich im Übrigen damit rechtfertigt, dass im Sportleben gewaltig geschoben und geschwindelt werde. Was er getan habe, sei nur „Wiedervergeltung".

Das Gericht verurteilt am Ende fünf der acht Angeklagten wegen fortgesetzten, teils versuchten, teils vollendeten Betrugs bzw. Beihilfe dazu zu Haftstrafen von vier bis zehn Monaten und zusätzlichen Geldstrafen. Ein Mann muss wegen Vergehens gegen das Funkgesetz für sechs Wochen ins Gefängnis, zwei Männer werden freigesprochen, da sie lediglich geringe Hilfsdienste geleistet hätten. Der „Hamburger Anzeiger" kommentiert:

> *„Fortschritt in der Technik und Fortschritt im Schwindel sind wie Bruder und Schwester. Es gibt keine Neuerwerbung des menschlichen Geistes, keine Neuanschaffung der Zivilisation, die sich nicht verbrecherisch ausmünzen ließe. Und es gibt kein kulturelles Verdienst, das nicht bald von entschlossenen Freibeutern in einen lukrativen ‚Verdienst' umgewandelt würde. Darum kann es kaum überraschen, daß schon im Jahre 1926 ein findiger Kopf auf den Gedanken kam, die drahtlose Telegraphie in den Dienst des Betruges zu stellen; denn was frei in den Lüften schwebt, ist immer schon von Wildschützen gejagt worden."*

HAMBURGS „CHINATOWN" IN DER SCHMUCKSTRASSE

Auch Hamburg hat in den 1920er-Jahren sein „Chinatown". Zwar leben dort längst nicht so viele Chinesen wie in dem weltberühmten Viertel von San Francisco, aber bis zu 200 Menschen chinesischer Herkunft sind es schon, die zu dieser Zeit in Hamburg heimisch geworden sind.

Viele von ihnen sind in der Gegend um die Schmuckstraße – zwischen der Großen Freiheit und der Talstraße – auf St. Pauli zu Hause. Etliche haben als „Kulis" auf Dampfschiffen gearbeitet und sind beim Landgang hängen geblieben. Die meisten der hier lebenden Chinesen schlagen sich auf St. Pauli und dem benachbarten preußischen Altona als Köche, Restaurant- oder Wäschereibesitzer und mit anderer ehrlicher Arbeit durch.

Einige allerdings treiben auch illegale Geschäfte, von denen die Polizei möglichst nichts wissen soll. Außenstehenden erscheint die chinesische Gemeinschaft als eine weitgehend abgeschlossene Community – ist hier einmal ein Verbrechen aufzuklären, kommt man mit den üblichen Methoden nicht weiter. Auf Informanten aus der „Unterwelt", die der Polizei mal einen Tipp geben könnten, wenn im Gegenzug auch mal ein Auge zugedrückt wird, brauchen Ermittler hier nicht unbedingt zu zählen.

Seitdem die kriegsbedingten Einschränkungen entfallen sind und wieder mehr Seeschiffe den Hafen anlaufen, kommen auch wieder zunehmend chinesische Seeleute nach Hamburg. Den deutschen Reedereien, vor allem der in Hamburg ansässigen Hapag und dem Norddeutschen Lloyd in Bremen, sind sie bei der Anwerbung in Schanghai als schlecht bezahlte, weil tarifvertraglich ungebundene Kohlentrimmer, Schmierer oder Stoker (Heizer), die tief unten im Bauch der Ozeanriesen schuften, sehr willkommen. Es wird sogar behauptet, sie könnten die schweißtreibende Arbeit besser erledigen als Weiße, weil sie von Natur aus widerstandsfähiger gegenüber der Hitze seien.

Während der Liegezeit im Hafen, die meist mehrere Tage dauert, ist St. Pauli mit seinen chinesischen Lokalen ein willkommener Anlaufpunkt. Hier gibt es nicht nur Restaurants und Gemüseläden mit allerlei chinesischen Köstlichkeiten, sondern auch verschwiegene Lokalitäten, wo man Kokain, Morphium, Heroin und auch Opium kaufen kann. Angesichts der Wirren der Zeit suchen aber mittlerweile auch viele Deutsche, sofern sie es sich leisten können, Entspannung und Ablenkung mit Rauschmitteln.

Eine chinesische Kellerwirtschaft auf St. Pauli um 1925

Um dies zu unterbinden, startet die Polizei am 4. August 1921 eine groß angelegte Razzia und erstattet anschließend einen ausführlichen Bericht:

„Der Polizei ist bekannt, dass sich in Hamburg eine Reihe von Opiumhöhlen befinden, in denen nicht nur die in Hamburg zahlreich weilenden Kulis und anderen Chinesen, sondern auch Japaner und Deutsche sich dem Genuss dieses Giftes hingeben. Der Polizei gelang es, zwei dieser gefährlichen Stätten ausfindig zu machen und zwar in der Hafenstraße 126 und Pinnasberg 77."

In den Hinterräumen einer Wäscherei und eines Grünhökers ertappen die Beamten rund 50 Opiumsüchtige, wobei es sich in der Mehrzahl um Ausländer, meist chinesische Seeleute, handelt. „Die Betreffenden lagen bereits im tiefsten Opiumrausch oder wurden Opium rauchend angetroffen. In beiden Opiumhöhlen wurden eine Anzahl Pfeifen, Opiumlampen und Opium selbst vorgefunden und beschlagnahmt. Gegen die Inhaber der beiden Opiumhöhlen ist eine Untersuchung eingeleitet worden." Die Polizeimeldung schließt mit den hoffnungsvollen Worten: „Die Aufdeckung weiterer gefährlicher Lokale steht bevor."

Diesem bis dahin größten Schlag gegen das Rauschgiftgeschäft einiger Chinesen auf St. Pauli folgen immer mal wieder weitere Razzien, allerdings mit einer überschaubaren Zahl von Festnahmen – kein Wunder, denn die Chinesen bleiben meist unter sich:

„Haus bei Haus in der Schmuckstraße ist von der gelben Rasse bewohnt, jedes Kellerloch hat neben oder über dem Eingang seine seltsamen Schriftzeichen. Die Fenster sind dicht verhängt, über schmale Lichtritzen huschen Schatten, kein Laut dringt nach außen. Alles trägt den Schleier eines großen Geheimnisses. Ob sie wirklich dem Opium frönen oder der zweiten großen Nationalleidenschaft, dem Glücksspiel, nachgehen, keiner vermag es zu sagen."

So notiert es der Schriftsteller Ludwig Jürgens im Jahr 1930.

Sogar von Tunneln ist immer einmal wieder die Rede, unterirdische Verbindungswege im Untergrund von St. Pauli, angelegt von der chinesischen Drogenmafia, um auf diese Weise – verborgen vor den Augen der Polizei – Drogen- und Schmuggelgeschäfte tätigen zu können. Die entsprechende Fantasie wird vermutlich durch die Tatsache genährt, dass viele chinesische Lokale in billigen Kellerräumen untergebracht sind.

Gelegentlich aber muss die Polizei eingreifen, um ein Kapitalverbrechen aufzuklären: Am 13. März 1921 wird der Chinese Chin Yau, der in der Bernhard-Nocht-Straße 81 eine Annahmestelle und in der Glashüttenstraße 17 eine „Chinesische Feinwäscherei" betreibt, tot aufgefunden – mehrere Schuss- und Stichwunden haben seinem Leben ein Ende gesetzt. Gestohlen wurden u. a. eine braunlederne Brieftasche mit etwa 11 000 Mark und andere Wertsachen. Die „Hamburger Nachrichten" wissen am folgenden Tag zu berichten, die betreffende Räumlichkeit werde „Chinesenkeller" genannt und sei „als Opium- und Spielhölle bekannt". In den im Keller befindlichen Wohn- und Geschäftsräumen findet die Polizei u. a. zwei geladene, aber unbenutzte Revolver, die dem Ermordeten gehörten, sowie „Geldscheine aller Sorten und einen Posten Opium wie auch Opiumpfeifen".

Nach Zeugenaussagen soll der Tote in der Mordnacht zusammen mit mehreren chinesischen Seeleuten eines gerade eingelaufenen Schiffes ein Kaffeehaus in der Großen Freiheit in Altona besucht und erst am frühen Morgen in den „Chinesenkeller" zurückgekehrt sein. „Bei den Nachforschungen nach den Tätern wurden [...] auch mehrere Chinesen festgenommen. Diese mussten jedoch sämtlich wieder entlassen werden, da sich der auf den Verhafteten ruhende Verdacht nicht aufrechterhalten ließ."

Letztlich bleibt der Mord unaufgeklärt. Auch als der Hauptverdächtige ein Jahr später, am 31. März 1922, zusammen mit zwei Landsleuten und größeren Mengen Opium im Keller des Hauses Pinnasberg 74 aufgefunden und in Haft genommen wird, bleibt ein Geständnis in der Mordsache aus.

Um die Jahreswende 1924/25 hat die Kriminalpolizei wieder in Hamburgs „Chinatown" zu tun: „In der Silvesternacht wurde der seit zwei Monaten Schmuckstraße 7 bei einem Landsmann Ah Wan logierende Shipsman Wong Chou im Keller ermordet. Der Keller enthält zwölf Räume, in denen Ah Wan Landsleute beherbergt, während er selbst in einem nach vorne belegenen Laden ein Zigarettengeschäft betreibt. Im Keller huldigen die Chinesen einem heimatlichen Glückspiel. Kurz nach Mitternacht wurde der Kriminalpolizei von einem Chinesen telephonisch mitgeteilt, dass Wong Chou im Keller ermordet liege."

Die Polizei findet den 39-Jährigen im Spielzimmer mit dem Gesicht nach unten auf dem Boden liegend vor. Außer Schussverletzungen hat Wang Chou eine Stichwunde an der linken Backe, direkt unter dem Auge. Nicht weniger als acht Schüsse wurden laut Obduktionsbefund auf das Opfer abgegeben.

Die „Hamburger Nachrichten" melden weiter: „Ob hier Raubmord oder ein in der Spielleidenschaft ausgeführtes Verbrechen vorliegt, muss die Untersuchung ergeben." Auch diese Bluttat bleibt letztlich unaufgeklärt, ebenso das Motiv. Augenzeugen wollen zwei Männer gesehen haben, von denen einer kurz nach Betreten des Kellers kurz nach 1 Uhr wieder herausgekommen ist, während der andere – der mutmaßliche Täter – über den Hinterausgang und den Hof verschwunden sein muss.

In den Zeitungen finden sich in der Folgezeit immer mal wieder Meldungen, die zeigen, dass St. Pauli für Chinesen ein nicht ganz ungefährliches Pflaster ist: „Einem aus Rotterdam zugereisten Chinesen wurde in der Schmuckstraße 9 (Chinesenwirtschaft) ein Barbetrag von 300 Pfund gestohlen. Als Täter kommt ein Landsmann des Bestohlenen, Ching Ling Kea, in Frage", melden die „Altonaer Nachrichten" am 15. Januar 1925.

Die Weltwirtschaftskrise überstehen die Chinesen noch halbwegs unbeschadet – ab 1933 allerdings stehen sie nicht nur weiterhin unter dem Generalverdacht der Kriminalität, sondern gelten auch als unerwünschte „Nichtarier", als „rassisch minderwertig". Drangsaliert und von der Gestapo überwacht werden auch deutsche Frauen, die einen Chinesen als Partner haben, und deren Kinder. Nach der Kriegserklärung Chinas an das Deutsche Reich am 9. Dezember 1941 erhöht sich der Druck: Nun sind Hamburgs Chinesen offiziell Angehörige einer feindlichen Macht.

Am 13. Mai 1944 schlägt die Geheime Staatspolizei zu: Weil sie unter Verdacht stehen, heimlich mit den Westalliierten zu paktieren, werden die noch in Hamburg verbliebenen Chinesen unter Mitwirkung von Schutz- und Kriminalpolizei festgenommen und in das Gefängnis Fuhlsbüttel verbracht. Zwar lässt sich der Verdacht der organisierten Kollaboration nicht belegen, aber die Festgenommenen werden im Herbst 1944 in das der Gestapo unterstehende Arbeitserziehungslager „Langer Morgen" in Wilhelmsburg überführt. Dort kommen bis Kriegsende durch Misshandlungen mindestens 17 Gefangene ums Leben. Von den Überlebenden kehrt nach Kriegsende ein großer Teil nach China zurück, nur wenige bleiben in Hamburg. Dies ist das Ende von Hamburgs „Chinatown".

DER TIEFE FALL EINES HOCHSTAPLERS

Der Fall Alexander Randad

„Wenn man den Lebenslauf des Randad, seine Erlebnisse und sein Auftreten bis zur Bluttat übersieht, so hat man eher den Eindruck, eine Romanfigur vor sich zu haben. Sein ganzes Leben ist ausgefüllt mit Hochstapelei, Schwindel, Leichtsinn, Lüge und den buntesten Ereignissen." Diese Äußerung des Staatsanwalts ist auf den 28-jährigen Alexander Randad gemünzt, der sich am 24. Mai 1924 wegen versuchten Totschlags vor Gericht verantworten muss. Dem Spross einer Hamburger Kaufmannsfamilie genügt die eigene Existenz offenbar nicht. Er gibt sich als Graf Randad aus, bisweilen ist er Graf von Ravensborg oder auch Prinz zu Cordoba. Er lässt sich Briefbögen mit Wappen und der Kopfzeile „Corti de sun Altezza de Principe Randad de Cordoba" drucken. Er befördert sich zum U-Boot-Kommandanten oder zum Kapitän zur See, verleiht sich diverse glanzvolle Orden und macht sich zum Ritter der Ehrenlegion. Seine Bemühungen, sich Geld zu erschwindeln, füllen bereits mehrere Polizeiakten.

„Mordkommission, bin ich hier richtig bei der Mordkommission?" – „In aufgeregter Weise", wie das Protokoll vermerkt, stürmt am 4. Dezember 1923 um 12.55 Uhr ein Mann in das Hauptquartier der Hamburger Polizei im Stadthaus an der Ecke Neuer Wall/Stadthausbrücke. Der diensthabende Wachtmeister sucht ihn zu beruhigen, doch damit ist er an der falschen Adresse. „Ich habe keine Zeit, ich muss gleich zurück", stößt der Mann hervor, und als immer noch nicht die gewünschte Reaktion erfolgt, schreit er fast: „Raubmord in der Rabenstraße! Vielleicht kommen Sie noch nicht zu spät!"

Das bringt den Wachhabenden auf die Füße. Er verschwindet im Nebenraum und kehrt mit einem korpulenten Herrn zurück, der sich als Regierungsdirektor Dr. Schlanbusch und Leiter der Kriminalpolizei vorstellt. „Und Ihr Name, bitte!", wendet er sich an den Aufgeregten.

„Gestatten Sie, Graf Randad, Kapitänleutnant zur See“, erwidert der und berichtet nun zusammenhängender. Seine Zimmerwirtin sei überfallen und schwer verletzt worden. Den Hausdiener habe er nach einem Arzt geschickt. Wann das Ganze denn geschehen sei? „Ziemlich genau um zwölf.“ Schlanbusch runzelt die Stirn: „Da haben Sie ja recht lange gebraucht hierher.“ Randad geht darauf nicht ein, vielmehr drängt er erneut zur Eile.

Wenige Minuten später besteigen sechs Herren eine Mietdroschke. Ziel ist eine dreistöckige Villa in der Neuen Rabenstraße 4, in der eine „elegante Pension“ untergebracht ist. Die Hauswirtin hat sich der Lage im feinen Pöseldorf angepasst: Anna Emilie von Horsten, Witwe eines höheren Beamten oder Offiziers, ist in Wahrheit eine geschiedene Frau Schuhmacher. Als die Kripo eintrifft, hat man sie bereits ins Hafenkrankenhaus gebracht. Wegen schwerer Verletzungen am Hinterkopf besteht Lebensgefahr. Frau von Horsten bewohnt selbst das Erdgeschoss des Hauses, in die Räume in der ersten Etage soll nächstens die italienische Diplomatenfamilie Nobile einziehen, im zweiten Stock leben Herr

Den Beamten bot sich ein wüstes Bild, als sie die Wohnung in der Neuen Rabenstraße 4 betraten.

und Frau Randad mit ihrem kleinen Sohn und einem Kindermädchen. Außerdem gibt es zwei Bedienstete, die Köchin Marie Kiebarth und Rudolph Tantow, der als Chauffeur und Faktotum fungiert.

Im Wohnzimmer, das zur Straße hin liegt und nur durch eine Portiere vom Schlafzimmer getrennt wird, bietet sich den Polizisten ein wüstes Bild: Auf dem Boden verstreut liegen Bücher, Vasen, Bilder, zerbrochenes Geschirr und dazu ein schwerer Bücherschrank. Ein großer Blutfleck hat sich auf dem Teppich vor dem Schreibtisch ausgebreitet. Auch an der Kante des umgestürzten Schranks und an der linken Schreibtischtür finden sich Blutspuren. Zudem ist offenbar erfolglos versucht worden, die Schranktüren aufzubrechen. Vom Schlafzimmer aus führt eine Balkontür auf eine kleine Terrasse und in den Garten. Diese Tür steht offen.

Aus der Befragung der Hausbewohner ergibt sich folgendes Bild: Um halb zwölf hat Frau von Horsten die Köchin zum Einkaufen geschickt und ihr dafür anderthalb Goldmark ausgehändigt. Mehr

Die Skizze zeigt den Grundriss des Erdgeschosses, wo der Mordversuch geschah.

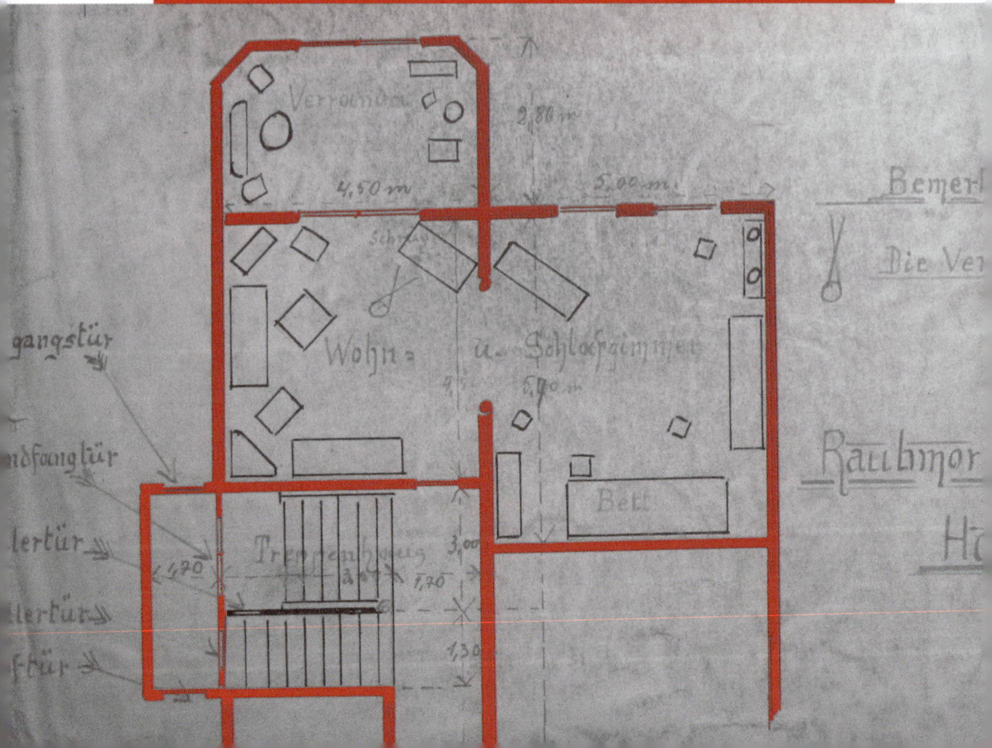

Geld habe sie im Moment nicht, denn Randad sei mit der Miete im Rückstand. Bei ihrer Rückkehr gegen 12.15 Uhr findet die entsetzte Kielbarth ihre Herrschaft in einer Blutlache auf dem Teppich im Wohnzimmer vor, neben ihr der umgekippte Bücherschrank. Rudolph Tantow ist an diesem Morgen gegen 11 Uhr von Randad zu einem Schuster im Mittelweg geschickt worden, um dort Stiefel abzuholen, die aber noch nicht fertig sind. Nach einer halben Stunde habe er sich deshalb bei Frau von Horsten zurückgemeldet und anschließend mit dem „Vakuumreiniger" die Zimmer im ersten Stock sauber gemacht, berichtet er.

Wenig später sei Randad aufgetaucht und habe sich über den Lärm des Staubsaugers beschwert, aber auch gefragt, ob Tantow gar nicht den dumpfen Schlag aus dem Erdgeschoss gehört habe. Randad sei dann nach unten gegangen, kurz darauf habe Tantow ihn markerschütternd schreien hören. Er sei nach unten gerannt, ins Wohnzimmer. Dort lag Frau von Horsten blutüberströmt halb auf dem Bauch auf dem Teppich. „Sie hat gestöhnt und geröchelt, eine Hand guckte unter dem umgestürzten Bücherschrank hervor." Die beiden Männer fassen sich schließlich so weit, dass Tantow einen Arzt holen geht – telefonisch ist keiner zu erreichen – und auch noch die nächste Polizeiwache verständigt, während Randad sich zum Stadthaus aufmacht, unterwegs in die falsche Straßenbahn einsteigt und in der Aufregung noch weitere Umwege macht, wie er später zu Protokoll gibt. Frau Randad kümmert sich unterdessen um die Verletzte, nachdem sie eigenhändig den Bücherschrank beiseitegeschoben hat.

Randad, der im Zuge der Vernehmung einräumt, dass er weder Graf noch Kapitänleutnant, sondern schlicht Kaufmann ist, favorisiert zunächst die Vermutung, es handele sich um einen Unfall. Dass er selbst von Raubmord gesprochen hat, scheint er vergessen zu haben. Die Einbruchspuren am Schrank, vor allem aber die Art der Verletzungen, die Frau von Horsten erlitten hat, widersprechen der Unfallthese deutlich. Nach Angaben der Ärzte wurden sie durch mehrere Schläge mit einem scharfkantigen Gegenstand, etwa einem Beil, verursacht. Nun erinnert sich Randad, dass er beim Betreten des Wohnzimmers an der Verandatür eine Bewegung wahrgenommen habe. Später fällt ihm ein, dass er im Garten einen Mann mit dunkler Mütze und blauem Sweater gesehen habe, dem er gefolgt sei, bevor er Frau von Horsten im Wohnzimmer entdeckt habe.

Aus Sicht der Kriminalpolizei kommen als Täter sowohl Randad oder Tantow als auch ein unbekannter Einbrecher infrage. Der stärkste Verdacht richtet sich zuerst auf den Hausknecht, der nach eigenen Angaben als Letzter mit Frau von Horsten gesprochen hat, als er sich von dem Gang zum Schuster zurückmeldete. Bei der Durchsuchung von Tantows Zimmer im Keller des Hauses werden zwei mögliche Tatwerkzeuge entdeckt, ein Reifenheber und ein Beil, dessen Schneide bräunliche Flecken aufweist. Tantow wird festgenommen, streitet aber jede Täterschaft ab. Allerdings korrigiert er seine frühere Aussage dahingehend, dass er nach der Rückkehr vom Schuster nicht mit seiner Arbeitgeberin gesprochen hat. Und er räumt ein, dass er nicht sonderlich gut auf Frau von Horsten zu sprechen gewesen ist, weil sie ständig an allem herummäkelte. Andererseits: Die bräunlichen Flecken an der Beilschneide erweisen sich als Rost, und auch sonst finden sich keinerlei Blutspuren an Tantows Kleidung.

Am 8. Dezember erhält die Polizei einen Anruf vom Hafenkrankenhaus. Dort ist Frau von Horsten vorübergehend aus der Bewusstlosigkeit erwacht und hat der Krankenschwester Else Glowsky auf deren Frage, wer sie auf den Kopf geschlagen habe, geantwortet: „Randad".

Die Kripo hat inzwischen einiges Material über die schillernde Vergangenheit des Herrn Randad zusammengetragen. Wiederholt ist der Kaufmannssohn durch Betrügereien und Unterschlagungen aufgefallen. Diverse Zeugen sagen aus, er sei ständig in Geldverlegenheiten gewesen. Mehrmals hat er seinen Wohnort überstürzt gewechselt und dabei größere Mietschulden hinterlassen. Besonders suspekt ist aber seine Verstrickung in den Fall Löwenthal: Randad unterhielt im Jahr 1920 eine Liebesbeziehung zu Gertrud Löwenthal. Deren Mann Herbert wurde später erschossen aufgefunden, neben ihm lag eine Pistole. Obgleich den ermittelnden Beamten der Fall verdächtig erschien und sie in diesem Zusammenhang auch Randad vernommen hatten, wurde der Fall letztlich als Selbstmord eingestuft. Anfang 1923 erstattete Randad bei der Kriminalpolizei Anzeige gegen Gertrud Löwenthal, weil diese eine größere Geldsumme unterschlagen habe. Weiter gab er an, dass sie beide sich die Ehe versprochen hätten. Zwar sei er bereits verheiratet, doch lebe er mit seiner Frau in Scheidung. Im Juni zog er die Anzeige zurück, da er das Geld mittlerweile erhalten habe.

Am 13. Dezember 1923 wird Alexander Randad verhaftet. Er bestreitet entschieden, Frau von Horsten überfallen zu haben, und stellt den Wert ihrer Aussage infrage. Als das nichts nützt, beschuldigt er Tantow der Tat. Bisher habe er geschwiegen, aber unter diesen Umständen … Allerdings ist inzwischen ein weiteres Verdachtsmoment aufgetaucht. Im November hat Frau von Horsten ein Paket mit einer Flasche Wein erhalten, die – wie sich herausstellt – Gift enthielt. Die Adressangabe auf dem Paket trägt Randads Handschrift. Dazu passt, dass in der Wohnung im zweiten Stock mehrere Ampullen Morphium gefunden werden. Randad hat sie einem Arzt in Pinneberg gestohlen, bei dem er eine Zeit lang gewohnt hatte. Auch Frau Randad wird als mögliche Mittäterin festgenommen. Schließlich hat sie ausgesagt, ihr Mann habe sich zur Tatzeit im zweiten Stock der Villa aufgehalten.

Am 21. Dezember gelingt Randad die Flucht aus der Untersuchungshaft. Nach einem Toilettengang tarnt er sich mit Federhalter und einem amtlichen Schriftstück, sodass er offenbar für einen Gerichtsbeamten gehalten wird und das Gebäude ungehindert verlassen kann. Von seiner Schwester lässt er sich mit neuer Kleidung versorgen, ein Freund leiht ihm seine Papiere. Als Herr Brockmann reist er nach Bad Salzuflen und frönt dort dem Wintersport. Die Kripo kommt ihm rasch auf die Spur: Am 28. Dezember wird Randad im Waldrestaurant Lohse in Bad Salzuflen festgenommen und mit dem Zug zurück nach Hamburg gebracht. Auf dem Hauptbahnhof unternimmt er einen neuen Fluchtversuch, der aber misslingt.

In den folgenden Wochen zieht Randad alle Register seines theatralischen Talents, kündigt Selbstmordversuche an, erleidet Schwächeanfälle und leugnet hartnäckig. Im März 1924 meldet sich ein gewisser Wilhelm Hermann Bauer bei der Polizei und gesteht, am 4. Dezember 1923 in das Haus Neue Rabenstraße 4 eingedrungen zu sein. Eigentlich habe er betteln wollen, doch dann sei ihm die Gelegenheit zum Diebstahl günstig erschienen. Im Wohnzimmer sei er dann überraschend auf eine Frau getroffen, die am Schreibtisch gesessen habe. Er habe gefürchtet, sie werde auf ihn schießen, und habe ihr deshalb mit einem Hammer auf den Kopf geschlagen. Sie sei aufgesprungen und habe sich am Schrank festgehalten. Daraufhin habe er noch mehrmals auf sie eingeschlagen, bis sie umfiel und den Schrank mit sich riss.

Bauer kann die Polizisten mit seinem Geständnis nicht recht überzeugen und gibt schließlich zu, dass er als Tatverdächtiger angeworben wurde mit dem Versprechen, reichlich entlohnt zu werden. Ein Job in Amerika und jährlich 250 Dollar wurden ihm in Aussicht gestellt, wenn er die Tat vorerst auf sich nehme. Schließlich sollte er auch nur so lange in Haft bleiben, bis Randad in Sicherheit sei. Er werde im Gefängnis alle zwei Wochen ein Päckchen erhalten. Wenn die Sendung ausbleibe, könne er sein Geständnis widerrufen und sei wieder ein freier Mann. Ein von Randad angeheuerter Mittelsmann habe ihn zum Tathergang genau instruiert.

Irgendwann entschließt sich Randad dann doch zum Reden. Dass Frau von Horsten, die mittlerweile halbwegs wiederhergestellt ist, sich an nichts mehr erinnern kann, weiß er nicht. Seine neue Version des Geschehens lautet so: Am 4. Dezember sucht er Frau von Horsten auf, um mit ihr über die ausstehende Miete zu sprechen. Er hat 45 Mark bei sich, die allerdings bei Weitem nicht ausreichen, um seine Schulden zu bezahlen. Seine Wirtin will sich mit der Anzahlung nicht zufriedengeben. Sie geht erzürnt hinaus und schlägt die Tür hinter sich zu. Später begegnet Randad ihr im Flur, wo er telefonieren will. Wieder spricht sie ihn auf das Geld an und bittet ihn in ihr Zimmer. Dort teilt sie ihm mit, dass sie ihn auf Dauer nicht als Mieter behalten wolle. Einen Ersatz habe sie schon in Aussicht. Schließlich fordert sie ihn auf, auszuziehen und ihr für seine Schulden ein Pfand zu überlassen, Schmuck beispielsweise. Ein heftiger Wortwechsel folgt, bis Frau von Horsten vorschlägt, er könne ja sein Kind als Pfand dalassen.

Diese Bemerkung habe ihm einen inneren Stoß gegeben. Er habe unwillkürlich an den Tisch gefasst. Dabei sei ihm der Hammer in die Hand geraten, der dort zufällig gelegen habe. Frau von Horsten habe ihn nun aufgefordert, das Zimmer zu verlassen, und mit der linken Hand nach dem Schreibtisch gegriffen. Möglicherweise habe er sich dadurch bedroht gefühlt, das wisse er nicht, ebenso wenig, wie es dazu gekommen sei, dass er nun mit dem Hammer auf die Frau eingeschlagen habe. An das Weitere habe er keine Erinnerung bis zu dem Moment, als Frau von Horsten sich an der oberen Kante des Schranks festhielt und dieser umkippte. Er sei nach draußen gelaufen, habe den Hammer weggeworfen und sich anschließend das Blut von den Händen gewaschen. Einige Minuten später kommt Tantow von seinem Gang zurück. Randad hat sich inzwischen beruhigt und auch schon einen Plan gefasst, wie er jeden Verdacht von sich abwälzen kann. Er

In diesem Brief aus der Haft beteuert Randad seine Unschuld.

schlägt die Toilettentür im zweiten Stock zu, geht dann ins Zimmer zu seiner Frau und erkundigt sich, ob sie auch den Knall gehört habe. Anschließend wickelt er den Rest der Inszenierung ab.

Dass Randad dieses Geständnis mehrfach widerruft, nützt ihm am Ende nichts. Am 24. Mai 1924 verurteilt ihn das Hamburger Schwurgericht wegen versuchten Mordes in Tateinheit mit versuchtem Raub zu zehn Jahren Zuchthaus und acht Jahren Ehrverlust. In der Haft unternimmt er mehrere Ausbruchversuche, von denen einer ihn bis nach München bringt, wird aber jedes Mal wieder geschnappt. Ein Gnadengesuch vom April 1933 wird abgewiesen; lediglich kann er die Reststrafe unter milderen Haftbedingungen im Gefängnis statt im Zuchthaus verbüßen. Am 12. März 1934 wird Alexander Randad aus der Haft entlassen.

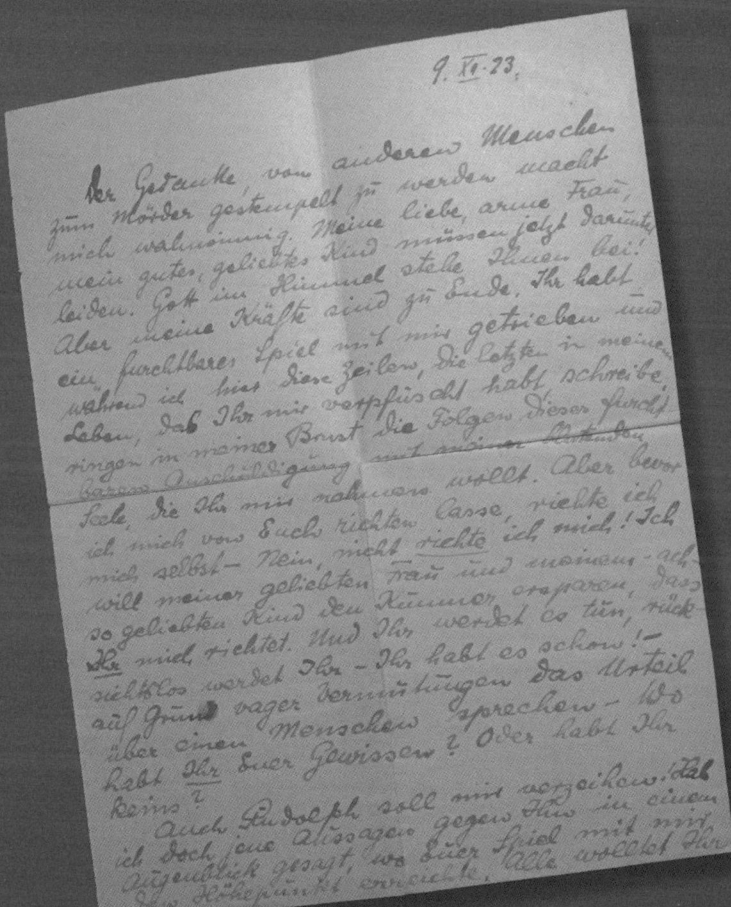
9. XI. 23.

Der Gedanke, von anderen Menschen zum Mörder gestempelt zu werden macht mich wahnsinnig. Meine liebe, arme Frau, mein gutes, geliebtes Kind müssen jetzt darunter leiden. Gott im Himmel stehe Ihnen bei! Aber meine Kräfte sind zu Ende. Ihr habt ein furchtbares Spiel mit mir getrieben und während ich hier diese Zeilen, die letzten in meinem Leben, daß Ihr mir verpfuscht habt, schreibe, ringen in meiner Brust die Folgen dieser furchtbaren Anschuldigung mit meiner [illegible] Seele, die Ihr mir nehmen wollt. Aber bevor ich mich von Euch richten lasse, richte ich mich selbst – Nein, nicht richte ich mich! Ich will meiner geliebten Frau und meinem - ich - so geliebten Kind den Kummer ersparen, dass Ihr mich richtet. Und Ihr werdet es tun, rücksichtslos werdet Ihr – Ihr habt es schon! – auf Grund vager Vermutungen das Urteil über einen Menschen sprechen – Wo habt Ihr Euer Gewissen? Oder habt Ihr keins?

Auch Rudolph soll mir verzeihen. Hab ich doch jene Aussagen gegen ihn in einem Augenblick gesagt, wo Euer Spiel mit mir den Höhepunkt erreichte. Alle wolltet Ihr

DIAGNOSE AUS DEN NACKENHAAREN

Der Fall Ernst Julius Buchholz

2016 wird Robert Jütte, Leiter des Instituts für die Geschichte der Medizin der Robert-Bosch-Stiftung, in einem Interview gefragt: „Ab wann war es sicherer, zum Arzt zu gehen, als nicht zum Arzt zu gehen?" Seine Antwort: „Seit den 1920er-Jahren." Zu dieser Zeit hatte die medizinische Forschung enorme Fortschritte gemacht: Antiseptische Hygienemaßnahmen waren selbstverständlich geworden, es gab neue Untersuchungsmethoden wie das Röntgen, erste Impfstoffe wurden entwickelt. Aber nicht jeder traute dem immer stärker naturwissenschaftlich ausgerichteten Medizinbetrieb. So hatten in den 1920er-Jahren Heilkundige großen Zulauf - auch in Hamburg. Sie stützten sich oft auf abenteuerlich anmutende Untersuchungs- und Behandlungsmethoden, befriedigten aber offenbar das Bedürfnis der Patienten nach persönlicher Ansprache und allgemeinverständlicher Diagnose.

Ende 1922 lässt sich der 25-jährige Ernst Julius Buchholz in Hamburg nieder und eröffnet in der Neustadt eine Praxis als Heilkundiger. Weil er es versäumt, seine Tätigkeit rechtzeitig beim Gesundheitsamt anzumelden, muss er ein Bußgeld in Höhe von 1000 Mark entrichten. Auf die Frage, welchem Gewerbe er nachgehe, gibt er zu Protokoll, er übe den Beruf eines Krankenbehandlers aus. „Behandelt werden von mir chronische innerliche Leiden, und zwar in der Hauptsache durch Sympathie. Meine Haupttätigkeit besteht aber darin, dass ich Krankheiten durch Untersuchung der Nackenhaare feststelle. Auch Medikamente werden von mir verschrieben, die sich die Patienten in jeder Apotheke besorgen können." Für die Untersuchung verlange er kein festgesetztes Honorar; jeder könne ihn nach Belieben vergüten.

Die Untersuchung der Nackenhaare geht auf einen anderen Heilkundigen zurück, den in ganz Norddeutschland bekannten Schäfer Heinrich Ast, der es in den 1890er-Jahren im Dorf Radbruch unweit von Lüneburg mit dieser Art der Diagnose zu erheblichem Wohlstand gebracht hatte. Zeitweilig soll der Mann bis zu 1000 Patienten pro Tag behandelt haben. Als Ast 1921 starb, versuchten seine Söhne, ein Exklusivrecht auf die Methode ihres Vaters durchzusetzen – ohne Erfolg. Auch andere Heilkundige machten sich das Prinzip zunutze, unter ihnen ein Onkel von Ernst Julius Buchholz. Der Neffe, gelernter Schneider, ging ein Jahr bei ihm in die Lehre und machte sich dann zunächst in Maschen selbstständig. Auch vier seiner Brüder (insgesamt hatte die Familie elf Kinder) stiegen ins Geschäft mit der Heilkunde ein.

Buchholz' Praxis in der Brüderstraße 20 wird nicht nur von den Behörden, sondern auch von der Hamburger Ärzteschaft von Beginn an mit Argusaugen beobachtet. Bald laufen beim Gesundheitsamt die ersten Beschwerden von niedergelassenen Ärzten ein. Einer konstatiert, Buchholz' Diagnosemethode sei „ganz grober Schwindel", und sieht „schwere Gefahren infolge Nichterkennens von Seuchen etc.". Außerdem moniert er, der Heilkundige habe sich widerspruchslos die Bezeichnung „Herr Doktor" gefallen lassen. Er unterstellt, dass es dem Mann allein ums Geld gehe. Ein anderer Arzt erhebt konkretere Vorwürfe. Er berichtet von einer Mutter und ihren beiden Kindern, bei denen er eine Fleischvergiftung festgestellt habe. Eine Einweisung ins Krankenhaus habe die Familie ebenso abgelehnt wie die von ihm eingeleitete Behandlung. Stattdessen habe sie sich an den „Wunderdoktor" Buchholz gewandt, der sich Haare der Erkrankten vorlegen ließ und „gegen Entgelt von vier- bis fünftausend Mark allerlei Medizin verordnet" habe. Eines der Kinder sei wenig später verstorben.

Im Frühjahr 1923 überprüft die Gesundheitsbehörde die Heilpraxis und stößt auf einen großen Bestand an Arzneimitteln, zumeist „Geheimmittel" mit Inhaltsstoffen, die schon Schäfer Ast verwendet hat, dazu diverse von Buchholz entwickelte Salben, Pflaster und andere Mittel, die durchweg nicht frei verkauft werden dürfen. Eine erneute Überprüfung im Sommer 1923 fördert abermals erhebliche Mengen an Arzneimitteln zutage. Nun erklärt Buchholz, er habe die Medikamente lediglich gelagert, aber nicht an Patienten abgegeben. Das überzeugt die Behördenmitarbeiter nicht; sämtliche Bestände werden eingezogen. Fortan stellt Buchholz seinen Patienten Rezepte aus. Im März

Zur allgemeinen Aufklärung!

Von gewissen Hamburg. Ärzten sind gegen mich in letzter Zeit wiederholt Verdächtigungen erhoben worden, durch die ich beschuldigt werde, unrichtige Diagnosen gestellt zu haben. Mein Versuch, die mir unterstellten Fälle aufzuklären, ist daran gescheitert, daß ich auf die sofort erfolgte Aufforderung, mir die Namen und Adressen derjenigen „Patienten" und die Rezepte vorzulegen, bei denen ich falsche Diagnosen gestellt haben sollte, ohne Antwort geblieben bin, obschon ich nicht nur Herrn Dr. Reye sondern auch dem Schriftleiter des Hamburger Ärzteblattes gegenüber meine Bereitwilligkeit zur Aufklärung auf Grund dieser Unterlagen erklärt hatte. Daß es den Angreifern daher offenbar nur darauf ankommt, meinen wohlbegründeten Ruf im Publikum zu untergraben, stelle ich hiermit fest.

Meine sachliche Erwiderung an das Ärzteblatt ist von dem Schriftleiter Herrn Dr. M. damit beantwortet worden, daß er den erbetenen Abdruck ablehne, weil sie einen Versuch, Reklame für meine Krankenbehandlungsart zu machen, darstelle, — dies, obschon das genannte Ärzteblatt ja nicht für das Publikum, sondern nur für die Ärzteschaft bestimmt ist.

Im Interesse der großen Anzahl namhafter Ärzte in ganz Norddeutschland, denen ich regelmäßig Patienten zur Behandlung oder Operation zuweise, stelle ich weiter fest, daß die aufgestellte Behauptung, daß Ärzte mit mir „Geschäftsverbindungen" unterhielten, oder gar, daß ich von jeder Operation eine feste Rückvergütung erhielte, gröblich unwahr ist.

Mein Inserat „in eigener Sache" hat zur Folge gehabt, daß bei mir täglich eine große Anzahl von Dankschreiben eingehen, die bezeichnender Weise sich mit Fehldiagnosen von Ärzten befassen.

Ein Schreiben von einem Hamburger als Dr. med. approbierten Arzt, der sich hierin „gegen die Überhebung der Schulmedizin" wendet, äußert wörtlich:

„Bezugnehmend auf die Angriffe gegen Sie in der Presse möchte ich Ihnen mitteilen, daß ich bei zahlreichen Patienten, die aus Ihrer Behandlung in die meine kamen, die Richtigkeit Ihrer Diagnosen bestätigen konnte. Die Fehldiagnosen der Schulmedizin betreffen m. E. mehr als die Hälfte aller Fälle".

Ich lehne es ab, meinen unsachlichen Gegnern auf das Gebiet persönlicher Verunglimpfung zu folgen und habe das Vertrauen, daß meine Patienten ihr eigenes Urteil, das sie sich auf Grund meiner Haardiagnosen und der von mir eingeleiteten Behandlung über die Erfolge meiner Bemühungen gebildet haben, nicht durch die aus begreiflichen Gründen erhobenen Verdächtigungen trüben lassen werden.

Hamburg, den 6. Novbr. 1924.

E. Buchholz,

Danzigerstraße 58.

Unter der Überschrift „Zur allgemeinen Aufklärung!" wehrt sich Buchholz in einer Anzeige im „Hamburger Anzeiger" gegen die Vorwürfe aus der Ärzteschaft.

1924 verlegt er seinen Betrieb in die Danziger Straße 58. Auch hier ist der Andrang groß; bis zu 400 Menschen kommen täglich in die Praxis, viele warten stundenlang auf eine Konsultation. Vonseiten der Ärzteschaft wird vergebens auf die erhöhte Ansteckungsgefahr „bei einer übermäßigen Anhäufung kranker Menschen in einem so beschränkten Raum" hingewiesen.

Seinen erbittertsten Gegner findet Buchholz in Dr. Edgar Reye, Oberarzt am Eppendorfer Krankenhaus, dem heutigen Universitätsklinikum (UKE). Er berichtet Ende 1924 in einem Beitrag für das „Norddeutsche Ärzteblatt" von einem Experiment, das er mit der Buchholz'schen Haardiagnostik angestellt hat. Dazu hat er mehrfach Mitarbeiter mit Haaren einer an Tuberkulose gestorbenen Frau zu Buchholz geschickt. Nicht ein einziges Mal habe der die richtige Diagnose gestellt, sondern einmal sogar ausdrücklich betont, die Patientin leide nicht an Tuberkulose. Reye übt auch Kritik am eigenen Stand: „Für ganz besonders bedenklich halte ich es, wenn selbst Ärzte untereinander und ihren Patienten gegenüber mit ihrem Erstaunen über die ‚fabelhaften' Diagnosen des Herrn Buchholz nicht hinter dem Berge halten." Nun beginnt sich auch die Presse für den Fall zu interessieren, sodass sich Buchholz genötigt sieht, den Vorwürfen in Zeitungsanzeigen entgegenzutreten. Unter Überschriften wie „Zur allgemeinen Aufklärung!" und „Zur weiteren Aufklärung" wehrt er sich gegen die „maßlosen tendenziösen Angriffe aus der Ärzteschaft" und bittet Patienten, die mit seiner Diagnose und Behandlung zufrieden waren, sich zu melden.

Die öffentlich ausgetragene Auseinandersetzung wirkt sich negativ auf Buchholz' Geschäft aus. Die Zahl der Menschen, die ihn konsultieren wollen, sinkt, und bei der Staatsanwaltschaft gehen mehrere Anzeigen von ehemaligen Patienten ein, denen er falsche Diagnosen gestellt hat. Einer dieser Fälle landet im Januar 1925 vor Gericht. Es geht um eine Frau mit einem Geschwür am Oberschenkel, der Buchholz nach Betrachtung ihrer Nackenhaare davon abgeraten hat, sich operieren zu lassen. Stattdessen hat er eine Salbe verschrieben. Seine Empfehlung behielt er auch dann noch bei, als sich der Zustand der Patientin verschlechterte. Schließlich wurde die Frau doch ins Krankenhaus gebracht, wo ihr das Bein amputiert werden musste. Der Eingriff konnte sie nicht mehr retten, sie starb wenig später. Durch die Behandlung bei Buchholz sei wertvolle Zeit verstrichen, sagen die behandelnden Ärzte vor Gericht aus. Durch eine frühere Operation hätte der Tod der Frau vermutlich verhindert werden können. Die Richter sehen zwar die Hauptschuld bei der Patientin selbst, doch habe Buchholz sich fahrlässig verhalten. Er wird zu einer Geldstrafe von 2000 Mark verurteilt. Zwei Monate später hebt ein Schöffengericht das Urteil aus erster Instanz auf und erhöht die Geldstrafe auf 6000 Mark, da der Beschuldigte nicht nur fahrlässig, sondern auch „gemeingefährlich" gehandelt habe.

Dr. Reye lässt nach dem Urteil nicht locker. Er übergibt das von ihm gesammelte Material an die Staatsanwaltschaft, die daraufhin im Oktober 1926 Anklage wegen Betrugs gegen Buchholz erhebt. Zur Begründung heißt es, er habe bei seinen Patienten bewusst den Irrtum erzeugt, er könne per Haardiagnose auf ihre Krankheiten schließen. Außerdem habe er das Vermögen seiner Patienten geschädigt. Im Prozess vor dem Hamburger Landgericht erfährt das staunende Publikum nun einiges aus der Praxis des Wunderheilers: So soll er sich vor einer Diagnose häufig erkundigt haben, ob der Patient bereits einen Arzt aufgesucht und was dieser gesagt habe. Die eigene Beurteilung habe er dann an der des Arztes ausgerichtet. Zudem hat er häufig gleich mehrere Leiden diagnostiziert und so die „Trefferquote" erhöht. Die meisten seiner Patienten hat Buchholz nach der Konsultation an einen Arzt überwiesen, seine Praxis sei eine regelrechte „Ärzteverteilungsstelle" gewesen, erklärt ein Zeuge. Der Angeklagte räumt vor Gericht die Möglichkeit von Fehldiagnosen ein, verweist aber auf die große Zahl zufriedener Patienten und versichert, er glaube fest an seine besondere Fähigkeit. Sein Anwalt ergänzt: „Weshalb sollte Buchholz, da Tausende und Abertausende an ihn glaubten, nicht an sich selbst glauben?"

Das Gericht lässt sich auf die Diskussion, ob eine Diagnosestellung anhand von Nackenhaaren möglich ist, erst gar nicht ein. Es spricht Buchholz am 1. November 1926 frei und folgt dabei der Begründung

In der Danziger Straße hatte der „Wunderheiler" Buchholz seine Praxis, hier eine Aufnahme von 1938.

des Verteidigers: Wegen des immer größeren Zulaufs in seine Praxis konnte Buchholz „zu dem Glauben kommen, er verfüge über die von ihm behaupteten Fähigkeiten". Eine bewusste Böswilligkeit habe sich nicht feststellen lassen. Überhaupt lasse sich das Problem nicht auf strafrechtlichem Wege lösen.

> *„Wie ist es möglich, dass heute eine große Anzahl sich krank fühlender Menschen, besonders in den unteren Schichten des Volkes, solche Personen wie Buchholz aufsucht, obwohl dieser nach seiner eigenen Angabe gar nicht in der Lage ist, konkret das Krankheitsbild zeichnende Diagnosen zu geben oder selbst irgendwie kompliziert liegende Sachen zu behandeln, sodass er in sehr vielen Fällen die Leute zu Ärzten weitergeschickt hat. Der Grund dieser Tatsache liegt in der weitverbreiteten Vertrauenskrise zur ärztlichen Wissenschaft. Diese wird nicht behoben werden können, wenn sich nicht die herrschende Schulmedizin entschließen sollte, mit derselben Exaktheit der Methode, mit der sie zu forschen gewohnt ist, sich auch Phänomenen zuzuwenden, die bisher als ‚übersinnliche' und demgemäß nichtexistent abgelehnt worden sind."*

Erwartungsgemäß legt die Staatsanwaltschaft Berufung ein. Die neue Verhandlung beginnt am 16. November 1927 und verläuft zunächst ähnlich wie der vorangegangene Prozess. Am 19. November setzt sich der Staatsanwalt dann aber mit seiner Forderung durch, Buchholz möge seine Kunst im Krankenhaus St. Georg demonstrieren. Vergeblich setzt sich der Angeklagte zur Wehr. 63 Patienten werden ihm vorgeführt, bei denen eine ärztliche Diagnose zweifelsfrei vorliegt. Buchholz schneidet, sichtlich angespannt, jedem Haare aus dem Nackenbereich, betrachtet diese durch die vom Onkel ererbte Lupe und stellt dann eine Diagnose. In keinem Fall liegt er damit richtig. Für die Richter ist der Fall klar: Buchholz hat die Menschen, die ihn aufsuchten, bewusst in die Irre geführt, denn er wisse genau, „dass seine Diagnosenstellung jeder Zuverlässigkeit entbehrt". Fünf Monate Gefängnis und 15 000 Mark Geldstrafe wegen fortgesetzten, teils vollendeten, teils versuchten Betrugs lautet das Urteil. Der Verteidiger setzt zwar noch durch, dass Buchholz sich mit weiteren 15 000 Mark von der Haftstrafe freikaufen kann, aber sein Geschäft ist erledigt – jedenfalls in Hamburg: Ende 1927 übersiedelt der Wunderheiler nach Berlin und eröffnet eine Praxis in der Potsdamer Straße.

RAUB MIT TODESFOLGE
Der Fall Ernst Hannack und Ernst Külsen

Wer ihn nicht näher kennt, der hält Ernst Hannack glatt für einen honorigen Herrn: Am 29. August 1900 in Harburg geboren und gelernter Bäcker und Konditor, ist der 1,83 Meter große Hannack eine stattliche Erscheinung – und zugleich ein Serientäter, auf dessen Konto eine dreistellige Zahl von Wohnungseinbrüchen geht.

Schon mit 21 Jahren ist Hannack wegen Diebstahls verurteilt worden und kam 1923 für vier Jahre ins Zuchthaus. Seit dem 1. Juni 1927 ist er auf freiem Fuß. Er will nach Südamerika, dafür aber braucht er Geld, Reisepass und Einreisevisum. Mangels Unbescholtenheit verweigert ihm das argentinische Konsulat die Einreiseerlaubnis. Er versucht auf illegale Weise zu neuen Papieren zu gelangen, wobei seine ganze Barschaft aufgebraucht wird. Um sich neues Geld zu beschaffen, wird er wieder kriminell. Bei gut 70 Wohnungseinbrüchen kommt einiges Geld zusammen, auch immer mal wieder etwas Schickes zum Anziehen für seine Freundin Anni Henze, aber bei Weitem nicht genug.

Also vielleicht doch lieber eine Bank überfallen? Einen Helfer dafür findet Hannack in seinem Zuchthausbekannten Ernst Külsen, ein halbes Jahr jünger als er und hinsichtlich seiner kriminellen Intelligenz nur ein kleines Licht. Külsen ist gerade zwei Monate wieder aus dem Gefängnis heraus, als er mit Hannack am 14. Juni 1928 gegen 18.30 Uhr in der Filiale der Neuen Sparkasse von 1864 am Mühlenkamp 2 auftaucht. Sie halten den Angestellten eine Pistole vor die Nase, doch die rücken kein Geld heraus. „Die Täter ergriffen die Flucht und entkamen, ohne etwas geraubt zu haben", meldet der „Hamburger Anzeiger", zudem zerreißt sich Hannack beim Überklettern des Absperrgitters auch noch die rotbraune Anzughose.

Wenig später versuchen die beiden es in einer kleinen Filiale der Westholsteinischen Bank am Heinrich-Helbing-Platz im damals noch preußischen Hellbrook-Bramfeld. Es ist Mittwoch, der 27. Juni 1928. Hannack und Külsen treffen sich am Bahnhof Mundsburg und trinken sich Mut an: fünf große Cognacs für Külsen und zehn für Hannack. Sie haben eine Armeepistole 08 Kaliber 9 Millimeter dabei, erbeutet bei einem Einbruch in der Isestraße.

Zur gleichen Zeit ist August Bienwald schon bei der Arbeit. Er führt seit zwei Jahren die Filiale, ist wie üblich um 8.30 Uhr erschienen, hat Frau Freytag, die Reinemachefrau, begrüßt und die aus zwei Räumen bestehende Filiale geöffnet. Ein paar Kunden sind schon abgefertigt, als plötzlich gegen 10.45 Uhr Hannack und Külsen mit dem Ruf „Geld her oder es knallt!“ in den durch eine quergestellte Zahlbank geteilten Schalterraum stürmen. Doch Bienwald – 49 Jahre alt, mittelgroß, seit einem Unfall mit einer verkrüppelten Hand – rennt in den

In der Sparkasse am Mühlenkamp 2 führten Hannack und Külsen ihren ersten Banküberfall durch, hier eine Aufnahme des Mühlenkamps um 1920.

rückwärtigen Tresorraum, klettert durch das Fenster ins Freie und ruft um Hilfe. Dabei wird er von einer Kugel getroffen. Als er sieht, dass auch Hannack und Külsen mittlerweile auf der Straße sind, klettert er wieder durch das Fenster zurück. Der Grünwarenhändler Rose und andere Inhaber der umliegenden Geschäfte richten nichts aus, weil die beiden Verbrecher auch auf sie schießen. Zeugen berichten später der Polizei, dass die Gangster zu Fuß in Richtung der an die Heinrich-Helbing-Straße angrenzenden Schrebergärten getürmt sind.

Rose und der Friseur Junge kümmern sich um Bienwald, doch er blutet stark unterhalb des linken Schlüsselbeins. Der herbeigerufene Arzt Dr. Nissen kann nichts mehr tun und nur noch den Tod Bienwalds feststellen. Külsen und Hannack indes sind mit rund 5000 Reichsmark, die sie aus dem Tresorraum entwendet haben, über alle Berge. Mit der Beute tauchen Hannack und Külsen erst einmal in Hamburg unter und fahren dann zusammen mit Hannacks Freundin, in einschlägigen Kreisen als „schwarze Anni“ bekannt, nach Travemünde und später nach Rügen. Nach einem Urlaub an der Ostsee und einer Verbrechertour mit über 90 Wohnungs- und Geschäftseinbrüchen quer durch Deutschland sind sie im Herbst wieder in Hamburg.

Mit falschen Pässen reist das Trio in die Niederlande, wird aber am 9. Dezember kurz vor Mitternacht in der „Pension Internationale“ in Amsterdam festgenommen. Statt auf einem Dampfer nach Montevideo geht es für Hannack, Külsen und die „schwarze Anni“ zurück an die Elbe.

Beim Prozess vor dem Schwurgericht Altona lautet die Anklage auf gemeinschaftlichen Raub mit Todesfolge. Hannack will mit Hinweis auf seinen Alkoholpegel dem Gericht glaubhaft machen, den Kassierer nicht vorsätzlich getötet zu haben. Bienwald habe ihn angegriffen und der Schuss sich wohl aus Versehen gelöst. Der Staatsanwalt beantragt dennoch lebenslange Haft: Hannack sei wahrlich ein „Rekord-Verbrecher“, der damit herumprahle, „4 bis 5 Villen an einem Tag allein“ ausgeräumt zu haben. Doch das Gericht hat offenbar Zweifel an dem von der Anklage beschriebenen Tathergang. Hannack, der in seinem Schlusswort mit dem bei ihm üblichen Pathos „aus dem tiefsten Schmerz seiner Seele“ um Gnade bittet, wird am 16. März 1929 zu 15 Jahren Zuchthaus verurteilt, Külsen bekommt zwölf Jahre. Das Gericht hält Hannack für „doch nicht so verdorben, dass er ohne Gefühlsleben“ sei, sondern auch wegen seiner geistigen Fähigkeiten noch „für die menschliche Gesellschaft zu retten“.

Hannack wird ins Zuchthaus Rendsburg überstellt, später nach Bremen-Oslebshausen. Der Direktor dort ist Emil Sonnemann, eigentlich Lehrer von Beruf und Sozialdemokrat, der ohne übertriebene Härte die Insassen auf den Pfad der Tugend zurückführen will. Bei Hannack hat er damit kein Glück: Nach dreieinhalb Jahren gelingt dem Inhaftierten am 5. Dezember 1932 gemeinsam mit den gleichfalls zu langen Freiheitsstrafen verurteilten Leonhard Steinberg und Fritz Schulenburg die Flucht. Steinberg schneidert in der Zuchthauswerkstatt Beamtenuniformen und hat ein passendes Uniformstück auf dem Dachboden versteckt. Dort zieht er sich um und führt – so der Bericht des Gefängnisdirektors – gegen 17.10 Uhr unter dem Schutze der Uniform „seine beiden Genossen nach draußen", wo sie dann „im Schutz der Dunkelheit hinter der Wäscherei mit Hilfe eines selbstangefertigen Seiles über die Mauer" steigen. Die spektakuläre Flucht macht natürlich Schlagzeilen wie „Oslebshausen – ein fideles Gefängnis" oder „Sind wir noch sicher vor Ausbrechern?". Sonnemann wird eine „falsch verstandene Humanität" angelastet.

Hannacks Knastkumpanen werden bald gefasst, er selbst bleibt zwei Monate lang verschwunden. Dann erkennt ihn am Stephansplatz ein Passant – seine Narbe am Nasenflügel ist zu auffällig. Die Polizei verhaftet ihn am 6. Februar 1933 in einer Wohnung in der Fruchtallee, wo er unter dem Namen „Bollmann" logiert, und nimmt ihn mit auf die Revierwache 48 in der Fruchtallee 141/143. Doch einer wie Hannack gibt nicht so einfach auf: In einem günstigen Moment schlägt er einen Beamten nieder und hechtet durch das unvergitterte Oberlichtfenster ins Freie. Zwar trägt er nicht unerhebliche Verletzungen davon, Blutspritzer lassen sich in Richtung Apostelkirche verfolgen, doch dann verliert sich die Spur.

Am Nachmittag des 27. März erkennen ihn Passanten auf dem Heiligengeistfeld und alarmieren die Polizei. Als ein Beamter ihn festnehmen will, holt er zwei Revolver aus den Manteltaschen und rennt davon. Er entkommt in ein Wohnhaus Ecke Seilerstraße/Sophienstraße (heute Detlev-Bremer-Straße) und flieht anschließend über die Dächer. Wieder gelingt es ihm zu entkommen. „Die aufregenden Vorgänge hatten eine ungeheure Menschenmenge in der Umgebung zusammengebracht. Die Straßen waren stellenweise flankiert von einer Menschenmauer, die trotz allen gütlichen Zuredens nicht weichen wollte", schreibt das „Fremdenblatt".

Hannack verlegt sich wieder auf Wohnungseinbrüche und bekommt Kontakt mit der Bande von Adolf Petersen. Im Juni 1933 wird der legendäre „Lord von Barmbeck“ verhaftet, nach sechs Wochen ist er wieder frei – anscheinend soll er Hannack ans Messer liefern.

Es ist Dienstag, der 24. Oktober 1933. Um 17 Uhr hat sich Petersen mit Hannack bei der Kirche St. Johannis verabredet. Die Polizei ist ebenfalls zur Stelle, doch Hannack entkommt nach einem kurzen Feuergefecht durch die Gärten am Harvestehuder Weg. Zwei Tage später: Hannack hat sich ein Zugticket nach Berlin besorgt, will aber auf Nummer sicher gehen und erst in Bergedorf zusteigen. Doch dort hält der Fernzug gar nicht: Wenn er von Bergedorf nach Berlin wolle, so belehrt ihn der Schaffner, müsse er zunächst über Ludwigslust nach Schwerin.

Hannacks Pech ist es, dass der Reichsbahner Verdacht schöpft und die Polizei verständigt. Zwei Beamte folgen Hannack, der sich in Bergedorf nicht auskennt und in Richtung Schlossgarten geht. Hannack feuert auf die Beamten und rennt los, allerdings genau in Richtung der örtlichen Polizeiwache. Das Spiel ist aus, Hannack wirft seine Waffe weg und ruft den Beamten zu: „Ich gebe auf“.

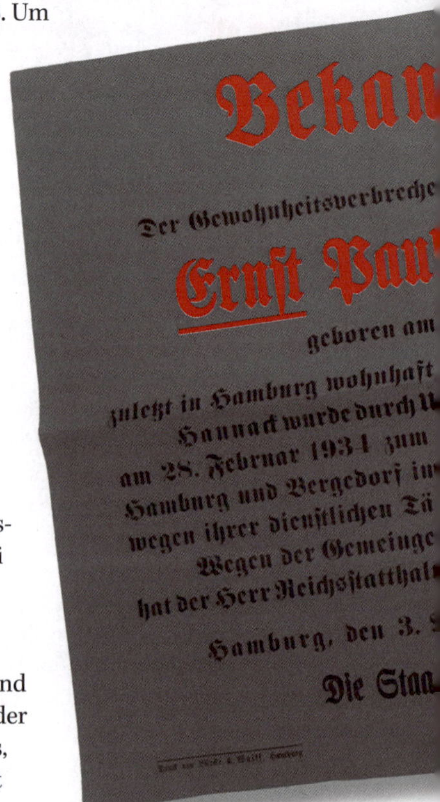

Für seine Verwahrung gelten besonders strenge Sicherheitsvorkehrungen: Er wird von anderen Gefangenen isoliert, außerhalb der Zelle werden seine Hände auf dem Rücken gefesselt. Immer wird er von zwei Beamten begleitet, gegessen wird aus Pappgeschirr. Abgesehen von seinem ellenlangen Vorstrafenregister wird Hannack zum Verhängnis, dass er auf Polizisten geschossen hat. Zwar ist bei dem Herumgeballere niemand verletzt worden, doch darauf kommt es im nationalsozialistischen Deutschland nicht mehr an: Laut Gesetz zur

Bekanntmachung über die Vollstreckung des Todesurteils an Ernst Hannack am 3. März 1934

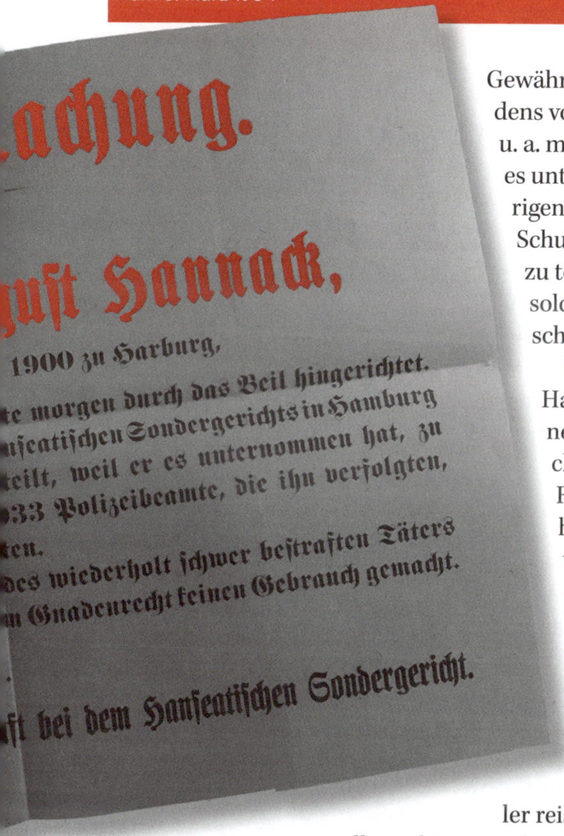

Gewährleistung des Rechtsfriedens vom 13. Oktober 1933 wird u. a. mit dem Tode bestraft, wer es unternimmt, „einen Angehörigen der politischen, Kriminal-, Schutz- oder Sicherheitspolizei" zu töten. Verhandelt werden solche Fälle vor dem Hanseatischen Sondergericht.

Der Staatsanwalt sieht in Hannack den Inbegriff eines asozialen Berufsverbrechers. Es spielt auch keine Rolle, dass Hannack treuherzig versichert, er sei nur weggelaufen und habe in die Luft geschossen. Am 28. Februar 1934 verhängt das Gericht die Todesstrafe und am 3. März verkünden grellrote Plakate die Hinrichtung. Scharfrichter Carl Gröpler reist aus Magdeburg an und vollstreckt um 7 Uhr per Handbeil das Urteil. Der „Hamburger Anzeiger" kommentiert ganz im Stil der Zeit:

„Der Beilhieb des Scharfrichters […] war ein Schnitt durch die Zeitgeschichte, eine richtige historische Zäsur; in Hannack ist nicht nur ein unverbesserlicher hochexplosiver Schwerverbrecher geköpft worden, sondern eine ganze juristische Weltanschauung, nämlich jene fehlgeleitete und fehlgelaufene öffentliche Sentimentalität, die letzten Endes mehr Mitleid mit dem Mörder hatte, als mit seinem Opfer, und die die Begnadigung als Gratiszugabe hinterherwarf."

RENDEZVOUS IM STADTPARK

Juwelenraub bei Wempe

Der Hamburger Juwelier Wempe hat 1928 sein 50-jähriges Firmenjubiläum gefeiert und im selben Jahr eine neue Filiale in den Alsterarkaden eröffnet, die ein für alle Mal mit dem Vorurteil der Konkurrenz aufräumen soll, er sei ein „billiger Jakob", weil er nicht nur die Wohlhabenden, sondern „ganz normale Leute" aus mittleren und unteren Schichten zu seinen Kunden zählt. Wempe gilt als „Mann für die Massen".

Der Ausbau des Geschäftes hat mehr als 250 000 Reichsmark verschlungen, nur auserlesene Materialien wurden verwendet, italienischer Marmor für den Fußboden, Mahagoni für das Mobiliar, Edelstahl für Tür und Fensterrahmen, alles in Szene gesetzt von aufwendiger Beleuchtung. Das Warenangebot entspricht dem prunkvollen Ambiente: Hochwertige Uhren, glitzernder Brillantschmuck, silberne Kaffee- oder Teeservices sollen eine zahlungskräftige Kundschaft anlocken. Die Auslage sticht aber auch Menschen ins Auge, die sich die Pracht nicht leisten können. Und das sind viele, denn die Wirtschaftslage ist nicht eben rosig.

Batzke und Kufalt kamen Arm in Arm den Jungfernstieg entlanggeschlendert, blieben vor dem und jenem Laden stehen, musterten gemütlich die Schaufenster und hielten schließlich auch vor dem Juweliergeschäft, in dessen Fenster am Abend zuvor das junge Paar den Aquamarinring bewundert hatte.
Kufalt hatte aber keinen Sinn für Aquamarine. Er hatte Sinn für Preise.
„Das Tablett meine ich", sagte er.
Es war ein ziemlich großes, blausamtenes Tablett, das in der Mitte des Schaukastens dicht hinter der Scheibe stand. Auf ihm war ein Glitzern, Funkeln und Strahlen von vielen Brillantringen.

Batzke pfiff durch die Zähne: „Na ja", meinte er, „das sind ganz hübsche Steinchen."

Die Szene stammt aus dem Roman „Wer einmal aus dem Blechnapf frisst" (1934) über das Schicksal des straffällig gewordenen Buchhalters Willi Kufalt. Der Autor Hans Fallada hat den spektakulären Schmuckdiebstahl bei Wempe leicht abgewandelt in sein Buch eingebaut. Und so hat sich die Sache in der Realität abgespielt:

In den Hamburger Alsterarkaden, hier auf einer Fotografie von 1927, eröffnete der Juwelier Wempe 1928 sein Geschäft.

In der Nacht von Samstag, dem 12., auf Sonntag, den 13. Januar 1929, nutzt ein Dieb eine Lücke im Sicherheitssystem der Wempe-Filiale in den Alsterarkaden aus. In den Abendstunden hält sich ein Wächter in den Verkaufsräumen im Erdgeschoss auf. Kurz nach Mitternacht steigt er, wie vorgeschrieben, in den ersten Stock, um die schweren Eisengitter herunterzulassen, die für den Rest der Nacht Schaufenster und Ladeneingang schützen. Dieser Vorgang dauert einige Minuten, und genau in dieser Zeit schlägt der Dieb im wahrsten Sinne des Wortes zu – nämlich mit einem in Zeitungspapier gewickelten Ziegelstein ein Loch von etwa 40 Zentimetern Durchmesser in die Schaufensterscheibe. Er greift hinein und erwischt „in fünf Sekunden", wie das „Hamburger Fremdenblatt" berichtet, zehn Brillantringe und acht Broschen. Die Angaben über den Gesamtwert der Beute differieren. Zunächst ist von 30 000 Mark die Rede;

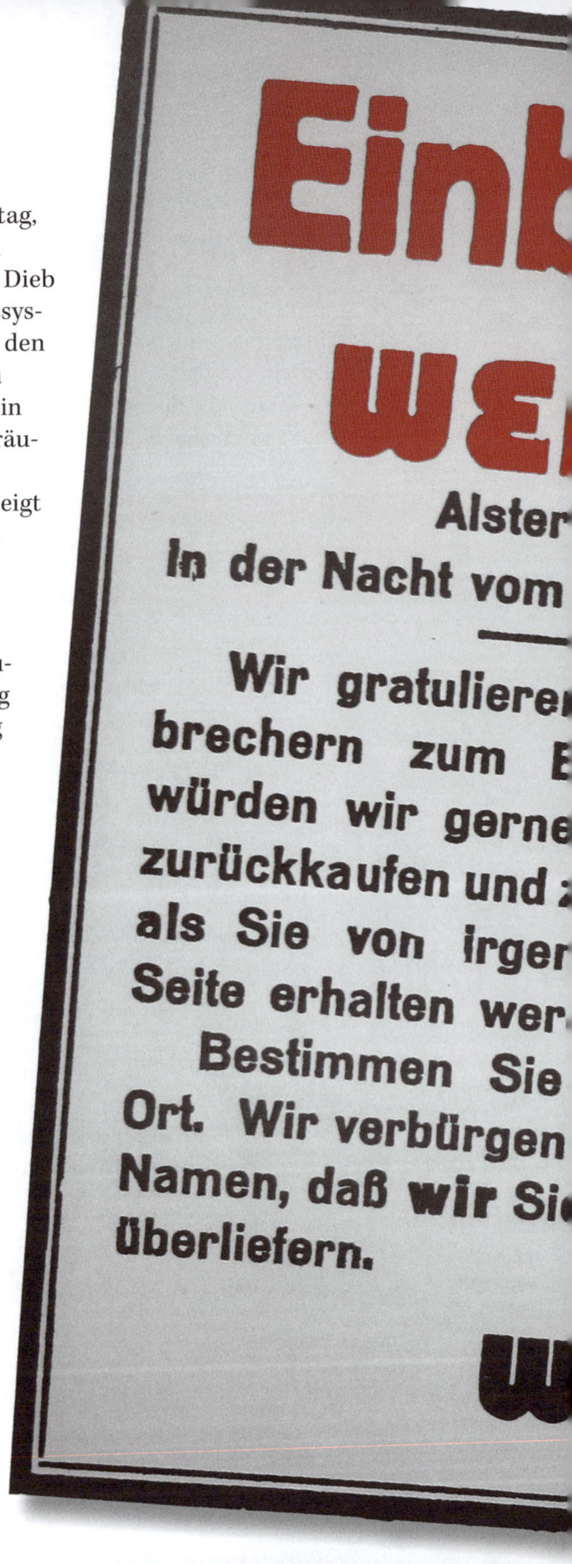

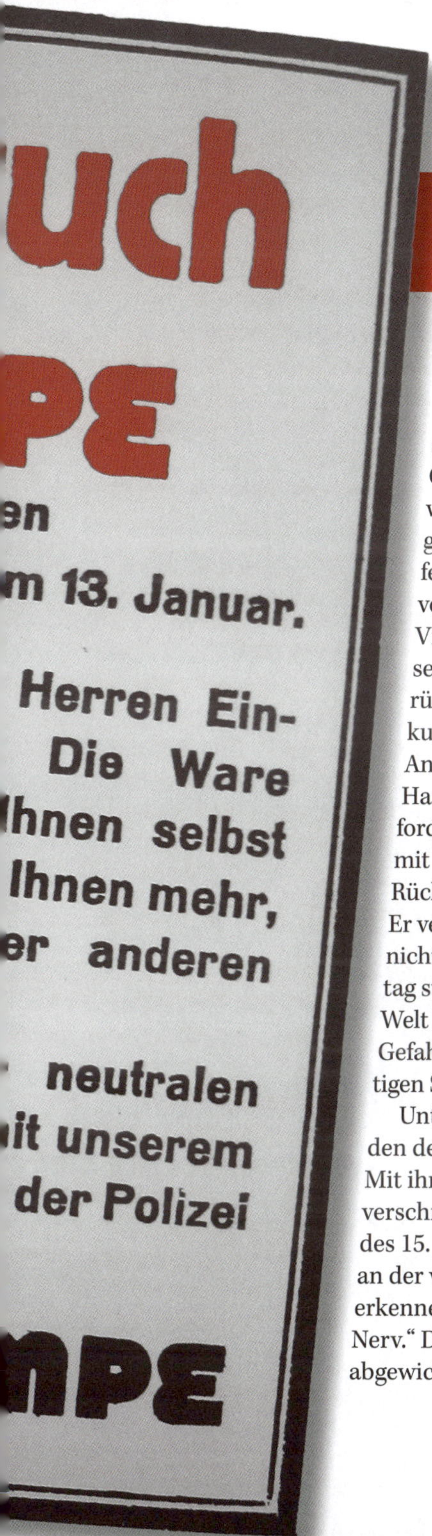

Mithilfe dieser Anzeige versuchte Wempe zu den Dieben Kontakt aufzunehmen.

im späteren Prozess gegen den Dieb sind es dann nur noch 17 000 Mark.

Der Wächter bemerkt den Diebstahl schnell und benachrichtigt sofort den Geschäftsinhaber Herbert Wempe, der wiederum die Polizei verständigt. So ganz traut er den Ordnungshütern offenbar nicht zu, dass sie ihm seine wertvollen Schmuckstücke wiederbeschaffen. Vielmehr erkundigt er sich, ob es strafbar sei, gestohlene Ware von den Dieben zurückzukaufen. Ist es nicht, lautet die Auskunft. Noch am Sonntag gibt Wempe eine Anzeige auf, die am Montag in mehreren Hamburger Zeitungen erscheint. Darin fordert er die „Herren Einbrecher“ auf, sich mit ihm in Verbindung zu setzen, um einen Rückkauf des Diebesguts zu vereinbaren. Er verbürge sich dafür, dass er die Diebe nicht der Polizei ausliefern werde. Am Montag steht das Telefon kaum noch still. Alle Welt hat Ratschläge, warnt vor möglichen Gefahren, drückt Anerkennung für den mutigen Schritt aus.

Unter den Anrufern ist auch ein Mann, den der Dieb als Vermittler vorgeschickt hat. Mit ihm verabredet Wempe ein Treffen im verschneiten Stadtpark am Spätnachmittag des 15. Januar. Zwei Männer erwarten ihn an der vereinbarten Stelle. Einer brummt anerkennend: „Mensch, ham Sie aber’n lütten Nerv.“ Dann wird das Geschäft Zug um Zug abgewickelt. „Erst müssen wir das Geld haben,

dann gibt es die Ware", nennt einer der Diebe die Bedingungen. Wempe lässt sich davon nicht beeindrucken, zieht die Brieftasche und zählt den Männern die Scheine vor.
„Sind die Scheine auch echt? Kein Inflationsgeld?" Wempe ist entrüstet: „Wofür halten Sie mich denn?" Die „Ware" wird übergeben, der Juwelier prüft die Vollständigkeit anhand einer Liste. Einige kleine Stücke fehlen. „Dann müssen wir diese Stücke von der verabredeten Summe abziehen. Geschäft ist Geschäft."

Das leuchtet den beiden Männern ein. Schließlich ist der Handel zur allgemeinen Zufriedenheit abgeschlossen, man verabschiedet sich und geht in entgegengesetzter Richtung davon. „Wir freuen uns bloß, dass die Kriminalpolizei keine Belohnung kriegt", merken die Herren Einbrecher noch an.

Die Freude am Lösegeld währt indes nicht lange. Am 7. Februar meldet die Kriminalinspektion 10, dass der Einbruch bei Wempe aufgeklärt sei. Der Täter, seine Helfer und Hehler sind festgenommen worden, und das durch eigene Unvorsichtigkeit. Einer der Männer hat in Wempes Geschäft vorgesprochen, um die zugesagte Belohnung für seine Vermittlung abzuholen, und dabei seinen richtigen Namen genannt. Er musste mehrfach nachfragen, bis er den Chef antraf und er sein Geld bekam. Wempe selbst hält zwar sein Versprechen und meldet ihn nicht der Polizei, aber das Personal im Laden wird aufmerksam und unterrichtet die Kripo.

Am 28. Mai stehen die vier Männer vor Gericht. Der Dieb, der 28-jährige vorbestrafte Bauarbeiter Walter Körber, legt ein umfassendes Geständnis ab. Er habe sich in einer Notlage befunden, sagt er aus. Er habe kein Geld besessen, sei die Miete schuldig geblieben und habe Hunger gehabt. Als er am Wempe-Schaufenster vorbeikam und den wertvollen Schmuck in der Auslage sah, habe er nicht widerstehen können. Mit ihm angeklagt sind der Heizungsmonteur Otto Stüdemann, der die Vermittlerrolle bei der Übergabe des Schmucks an Herbert Wempe übernommen und dafür von beiden Seiten jeweils 250 Mark kassiert hat, der Tischler Hans Meier und der Heizer Max Keßler, genannt Tätowier-Maxe. Ihnen wird vorgeworfen, einige der gestohlenen Stücke erhalten und sich als Hehler betätigt zu haben. Alle vier werden für schuldig befunden, Keßler muss für zwei Jahre ins Gefängnis, die anderen drei erhalten Haftstrafen von drei bis sechs Monaten.

MORDANSCHLAG IM VORORTBUS

Der Fall Ernst Henning

Der 8. März 1933 ist ein schwarzer Tag in Hamburgs Geschichte: Drei Tage nach der von der Verfolgung der politischen Linken und der Einschüchterung der bürgerlichen Parteien geprägten Reichstagswahl erzwingen die Nationalsozialisten im Rathaus die Wahl eines neuen, von der NSDAP dominierten Senats. Während die Demokratie am Ende ist, bedeutet dieser 8. März für Hans Höckmair, Albert Jansen und Otto Bammel die Rückkehr in die Freiheit – die Verbüßung der gegen die drei Nationalsozialisten verhängten jahrelangen Zuchthausstrafen wegen des politisch motivierten Mordes an dem KPD-Bürgerschaftsabgeordneten Ernst Henning wird von den neuen Machthabern ausgesetzt.

Die Tat, um die es geht, liegt drei Jahre zurück. März 1931: Deutschland steckt in einer schweren Wirtschaftskrise, viereinhalb Millionen Menschen sind arbeitslos, der politische Gegner wird auf der Straße bekämpft. Der 28-jährige gelernte Schlosser und Gelegenheitsarbeiter Höckmair, gebürtiger Münchner, ist schon über drei Jahre Mitglied der Hitler-Partei. Seit Februar 1921 immer wieder straffällig geworden, schildern ihn die Polizeiakten als einen „von Kindheit an haltlosen Menschen". Höckmair und der zwei Jahre jüngere kaufmännische Angestellte Bammel sind Scharführer im SA-Sturm 14 Hammerbrook. Jansen (laut Schwurgerichtsurteil „von Jugend auf leicht erregbar") ist mit 22 Jahren der jüngste. Er war ab 1. April 1928 Angehöriger der Ordnungspolizei Hamburg, wurde aber am 12. Dezember 1930 wegen Unterstützung der NSDAP aus dem Dienstverhältnis entlassen. Alle drei sind arbeitslos, ihr Verkehrslokal ist der „Schlesische Hof" in Hammerbrook. In diesem Arbeiterstadtteil sind gewalttätige Auseinandersetzungen der SA mit Kommunisten und Sozialdemokraten an der Tagesordnung.

Die Tat, die nicht nur in Hamburg für Schlagzeilen sorgt, ereignet sich in der Nacht vom 14. auf den 15. März 1931 im Nachtbus, der von Zollenspieker nach Hamburg fährt. Das Opfer ist einer der bekanntesten Funktionäre der KPD in Hamburg. Ernst Henning wurde 1892 in Magdeburg geboren, lebte aber schon lange in Bergedorf: Der Vater – engagiertes SPD-Mitglied – gründete dort 1910 eine Eisengießerei. Nach der Schulzeit absolvierte Henning eine Lehre als Former, arbeitete in verschiedenen Metallbetrieben und wurde bei der Bergedorfer Motorenfabrik Carl Jastram Betriebsratsvorsitzender. 1919 trat er der neu gegründeten KPD bei. Als im Oktober 1923 die Partei einen bewaffneten Aufstand wagte, führte Henning seine Parteigenossen in die Barrikadenkämpfe in Schiffbek (heute: Billstedt). Das Abenteuer scheiterte blutig – von den mindestens 103 Toten waren zwei Drittel unbeteiligte Zivilisten. Henning flüchtete in die Niederlande, wurde nach seiner Rückkehr verhaftet, 1924 zu vier Jahren Festungshaft verurteilt, aber dank einer Amnestie 1925 vorzeitig entlassen.

Als Mitglied der Bergedorfer Stadtvertretung (ab 1927) und der Hamburgischen Bürgerschaft (ab 1928) kümmert er sich um die Belange der Landbevölkerung und setzt sich unter anderem erfolgreich für Unterstützungszahlungen an die nach einem Deichbruch in Nettelnburg im November 1930 vom Hochwasser betroffenen Anwohner ein. Im Unterschied zu vielen anderen in der KPD ist Henning auch Realpolitiker.

Am 14. März 1931 tritt Henning als Hauptredner auf einer für 20 Uhr angesetzten Veranstaltung im Clubzimmer des Lokals Albers in Zollenspieker direkt an der Elbe auf. Thema ist die „Ausplünderung der Werktätigen in Stadt und Land“ durch „Nazis, Sozis und die übrigen bürgerlichen Lakaien“, versprochen wird „Freie Aussprache. Erwerbslose haben freien Eintritt!“. Gut zweieinhalb Stunden wird agitiert. Zehn Minuten nach Mitternacht steigen Henning und sein Genosse Louis Cahnbley in den Nachtbus.

Die örtliche SA hat – angeblich, um die Versammlung zu überwachen – aus Hamburg Verstärkung angefordert: Höckmair, Bammel und Jansen sind mit dem Autobus angereist, haben sich unterwegs mit einer Flasche Cognac gestärkt und sich dann zum Kartenspielen hingesetzt. Dabei trinken sie – so ist in den Akten vermerkt – jeder sieben Gläser Bier und einige Schnäpse und spielen Karten. Die Männer sind mit Walther-Pistolen 6.35 und einer Armeepistole Kaliber 9 bewaffnet. Sie haben offensichtlich einen Mordauftrag, doch der

KPD-Bürgerschaftsabgeordnete Etkar André, den sie eigentlich suchen, ist nicht vor Ort.

In Fünfhausen steigen die drei Männer in den Bus ein. Nach dem Zwischenhalt im Oortkatenweg baut sich plötzlich Jansen vor Cahnbley auf und schreit ihn an: „Sie sind doch der Kommunist André." Auch Bammel und Höckmair stehen auf, die Waffe in der Hand. Höckmair fordert den Busfahrer Wolf zum Anhalten auf, als dieser erwidert: „Macht doch keinen Blödsinn!", droht Höckmair mit seiner Pistole. Wolf lässt den Bus ausrollen und schaltet die volle Innenbeleuchtung an. Die drei Nazis richten ihre Waffe wieder auf Cahnbley, als plötzlich Henning dazwischenruft: „Das ist doch gar nicht André!". Als Henning auf Befragen seinen Namen nennt, ruft einer der Angreifer: „Dich suchen wir gerade!"

Der KPD-Funktionär Ernst Henning wurde 1931 im Nachtbus kaltblütig von SA-Leuten ermordet.

Höckmair fordert Henning zum Aussteigen auf und verlässt den Bus durch die hintere Tür. Henning geht durch den Bus zur Vordertür, als er aber draußen Höckmair mit der Waffe sieht, will er sich in Deckung bringen. In dem Moment beginnen die SA-Männer zu schießen. Höckmair feuert auf Henning, dieser fällt – von drei Schüssen tödlich getroffen – auf den Schoß der neben der Vordertür sitzenden Frau Hessberg. Sie trägt aus Jansens Waffe einen Durchschuss und einen Steckschuss im Oberschenkel davon – Schüsse, die eigentlich Henning gelten. Bammel feuert auf Cahnbley, verfehlt ihn zwar, doch herumfliegende Glassplitter verletzen das linke Auge des KPD-Funktionärs so stark, dass es später entfernt werden muss. Wolf fährt mit dem toten Henning, dem schwer verletzten Cahnbley und zwei weiteren Insassen zur Polizeiwache in Ochsenwerder. Um 0.45 Uhr trifft der Bus dort ein, anschließend fährt Wolf mit einigen Polizisten zum Tatort zurück, wo sie aber gegen

1 Uhr nur die verletzte Frau Hessberg und einen weiteren Tatzeugen antreffen. Auf Weisung der SA-Leitung stellen sich Jansen und Bammel in der Nacht vom 15. auf den 16. März der Polizei. Höckmair wird am 16. März in der Wohnung der Eltern seiner Braut verhaftet.

Als der Überfall am Sonntag in Hamburg bekannt wird, sammeln sich am Abend in den Verkehrslokalen Mitglieder der offiziell verbotenen Wehrformationen, des Roten Frontkämpferbundes und der Roten Marine, um Rache zu nehmen. Größere Trupps marschieren nach Altona. Dort, im Lokal von Wilhelm Brockmann in der Bahnhofstraße 24, sollen die Henning-Mörder verkehren, heißt es. Vor dem Lokal kommt es zu einer Schießerei, bei der zwei SA-Leute verletzt werden.

Als bei der nächsten Sitzung der Bürgerschaft am 18. März die KPD-Fraktion mit einem Trauerkranz den Sitzungssaal betritt und ihn auf dem Stuhl von Henning ablegt, kommt es zu einem Handgemenge mit Angehörigen der NSDAP-Fraktion. Daraufhin werden die zehn anwesenden KPD-Abgeordneten, unter ihnen André, für vier Wochen von den Sitzungen ausgeschlossen.

Drei Tage später, am 21. März, wird der Leichnam Hennings von der Aufbahrung an der Jarrestraße in Winterhude zur Einäscherung nach Ohlsdorf überführt. Gut 35 000 Menschen folgen dem mit einer roten Fahne bedeckten Sarg. KPD-Chef Ernst Thälmann nennt Henning einen „unserer Besten und Treuesten, einen treuen Soldaten der Revolution". Bei der nachfolgenden Bürgerschaftswahl im September 1931, bei der die KPD an Stimmen zulegt und die bisherige Koalition ihre Mehrheit verliert, wird seine Witwe Marie Henning in das Landesparlament gewählt.

Wegen ihres nach außen hin gepflegten „Legalitätskurses" distanziert sich die NSDAP offiziell von dem Verbrechen, doch Adolf Hitler schickt seinen besten Juristen, den später als Kriegsverbrecher hingerichteten Hans Frank, als Verteidiger nach Hamburg. Einen Mordauftrag vonseiten der Parteiführung sieht das Gericht nicht als erwiesen an, allerdings eine gemeinschaftliche Tötung mit Vorsatz und ohne mildernde Umstände:

„Die Tat der Angeklagten im Autobus war brutal und feige. Es handelte sich hier nicht um einen Zusammenstoß auf der Straße infolge einer Provokation. Vielmehr hatten die drei Angeklagten ohne jeden Anlass die ruhig in dem Autobus sitzenden Kommunisten angegriffen."

Ein Stolperstein vor dem Hamburger Rathaus erinnert an Ernst Henning.

Allerdings sei dies keine „politische Straftat im engeren Sinne“ gewesen, sondern die Täter hätten die Absicht gehabt, mit André einen „persönlich gehassten und gefürchteten Gegner“ umzubringen. Dieser „Ausdruck der Wut und Rache“ aber habe „mit politischer Überzeugung nichts zu tun“ – nur, dass es eben den falschen Mann erwischt hat.

Höckmair und Jansen werden am 14. November 1931 wegen versuchten und vollendeten Totschlags sowie unerlaubten Waffenbesitzes zu jeweils sieben Jahren und Bammel zu sechs Jahren Zuchthaus verurteilt. Nicht nur in diesem Fall zeigt sich die Justiz in der Weimarer Republik auf dem rechten Auge blind.

Nach der Entlassung aus dem Gefängnis durch Aussetzung der Strafhaft kehren die drei ins bürgerliche Leben zurück. Höckmair – der älteste des Trios – arbeitet als Büroangestellter im Hochbahnhaus, Pförtner an der Uniklinik und später als Maschinenbauer bei der Norderwerft. Nach Kriegsbeginn wird er zur Wehrmacht eingezogen, und nach einer schweren Verwundung drei Wochen vor Kriegsende wird ihm der Unterschenkel amputiert.

Nach dem Ende der Hitler-Diktatur müssen die Henning-Mörder ihre nur ausgesetzte Reststrafe im Gefängnis verbüßen. Durch Beschluss des Landgerichts vom 22. November 1948 werden folgende neue Gesamtstrafen gebildet: Bammel fünf Jahre und acht Monate Zuchthaus und Jansen und Höckmair je sechs Jahre und acht Monate Zuchthaus, wobei die bislang verbüßte Haftzeit anzurechnen ist. Höckmair muss im Februar 1949 zum Vollzug in der Strafanstalt Fuhlsbüttel im Surenkamp 98 antreten, kommt aber im September 1953 vorzeitig auf Bewährung frei.

UNTER DEM HAKENKREUZ

Abnahme der Parade der Hamburger Schutzpolizei auf dem Adolf-Hitler-Platz (Rathausmarkt) am 1. Mai 1933. V. r. n. l.: Bürgermeister Carl Vincent Krogmann; der Kommandeur der Schutzpolizei, Simon; Senator Richter (in SA-Uniform); hinten links: Gauleiter Karl Kaufmann

Drei Tage nach den bereits von staatlich gedeckten Repressionen gegen SPD und KPD geprägten Reichstagswahlen vom 5. März 1933 wurde im Rathaus ein neuer Senat unter nationalsozialistischer Führung gewählt. Das Amt des Polizeisenators übernahm der altgediente Nationalsozialist Alfred Richter. Zu dieser Zeit gehörten etwa 5500 Beamte der Hamburger Polizei an, davon 2100 Mann als Teil der kasernierten Ordnungspolizei. Richter sorgte dafür, dass etwa 200 demokratisch gesinnte Beamte wie der seit 1921 amtierende liberale Polizeipräsident Dr. Hugo Campe aus dem Dienst entfernt und nach Erlass des „Gesetzes zur Wiederherstellung des Berufsbeamtentums« vom 7. April 1933 entlassen und Hunderte politische Gegner festgenommen wurden.

Bei Verhaftungen und Razzien kamen auch Angehörige der im März 1933 aufgestellten „Hilfspolizei" zum Einsatz, vorrangig Angehörige der Sturmabteilung (SA) und der Schutzstaffel (SS) der NSDAP sowie das aus besonders linientreuen Beamten der Ordnungspolizei gebildete „Kommando zur besonderen Verwendung" (K.z.b.V.). Beide Sondereinheiten wurden bis Ende 1933 aufgelöst – sie hatten, wie den Angehörigen des Sonderkommandos von ihrem Vorgesetzten bescheinigt wurde, „mit unermüdlichem Fleiß und großem Erfolg" die Gegner des NS-Staates zur Strecke gebracht.

Viele der Festgenommenen landeten in dem von Ende März bis Oktober 1933 bestehenden Polizei-Konzentrationslager Wittmoor und in dem im September 1933 in einem stillgelegten Trakt der Haftanstalt Fuhlsbüttel eingerichteten Konzentrationslager (ab 1936 „Polizeigefängnis Fuhlsbüttel"). Zugleich wurden zahlreiche Regimegegner wegen ihrer Beteiligung an Überfällen auf SA-Leute vor 1933 vor Gericht gestellt, zum Tode verurteilt und hingerichtet, darunter Bruno Tesch und drei weitere Kommunisten wegen angeblicher Schüsse auf SA-Leute während des „Altonaer Blutsonntags" 1932.

Das Stadthaus am Neuen Wall war bis Juli 1943 Sitz des Polizeipräsidiums. Des Weiteren residierten hier der für die innere Verwaltung zuständige Senator, die Führungsebenen der Schutz- und Kriminalpolizei sowie die Leitstelle der Staatspolizei. Sie wurde an Personal kräftig aufgestockt, aber bereits im November 1933 aus der Kriminalpolizei herausgelöst und Heinrich Himmler als Reichsführer SS unterstellt. Für diejenigen, die in Kellerräumen gefangen gehalten und bei „verschärften Vernehmungen" brutal misshandelt wurden, war das Stadthaus ein Ort des Schreckens.

Im Zuge der Zentralisierung der Polizeibehörden unterstellte man im September 1936 die Kriminalpolizei dem preußischen Landeskriminalpolizeiamt bzw. dem daraus 1937 hervorgegangenen Reichskriminalpolizeiamt. Im Rahmen der „vorbeugenden Verbrechensbekämpfung" konnten nun Frauen und Männer auch ohne ein Strafverfahren als „Vorbeugehäftlinge" in Konzentrationslager verschleppt werden. Dies galt zum Beispiel für mehrfach straffällig gewordene „Berufs- und Gewohnheitsverbrecher" und „arbeitsscheue Elemente" wie Obdachlose und Bettler, Prostituierte sowie Angehörige von Gruppen wie den Bibelforschern (Zeugen Jehovas), den Sinti und Roma, Homosexuellen sowie Jüdinnen und Juden. „Gesäubert" wurden auch die verbliebenen Reste des Gängeviertels in der Neustadt. Aus „kriminellen und hygienischen" Gründen riss man die Häuser ab und siedelte gut 12 000 Bewohner um.

Daneben hatte die Polizei auch immer wieder „normale" Verbrechen zu verfolgen, darunter den trotz intensiven Nachforschungen unaufgeklärten Mord an der siebenjährigen Paula Neumann am 12. Oktober 1937 oder den Fall des Seemanns Ludwig Dibbern, dessen Mörder Otto Krepp am 12. Januar 1937 hingerichtet wurde. Der Fall Krepp diente auch als Anlass für eine verstärkte Verfolgung Homosexueller, wofür von Juli 1936 bis Juli 1937 ein Sonderkommando der Gestapo aus Berlin anrückte.

Nach Inkrafttreten des Groß-Hamburg-Gesetzes am 1. April 1937 kamen die ehemals preußischen Städte Altona, Wandsbek und Harburg-Wilhelmsburg sowie das umliegende Landgebiet mit 27 Gemeinden zu Hamburg. Cuxhaven und das Amt Ritzebüttel sowie Geesthacht, Großhansdorf und Schmalenbek gingen an Preußen über. Dadurch wuchs Groß-Hamburg um fast das Doppelte auf 74 700 Hektar an und die Einwohnerzahl erhöhte sich um 41 Prozent auf 1,681 Millionen Menschen. Oberste Machtinstanz blieb Karl Kaufmann, seit 1925 Gauleiter der NSDAP, der bis zum Kriegsausbruch 1939 immer mehr Ämter auf seine Person vereinigte: Reichsstatthalter, „Führer" der Landesregierung sowie der Staats- und Gemeindeverwaltung und Reichsverteidigungskommissar im Wehrkreis X. Kaufmann war für alle Verbrechen des nationalsozialistischen Regimes in Hamburg zumindest mitverantwortlich, dennoch wurde er nie vor einem Gericht angeklagt und lebte bis zu seinem Tod als respektabler Bürger in Hamburg.

Nach Kriegsbeginn wuchsen die Aufgaben der Polizei noch weiter an: Sie überwachte die Verdunkelung der Häuser und das Aufsuchen von Luftschutzräumen und kontrollierte, dass niemand „Feindsender“ oder andere nichtdeutsche Sender abhörte. Die Polizei verfolgte des Weiteren „Kriegswirtschaftsdelikte“, also Verstöße gegen Rationierungsvorschriften oder Fälschungen von Lebensmittelkarten. Im Laufe des Krieges kamen die Verfolgung entwichener bzw. straffällig gewordener Zwangsarbeiter sowie die Verhinderung von Plünderungen und die Identifizierung von Bombenopfern hinzu. Unmittelbar an der Ermordung von mindestens 38 000 jüdischen Menschen im besetzten Polen beteiligt waren die etwa 500 Polizisten und Reservisten des 1939 aufgestellten Reserve-Polizei-Bataillons 101.

Nach den schweren Bombenangriffen auf Hamburg im Juli/August 1943, bei denen mindestens 34 000 Menschen getötet wurden und gut 900 000 ihre Wohnung verloren, begannen auch die gläubigsten „Volksgenossinnen und Volksgenossen“ am „Endsieg“ zu zweifeln. Um die Moral zwangsweise am Leben zu erhalten, wurden bis Kriegsende auch immer mehr Fälle von defätistischen Äußerungen bis hin zur „Wehrkraftzersetzung“ zur Anzeige gebracht.

EINE BEZIEHUNGSTAT
Der Fall Else Kleist

Eine junge Frau verdingt sich als Hausangestellte in der Großstadt, lernt dort einen Mann kennen und hofft, dass er sie heiraten werde. Doch der nutzt sie vor allem als Geldquelle aus. Sie gerät deshalb immer wieder in Streit mit ihm, entschuldigt sich später, weil sie ihn nicht verlieren möchte, will ihm helfen und ihn „bessern". Diese Geschichte hat sich in Hamburg vermutlich Hunderte Male zugetragen. In diesem Fall endet sie tödlich.

Am Vormittag des 16. Oktober 1934 erscheint der Chauffeur des Zigarettenfabrikanten Alwin Reemtsma auf dem Polizeirevier in Altona, um im Namen seines Chefs eine Vermisstenanzeige aufzugeben. Die Hausangestellte Else Kleist ist verschwunden. Seit dem Abend des 14. Oktober hat sie niemand mehr gesehen. Ihr Zimmer im Hause Reemtsma, das abgeschlossen war und mit einem zweiten Schlüssel geöffnet wurde, scheint sie in großer Hast verlassen zu haben. Die Dienstkleidung liegt unordentlich auf einem Stuhl, als habe sie sich eilig umgezogen; das Bett ist unbenutzt. Else Kleist, geboren 1906 im mecklenburgischen Gülzow, ist laut Vermisstenanzeige 1,60 bis 1,65 Meter groß, hat braune Augen und blonde, zum Bubikopf geschnittene Haare, die die Ohren verdecken. Auffällig ist ihr schlechter Gang; sie hat Senkfüße und X-Beine. 1931 ist sie in die Großstadt gekommen und hatte seither verschiedene Stellungen als Köchin und Hausmädchen inne. Seit einigen Monaten arbeitet sie in der Flottbeker Chaussee 200 (heute Teil der Elbchaussee) bei Alwin Reemtsma, der mit seinen Brüdern Hermann und Philipp die florierenden Zigarettenfabriken der Familie leitet.

Die anderen Hausangestellten wissen nicht, wo Kleist am Abend des 14. Oktober noch hingegangen sein könnte. Zwar hat sie gelegentlich davon gesprochen, sich eine andere Stellung mit besserer Bezahlung und leichterer Arbeit zu suchen. Aber ihre Kollegen können sich nicht vorstellen, dass die zuverlässige junge Frau ohne ein Wort verschwunden ist, zudem ja ihre Sachen noch in ihrem Zimmer liegen. Sie verweisen

Fridolin Beckers Kriegsversehrtenausweis

auf Kleists „Verhältnis", einen gewissen Fridolin Becker. Von dieser Bekanntschaft weiß sogar Alwin Reemtsma, denn der Mann hat ihm am 6. März 1934 einen Bettelbrief geschrieben: „Durch meine Kriegsverletzung bin ich 1917 operiert worden, sodass ich stets arbeitslos wurde. Durch die fortwährenden Operationen in den letzten Jahren hatte ich finanziell schwer zu leiden, sodass ich ohne Wollen einige Schulden gemacht habe. Diese sind Miete- und Lebensmittelschulden, die ich als Ehrenverpflichtung ansehe." Er bittet um ein „Darlehen" von 100 Reichsmark und unterzeichnet als „Schwerkriegsbeschädigter". Dass Becker Geldschwierigkeiten hat, weiß auch der Chauffeur Albert Potzahr. Immer wieder habe Becker sich bei der Kleist Geld geliehen und sie auch öfter die Zeche zahlen lassen, wenn sie gemeinsam ein Lokal aufsuchten, sagt der Chauffeur gegenüber der Polizei aus. Häufig habe er nach Alkohol gerochen und insgesamt einen schlechten Eindruck gemacht.

Von der Polizei befragt, liefert Becker einen detaillierten Bericht über sein Tun und Lassen am Abend des 14. Oktober:

„So um neun rum war ich bei Strübing am Mittelweg 27, gegen zehn im ‚Herrenhäuser' – das ist am Mittelweg 156 – und von dort gegen halb elf im ‚Hansahort' am Schlump, Ecke Grindelberg. Gegen 23 Uhr bin

> *ich dann weiter zu Kolbows Stehbierhalle am Schlump. Bei Kolbow habe ich mir noch fünf Mark geliehen und bin zu Sternberg im Valentinskamp gefahren. Da war ich bis etwa Mitternacht, und zuletzt noch im ‚Gottesberger Pilsener' in der Kaiser-Wilhelm-Straße."*

Gegen halb zwei morgens sei er dann nach Hause gefahren.

Fridolin Becker, genannt Fredy, ist das schwarze Schaf seiner Familie. Geboren wurde er 1896 im australischen Brisbane, wo sein Vater als Pastor und Leiter der deutschen Schule tätig war. 1908 zog die ganze Familie zurück nach Deutschland. Fridolin fiel es schwer, sich dort einzugewöhnen. Er brach die Schule ab und absolvierte eine dreijährige Ausbildung als Kaufmann. 1916 wurde er zum Militär einberufen, 1917 an der Somme schwer verwundet. Daher rührt seine Gehbehinderung: Das rechte Bein ist verkürzt und steif. Nach dem Krieg fand er Arbeit in einer Maschinenbauanstalt, wurde aber bald entlassen. Er habe, schreibt er später in seinem Lebenslauf, dort „einige kleine Schulden gemacht, die wohl jeder Mensch hat".

Dieses „traurige Los" ereilt ihn auch in weiteren Arbeitsverhältnissen. Becker zieht nach Berlin, und weil er auch hier wieder Schulden hat, unterschlägt er zum ersten Mal Gelder von Firmen, bei denen er Arbeit findet. Ein paarmal rettet ihn der Vater, doch 1922 ist damit Schluss. In Zeitungsanzeigen verkündet Erwin Becker, dass er für Schulden seines Sohnes nicht mehr aufkomme. Fridolin zieht 1923 nach Hamburg, bleibt aber seinem Schema treu: Schulden, kleine Betrügereien, Unterschlagungen reihen sich aneinander. Immer wieder verliert er seinen Arbeitsplatz. Bis 1934 wohnt er an 64 verschiedenen Adressen in Hamburg zur Untermiete, in den meisten Fällen wird er wegen ausbleibender Miete vor die Tür gesetzt. Mit seiner Kriegsversehrtenrente von monatlich 52 Mark kann er seinen Lebenswandel nicht finanzieren, denn er sitzt nun mal gerne in Gasthäusern und Kneipen. Also leiht er sich weiter überall Geld, versucht sich als Bettler und Hausierer.

Als er im Herbst 1933 Blankenese „abgrast", lernt er Else Kleist kennen, die zu dieser Zeit bei dem Schriftsteller Hans Leip im Hirschparkweg 27 beschäftigt ist. Sie kauft ihm zwar nichts ab, lädt ihn aber ein, etwas von dem Mittagessen zu nehmen, das ihre Herrschaften übrig gelassen haben. Die beiden werden ein Paar, das Geld sorgt allerdings schon bald für Unstimmigkeiten. Aus Güstrow, wo sie sich vorübergehend aufhält, um ihren kranken Vater zu pflegen, schreibt Else am

6. Oktober 1933: „Vergeblich habe ich diese Tage auf die 25 Mark gewartet, die ich als erste Abzahlung auf die 60 Mark schon am 1. 10. erhalten sollte." Am 28. November 1933 bittet sie: „Du darfst mir nicht böse sein, mein lieber Fredy, wenn ich es so genau nehme mit den Versprechungen." Am 6. Dezember 1933 versichert sie ihm brieflich: „Wir werden, wenn wir gemeinsam gegen Deine Schulden angehen, ihrer schon Herr werden, wenn es auch langwierig ist." Ihre Bemühungen bleiben ohne Erfolg: Fredy bewegt sich weiter im Kreislauf von Schulden, Alkohol und kleinen Gaunereien. So bleibt es bis zum 13. Oktober 1934, an dem Becker seine Braut zuletzt gesehen haben will. Gemeinsam haben sie bei Beckers Mutter in Poppenbüttel seinen 38. Geburtstag gefeiert; bei dieser Gelegenheit habe er Else erstmals seiner Familie vorgestellt.

Else Kleist bleibt verschwunden. Auf der Polizeiwache wird die Vermisstenanzeige um den Hinweis ergänzt, dass Wachtmeister Lohmann in der Nacht vom 14. auf den 15. Oktober aus seiner Laube an der Flottbeker Chaussee ein Spaten gestohlen wurde: „Es ist mir der Verdacht gekommen, dass die verschwundene Hausangestellte vielleicht mittels dieses Spatens beiseite gebracht worden ist." Eine Inspektion der Schrebergartenkolonie, die unmittelbar an das Grundstück der Reemtsmas grenzt, bleibt nahezu ergebnislos: Nur ein Regenschirm wird dort gefunden, der vermutlich Else Kleist gehört. Elses Bruder kommt nach Hamburg, zieht Erkundigungen über Becker ein und konfrontiert diesen mit den Ergebnissen. Am 14. Oktober soll er sich in einer Kneipe am Mittelweg drei Mark geliehen haben, um seine Braut besuchen zu können. Nach deren Verschwinden hat er Bekannten gegenüber geäußert, er glaube, Else sei ins Wasser gegangen. Becker hat für alles eine Erklärung.

Am 18. November 1934 stößt der 70-jährige Wilhelm Schmanns beim Umgraben in seinem Kleingarten auf eine Leiche. Sein Nachbar alarmiert die Polizei, die mit mehreren Beamten, einem Fotografen und einem Mann vom Erkennungsdienst anrückt. In der hinteren Ecke der Parzelle, etwa 40 Meter von der Straße entfernt, finden sie neben dem Komposthaufen in einer Grube von etwa 1,60 Meter Länge, 80 Zentimeter Breite und 50 Zentimeter Tiefe eine weibliche Leiche; sie ist im Hüftgelenk zusammengeknickt und ruht mit dem Oberkörper auf den Schenkeln. In etwa neun Metern Entfernung, auf der anderen Seite des Gartenzauns, entdecken die Beamten den von Lohmann vermissten Spaten. Auch anhand der Kleidung wird die Leiche als Else Kleist identifiziert. In ihrer Manteltasche befindet sich ein an Fridolin

Becker adressierter Brief, ein Geburtstagsgruß von Elses Mutter.

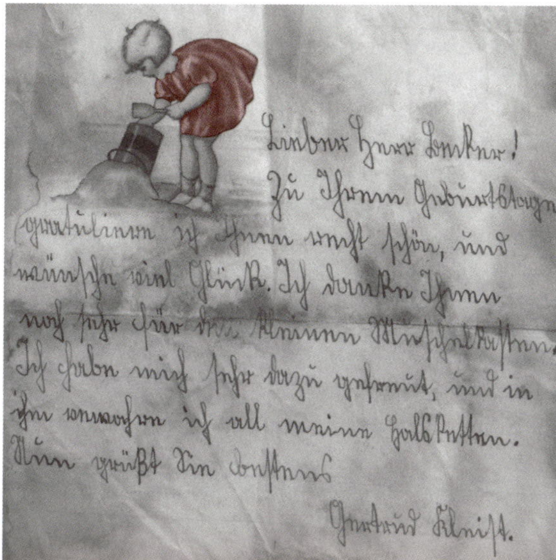
Lieber Herr Becker!
Zu Ihrem Geburtstage
gratuliere ich Ihnen recht schön, und
wünsche viel Glück. Ich danke Ihnen
noch sehr für den kleinen Muschelkasten.
Ich habe mich sehr dazu gefreut, und in
ihm verwahre ich all meine Halsketten.
Nun grüßt Sie bestens
Gertrud Kleist.

In Elses Manteltasche befand sich ein Brief ihrer Mutter an Fridolin Becker anlässlich seines Geburtstages: „Lieber Herr Becker! Zu Ihrem Geburtstage gratuliere ich Ihnen recht schön, und wünsche viel Glück. Ich danke Ihnen noch sehr für den kleinen Muschelkasten. Ich habe mich sehr dazu gefreut, und in ihm verwahre ich all meine Halsketten. Nun grüßt Sie bestens Gertrud Kleist."

Becker wird am 19. November festgenommen. Er bleibt seltsam unbewegt, als man ihm im Krankenhaus Altona Elses Leiche zeigt. „Die ist ja mächtig zerhackt und zerschnitten", kommentiert er. Bei einer Tatortbegehung bleibt er vor der Tür der Laube stehen, in deren Nähe die Leiche gefunden wurde, redet sich aber auch aus dieser Situation heraus. In den folgenden Vernehmungen hält er beharrlich an seinen bisherigen Aussagen fest. Er habe Else Kleist am 13. Oktober zum letzten Mal gesehen, das Schrebergartengelände an der Flottbeker Chaussee habe er nie betreten, und den Abend des 14. Oktober habe er in verschiedenen Kneipen verbracht. Die Gastwirte bestätigen seine Angaben, sie kennen Becker als Stammgast. Minutiös prüfen die Beamten die Zeit, die man mit verschiedenen Verkehrsmitteln von der jeweiligen Gaststätte zum Tatort und zurück braucht, und rechnen das Ausheben der Grube und das Vergraben der Leiche hinzu. Die benötigte Zeitspanne passt einfach nicht in Beckers Alibi.

Am 18. April 1935 wird der Haftbefehl gegen Becker mangels dringenden Tatverdachts aufgehoben, er ist zumindest vorübergehend ein freier Mann. Er findet sogar eine Stelle in einer Handelsfirma, wo er alsbald zu alten Gewohnheiten zurückkehrt. Er klaut 347 Mark aus der Portokasse, wird erwischt und am 13. Februar 1936 zu zwei Jahren Gefängnis verurteilt. Die Strafe verbüßt er in Wolfenbüttel. Es ist nicht die erste: Becker hat schon mehrfach „gesessen“: Betrug, Bettelei, Exhibitionismus.

In Hamburg will sich Kriminalkommissar Faulhaber nicht damit abfinden, dass der Mordfall Else Kleist immer noch unaufgeklärt ist. Er lässt Becker nach dem Ende der Strafe nach Hamburg überstellen und ihn dort in polizeiliche Vorbeugungshaft nehmen. Unter den Gesetzen des Nationalsozialismus ist das möglich. Weil er aufgrund seiner Vorstrafen als „gefährlicher Gewohnheitsverbrecher“ und „Volksschädling“ gilt, droht Becker eine Einweisung ins Konzentrationslager. Wieder folgen endlose Verhöre; immer wieder versucht Faulhaber, das Alibi zu zerpflücken; immer wieder appelliert er an den Häftling, reinen Tisch zu machen. Am 9. August 1938 scheint Becker weichgeklopft. Er bittet um drei Tage Zeit, um alles aufzuschreiben. „Drei Tage?“, antwortet Faulhaber. „Sie gehen übermorgen ins KZ ab. Bis morgen haben Sie Zeit.“

Bei der Schrebergartenlaube an der Flottbeker Chaussee fand man die Leiche von Else Kleist.

Am nächsten Tag legt Becker unter Tränen ein Geständnis ab, mit dem er seine vorherigen Zeitangaben über den Haufen wirft: Er sei am Sonntagabend zwischen 21 und 21.30 Uhr mit seiner Braut verabredet gewesen. Als er mit der Straßenbahn angekommen sei, habe es gleich Krach gegeben, weil er angetrunken gewesen sei. Und natürlich sei auch von Geld die Rede gewesen. Sie sei nicht dazu da, seine ewigen Saufereien zu bezahlen, schließlich wollten sie eine Aussteuer anschaffen, habe Else gesagt. Weil ihm der Streit auf der Straße peinlich war und weil es angefangen hatte zu regnen, habe er vorgeschlagen, sich im Gartengelände unter das Vordach einer Laube zu stellen. Dort habe sie wieder mit den Schulden angefangen. Die wollte sie jetzt genau auflisten, um Klarheit zu gewinnen. Da habe er sie voller Wut gepackt und mit bloßen Händen erwürgt. Dann habe er mit dem Spaten vom Nachbargrundstück eine Grube ausgehoben, die Leiche dort irgendwie hineingequetscht, das Loch zugeschaufelt, den Spaten über den Zaun geworfen und sei mit der Straßenbahn zum Valentinskamp gefahren. Später gibt Becker außerdem zu, seine Freundin nicht nur gewürgt, sondern ihr auch mit einem Klappmesser die Kehle aufgeschnitten zu haben. In dem 60-seitigen Lebenslauf, den er vor seinem Prozess verfasst, gibt er alle Schuld den Umständen, dem Krieg, Else. „Ich habe gern Bier getrunken, und vor allem sind mir die Weiber zum Verhängnis geworden", resümiert er.

Das Gerichtsverfahren beginnt am 31. Juli 1939. 99 Zeugen und zwei Gutachter werden gehört. Becker will von seinem Geständnis nichts mehr wissen; die Polizei habe es ihm durch „hypnotischen Zwang und Suggestion" entlockt. Am 7. August fällt das Urteil: 15 Jahre Zuchthaus, Sicherungsverwahrung und zehn Jahre Ehrverlust wegen Totschlags. Dass Becker seine Tat geplant und also einen Mord begangen hat, ist ihm nicht nachzuweisen.

Nach Kriegsausbruch meldet sich Becker zum „Zuchthausbombenbergungskommando", das nach Fliegerangriffen der Alliierten auf Hamburg mit Blindgängern aufräumt. Wahrscheinlich hofft er darauf, dass ihn diese Tätigkeit vor einer Überstellung ins KZ bewahrt. Im März 1941 wird er bei einem Einsatz schwer verletzt und liegt über ein Jahr lang im Lazarett: Sein rechter Arm bleibt steif. Am 5. Dezember 1942 wird Becker ins Konzentrationslager Mauthausen überführt. Dort stirbt er am 7. Januar 1943. Als Todesursache wird „Herzschlag" angegeben.

MORD AM BRUNNENHOF IN ALTONA

Der Fall Otto Krepp

Die Straße Am Brunnenhof nördlich der Großen Freiheit im preußischen Altona ist eine Wohngegend wie andere auch: Mehrstöckige Mietshäuser, Fassaden aus der Gründerzeit, die Bewohner sind Arbeiter, Rentner, kleine Angestellte – ganz normale Leute also. Und dann ist da auch noch Otto Willi Krepp, der Am Brunnenhof 3 einen „Spezial-Salon für Haar- und Bartpflege" betreibt und darunter eine Souterrainwohnung hat. Offenbar aus diesen Kellerräumen dringt nun im Juni 1935 ein anhaltender Gestank heraus – sehr unangenehm für die Nachbarn, wenn sie bei den sommerlichen Temperaturen ihre Fenster offen lassen wollen.

Bei Herrn Krepp selbst kann man sich leider nicht persönlich beschweren: Die Polizei hat ihn am 2. Juni abgeholt und in das Gerichtsgefängnis verbracht. Der Friseur hatte einen 17-jährigen Jungknecht aus dem Kreis Gifhorn, der zur II. Reichsnährstandsausstellung vom 28. Mai bis 3. Juni nach Hamburg angereist war, zu sich eingeladen, sich gemeinsam mit einem anderen Mann an ihm vergriffen und ihm sieben Reichsmark entwendet. Weil der junge Mann sofort nach Verlassen der Wohnung zur Polizei gelaufen war, hatte man Krepp festgenommen, sich seine Räumlichkeiten dabei aber nur oberflächlich angeschaut. Krepp hat sexuelle Neigungen, welche im nationalsozialistischen Deutschland noch schärfer verfolgt werden als zuvor in der Republik: Er ist ein „Hundertfünfundsiebziger". Der § 175 StGB bedroht gleichgeschlechtliche Handlungen von Männern mit Freiheitsstrafe bis zu fünf Jahren oder mit Geldstrafe. In der Nachbarschaft weiß man über ihn durchaus Bescheid, und auch, dass er öfter mal an junge Männer, aber auch an „Tanzdamen" untervermietet.

Der Mann, der die Ursache des Gestanks erkunden will, heißt Hermann Müller. Er ist der für das Haus zuständige Luftschutzhauswart und somit quasi eine Amtsperson: Bereits im April 1933 ist der Reichsluftschutzbund (RLB) gegründet worden – die Vorbereitung auf einen neuen Krieg, der auch die Heimat nicht unversehrt lassen wird, hat schon lange begonnen.

Am Abend des 12. Juni 1935 steigt Müller in die Unterwelt des Hauses hinab. Hinter den Stufen der Eisentreppe, die in den Lichtschacht vor dem Kellergeschoss hinunterführt, entdeckt der Hauswart unter einem ausrangierten Ofen und anderem Gerümpel einen Überseekoffer. Daraus riecht es so unangenehm, dass er vorsichtshalber die Polizei alarmiert. Die Mordkommission öffnet den Koffer und findet darin einen mit

Otto Krepp wurde wegen Mordes an Ludwig Dibbern 1937 hingerichtet.

angezogenen Knien hineingezwängten und schon in das Stadium der Verwesung übergegangenen menschlichen Körper.

Das Großaufgebot an Polizei sorgt für einen Ansturm von Neugierigen. „Verweste Leiche im Koffer gefunden. Der geheimnisvolle Friseur-Keller am Brunnenhof in der Altstadt", lautet die Schlagzeile der „Altonaer Nachrichten" vom 13. Juni.

Bei der Durchsuchung der drei ineinander übergehenden Räume bestätigen sich die Beobachtungen der Nachbarn, dass der Mieter hier eine Absteige eingerichtet hat – eine Unterkunft allerdings, die den Ansprüchen an ein ordentliches Logis in keiner Weise genügen kann. Die Räumlichkeiten, welche den Zeitungsschreiber an „ein richtiges heimliches Bordell", an einen „orientalischen Harem" erinnern, sind mehr oder weniger stark verwahrlost. In einem Zimmer finden sich an den Wänden Blutspritzer, anderswo eine Matratze mit Blutflecken und ein Hammer, der ebenfalls voller Blut ist und als Tatwaffe infrage kommt.

Wer ist nun der mutmaßliche Täter? Krepp kam am 10. Januar 1913 in Frankfurt am Main unehelich zur Welt, seine Mutter starb in einer Heilanstalt an einer Paralyse, also einer partiellen Lähmung, mehrere nahe Verwandte waren schwer kriminell. Als Siebenjähriger kam Krepp zu einem Onkel nach Hamburg. In den Stricherlokalen von St. Pauli und einschlägigen Lokalitäten in Altona ist der hinsichtlich „seiner sittlichen Verfehlungen voll geständige" Krepp einschlägig bekannt.

Bei der gerichtlichen Leichenschau am 14. Juni wird zweifelsfrei festgestellt, dass das männliche Opfer durch die Zertrümmerung der Schädeldecke auf der linken Seite und am Hinterkopf getötet wurde und der Leichnam schon seit mehreren Monaten in dem Koffer gelegen hat. Dringend tatverdächtig sind Krepp und der gleichfalls homosexuell veranlagte drei Jahre ältere Walter Opitz. Er hatte einige Zeit bei Krepp zur Untermiete gewohnt, war dann aber nach Pansdorf im oldenburgischen Landesteil Lübeck (heute Ostholstein) umgezogen.

Bei der Gegenüberstellung belasten sich Krepp und Opitz gegenseitig, allerdings hat Opitz für die mutmaßliche Mordzeit ein Alibi. Ins Gefängnis muss er dennoch, und zwar für zweieinhalb Jahre wegen „Sittenverbrechens".

Bei der Antwort auf die Frage, wer der Tote ist, gibt die auffällige Zahnreihung mit künstlichen Zähnen im Unterkiefer und einer Brücke im Oberkiefer wichtige Hinweise. Wie in solchen Fällen üblich, werden die Zeitungen eingeschaltet und die Bürgerinnen und Bürger um

Mithilfe gebeten. So stößt die Polizei auf einen ledigen 47-jährigen Seemann namens Ludwig Dibbern. Er fuhr als Schiffszimmermann auf einem Frachter, wurde im Februar 1935 im schottischen Glasgow abgemustert, hatte sich in London einen Anzug und einen Mantel gekauft und war am 28. Februar – noch mehre hundert Mark von der Heuer in der Tasche – in Hamburg eingetroffen. Er hätte zu seinem Vater fahren können, stattdessen trieb er sich herum und machte dann in einer Kneipe am Zeughausmarkt die verhängnisvolle Bekanntschaft mit Otto Krepp.

Am frühen Morgen des 4. März ging er gemeinsam mit ihm in dessen Wohnung. Laut Krepp soll noch ein gewisser „Reinhold" dabei gewesen sein, doch dieser bleibt trotz intensivster Fahndung ein Phantom. Zum Tathergang macht Krepp im Verlauf der Verhöre unterschiedliche Angaben. Laut seiner letzten Aussage sei der Mord im Affekt geschehen: Weil ihm das Mordopfer während der gemeinschaftlichen sexuellen Handlungen Schmerzen zugefügt habe, habe er mit dem Hammer auf ihn eingeschlagen. Anschließend habe er den Toten ausgezogen, den Leichnam in dem Koffer unter der Kellertreppe versteckt, am Hamburger Hauptbahnhof einen Gepäckschein des Toten eingelöst und dafür einen Karton mit Kleidungsstücken erhalten. Für die Polizei ist Krepp ein Mehrfachtäter, der in den einschlägigen Lokalen gezielt nach Homosexuellen sucht, die er in seine Wohnung lockt, um ihnen dort ihr Geld abzunehmen – das Friseurgeschäft wirft nicht viel ab.

Der Prozess gegen Krepp beginnt am 11. Juni 1936 vor dem Schwurgericht in Altona. Die Öffentlichkeit wird wegen „Gefährdung der Sittlichkeit" ausgeschlossen – zur Enttäuschung vieler Neugieriger, die sich davon eine spannende Unterhaltung versprochen hatten. Um die Tatabfolge genau nachvollziehen zu können, hat die Polizei ein Modell der Wohn- und Geschäftsräume aufgebaut.

Vor Gericht räumt Krepp ein, mit etwa zwölf Männern geschlechtlichen Verkehr unterhalten zu haben. Von den als Zeugen geladenen ehemaligen Untermietern und Kunden findet keiner ein gutes Wort für Krepp. Ein ehemaliger Kunde sagt aus, Krepp habe ihn beim Rasieren absichtlich am Hals verletzt.

Trotz der eindringlichen Worte des Vorsitzenden Richters, sich vollständig zu offenbaren, und einer höchst effektvollen Präsentation des zertrümmerten Totenschädels durch den Gerichtsmediziner bleibt

Krepp dabei, Dibbern nicht in Mordabsicht in seine Wohnung gelockt zu haben, sondern um seinen sexuellen Neigungen nachzugehen. Der zur Begutachtung hinzugezogene Stadtmedizinalrat attestiert Krepp volle Schuldfähigkeit, und der Staatsanwalt weist mit scharfen Worten die Darstellung zurück, es habe sich lediglich um Totschlag gehandelt. Krepp habe den schon angetrunkenen Dibbern in seine Wohnung gelockt, ihn dann, während er schlief, ausgeraubt. Als Dibbern sich zur Wehr setzte, habe Krepp ihn mit einem Hammer erschlagen. Somit habe Krepp mit „kaltblütiger Ruhe und klarer Überlegung" gehandelt, wofür auch spreche, dass dieser kurz nach der Tat mit dem erbeuteten Geld Schulden beglichen habe. Der Gesamteindruck des Angeklagten, sein „weibisches aalglattes prahlerisches Wesen" sei, so der Staatsanwalt, schlichtweg „widerlich".

Angesichts solcher Vorhaltungen und der eindeutigen „unsittlichen Neigungen" seines Mandanten, die eine unvoreingenommene Würdigung der Tat fast unmöglich machen, dringt der Verteidiger mit seinem Argument nicht durch, die Tötung sei aus einer Art Gefühlsaufwallung heraus erfolgt.

Am Nachmittag des 13. Juni 1936 steht der Urteilsspruch fest: Krepp wird „wegen Mordes und Raubes zum Tode und wegen Verbrechens gegen die §§ 175 und 176 StGB und wegen Kuppelei und Diebstahl zu acht Jahren Zuchthaus und Verlust der bürgerlichen Ehrenrechte auf Lebenszeit" verurteilt. Der Sensationsprozess ist zugleich ein Signal an die Polizei, in Hamburg und anderen Großstädten die einschlägigen Lokale genauer unter die Lupe zu nehmen und in der Schwulenszene einmal gründlich „aufzuräumen".

Der Fall Otto Krepp wurde am Schwurgericht Altona in der Max-Brauer-Allee verhandelt, hier eine Aufnahme von 1908.

Eine Abmilderung des Urteils kommt in diesem Fall nicht infrage: Der Strafanstaltsvorsteher in Altona bescheinigt Krepp am 24. Juli 1936, er habe „einen ganz schlechten Charakter", er werde „niemals wieder ein ordentlicher Mensch werden. Sein Verhalten in der Anstalt, seine Charaktereigenschaften und seine mangelnde Reue verbietet jede Gnade". Der Polizeipräsident von Altona, der stramme Nationalsozialist Paul Hinckler, erklärt, jeglicher Gnadenerweis gegenüber solchen „minderwertigen und verbrecherischen Individuen" würde „dem gesunden Empfinden der Bevölkerung widersprechen". Wie erwartet lehnt das Reichsgericht eine Revision ab und ein Führererlass macht am 15. Dezember 1936 den Weg für die Exekution endgültig frei. Wegen Weihnachten und anderweitiger Verpflichtungen des viel beschäftigten preußischen Scharfrichters Carl Gröpler erfolgt die Hinrichtung allerdings erst zwei Tage nach Krepps 24. Geburtstag, am 12. Januar 1937, morgens um 6 Uhr.

WER ERMORDETE PAULA?

Der Fall Paula Neumann

Der Sexualmord an Paula Neumann aus Eimsbüttel gehört zu den großen ungelösten Rätseln der Hamburger Kriminalgeschichte. Zwar gibt es einen dringend Tatverdächtigen, der auch dauerhaft hinter Zuchthausmauern verschwindet, doch wegen anderer Straftaten – den Mord an dem siebenjährigen Mädchen kann man ihm nie nachweisen.

Am Abend des 12. Oktober 1937 erscheint die 31-jährige Helene Neumann in der Polizeiwache 48 in der Fruchtallee 141/143 und zeigt das Verschwinden ihrer Tochter an. Dort beruhigt man zwar die verängstigte Frau, aber nimmt die Sache ernst. Es handelt sich ja beileibe nicht um den ersten Vermisstenfall. Noch immer ungeklärt ist zum Beispiel das Verschwinden der sechsjährigen Ursula Bock aus Lokstedt, die am 25. September 1934 die elterliche Wohnung verlassen hatte und nicht wiederaufgetaucht ist. Der diensttuende Beamte gibt die Vermisstenmeldung an alle Reviere weiter und alarmiert auch die Kriminalpolizei.

Unter der Überschrift „Siebenjähriges Mädchen verschwunden" veröffentlicht die Presse zwei Tage später folgenden Aufruf:

„Vermisst wird seit dem 12. Oktober 1937 das siebenjährige Kind Paula Lotte Karla Helene Neumann, geboren 13. August 1930 in Hamburg, wohnhaft Fruchtallee 75, Haus A, bei den Eltern. Das Kind ist kurz vor 9.30 Uhr an der Ecke Eppendorfer Weg und Fruchtallee von der Mutter fortgegangen, um sich in die Schule Tornquiststraße zu begeben. Die Mutter hat das Kind Eppendorfer Weg in Richtung Tornquiststraße gehen sehen. In der Schule ist es nicht angekommen, seitdem fehlt von ihm jede Spur. Die Eltern vermuten, dass das Kind, das sehr naschhaft

ist, zu irgendwelchen unlauteren Zwecken mitgelockt worden ist. Beschreibung des Kindes: Etwa 1,30 Meter groß, schlank, dunkelblonder Bubikopf, dunkelblonde Augenbrauen, große braune Augen, hohe Stirn, etwas hochstehende Oberlippe (im Oberkiefer fehlt ein Schneidezahn), blasse Gesichtsfarbe; über dem rechten Auge befindet sich eine etwa zwei Zentimeter lange Narbe. Bekleidet ist das Kind mit weißer Wollmütze, rotem Pullover mit beigefarbenem, gehäkelten Kragen, braun- und weißkariertem Rock mit kleinen Karos, braunen Halbschuhen, braunmelierten Strümpfen, rosa Unterrock und Hose und weißem Interlockhemd. Es führt einen braunen ledernen Schulranzen und eine Brottasche bei sich. Im Schulranzen steht der Name ‚Paula Neumann'. In dem Pullover befindet sich ein Namenszeichen ‚L.N.1.'; die übrige Kleidung ist nicht gezeichnet."

Die Suche nach dem Mädchen und später nach dem Mörder hält die Stadt in Atem. Dutzende Kriminalbeamte werden auf den Fall angesetzt, fast 5000 Spuren im Laufe der Zeit verfolgt, geprüft und meist wieder verworfen. Die Polizei lässt Zehntausende Handzettel drucken und verteilt sie in der Umgegend, befragt alle Geschäftsinhaber, durchsucht Meter um Meter die Grünanlage Wehbers Park und lässt die Feuerwehr das Gewässer im Park „Am Weiher" durchforsten – nichts. Auch die schlagartige Festnahme von gut 100 wegen Sittendelikten einschlägig aktenkundigen Männern ergibt keine Hinweise.

Zwei elfjährige Schüler bringen die Polizei schließlich auf die Spur der Gesuchten: Sie streifen am Nachmittag des 24. Oktober am Rande der Altonaer Hartsandsteinwerke bei den Eidelstedter Windsbergen umher und entdecken – halb mit Sand bedeckt – den Schulranzen mit dem Namen der Gesuchten und einige Schulbücher. In der Nähe findet die Polizei auch noch die leere Brottasche. Die Fundstelle liegt an der Ottenser Straße in der Nähe der Lederstraße.

Am folgenden Morgen meldet die Presse nicht nur diesen Fund, sondern berichtet auch über einen Mann, der am 12. Oktober mit einem Mädchen, auf welches die Beschreibung passt, im Altonaer Volkspark gesehen worden ist.

Am Nachmittag dieses 25. Oktober kommt dann die schreckliche Gewissheit: Ein Parkwächter entdeckt im Altonaer Volkspark bei den sogenannten Bahrenfelder Tannen am nördlichen Rand der großen Spielwiese den Leichnam des Kindes. Unter der Überschrift „Paula

Neumann von Kinderschänder ermordet – Volksgenossen, das geht Euch alle an!“ beschreiben die „Altonaer Nachrichten“ den Fundort:

„Die Leiche war mit Fichtennadeln und etwas Walderde leicht zugedeckt. Lage und Beschaffenheit der Leiche lassen erkennen, dass das Kind einem Verbrechen zum Opfer gefallen ist.“ Der leblose Körper liegt auf dem Rücken, das Kleid ist hochgeschoben, in der rechten Hand ein Kiefernzweig. Paula Neumann ist erwürgt worden: Um ihren Hals ist eine 77 Zentimeter lange Schnur, „dreiteilig geflochten, wie sie von Maurern und Zimmerleuten gebraucht wird, vermutlich durchsetzt mit Kalkstaub“, fest verknotet; in den Mund hat ihr der Täter – wohl um sie am Schreien zu hindern – ein 40 x 43 Zentimeter großes weißes Herrentaschentuch hineingestopft. Ein wichtiges Indiz: „In einer von den Fäden gebildeten Ecke sind die Buchstaben C.B. oder E.B. mit weißem Stickgarn in Stielstich schlecht eingestickt“. Sind das die Initialen des Mörders?

Eppendorfer Weg/Ecke Fruchtallee um 1910. Hier hatte sich Paula Neumann von ihrer Mutter verabschiedet, um zur Schule zu gehen, wo sie nie angekommen war.

In eindringlicher Weise wird die Öffentlichkeit um Unterstützung gebeten: „Es scheue sich niemand, zur Polizei zu kommen, oder seine Wahrnehmungen durch Fernsprecher mitzuteilen. Niemand hat wegen seiner Angaben irgendwelche Nachteile oder Scherereien zu erwarten, denn die vertrauliche Behandlung wird nochmals ausdrücklich zugesichert." Eigentlich eine Selbstverständlichkeit – in Deutschland im vierten Jahr des „Dritten Reiches" aber offenbar doch nicht.

Am 30. Oktober wird die Ermordete unter überwältigender Anteilnahme der Bevölkerung beigesetzt. Gut 3000 Menschen säumen an diesem Sonnabendvormittag die Wege um die Kapelle 12 des Ohlsdorfer Friedhofs – wohl nicht alle aus echter Anteilnahme, sondern aus Sensationslust: „Einige Frauen schlugen sich um den Zugang, so erregt waren alle, noch zur rechten Zeit zu kommen", notieren die „Altonaer Nachrichten". Für die Anfahrt sind zahlreiche Sonder-Autobusse eingerichtet worden.

Am gleichen Tag meldet sich bei der Polizei eine Frau, die am 12. Oktober gegen 10.45 Uhr mit einer Straßenbahn der Linie 25 von der Holstenstraße in Richtung Diebsteich gefahren war. Sie erinnert sich, einen Mann gesehen zu haben, der mit einem kleinen Mädchen unterwegs war und am Friedhof Diebsteich ausgestiegen sei. Das Mädchen habe sehr verängstigt gewirkt. Die Polizei macht den Schaffner ausfindig, der an diesem Tag auf der Linie Dienst hatte und die Angaben bestätigt. Eine Art „Raubvogelgesicht" habe der Mann gehabt, gibt der Schaffner zu Protokoll.

Am Vormittag des 2. November wird im Lokal „Bauernhaus" im Altonaer Volkspark eine lebensgroße Schaufensterpuppe mit der Kleidung der Toten aufgestellt und nochmals um Mithilfe gebeten: „Auf die vom Polizeipräsidenten ausgesetzte Belohnung von 1000 RM für die Ermittlung des Täters wird nochmals hingewiesen". Der Aufruf hat die erhoffte Resonanz: „Hunderte von Volksgenossen machten Aussagen", melden die „Altonaer Nachrichten" am Nachmittag dieses Tages: „Jung und alt, viele Volksparkbesucher, auch Kinder, sind gekommen, um sich die Kleidung des ermordeten Kindes noch einmal anzusehen". Aussagen werden sofort protokolliert: „Eine Schreibmaschine ist zur Stelle".

Vom Täter immer noch keine Spur, aber das zeitaufwendige Durchforsten der Akten liefert einen Hinweis. Da gibt es doch – so findet ein Beamter am 7. November heraus – einen gewissen Hugo Bunke.

Nach der Personenbeschreibung könnte er es gewesen sein. Zudem ist er mehrfach vorbestraft, zuletzt hatte er sich im Jahr 1932 an einem zwölfjährigen Mädchen sittlich vergangen. Hinzu kommt, dass der Mann in der Quickbornstraße eine Wohnung und einen kleinen Laden hat – nur gut anderthalb Kilometer von der Wohnung des Mädchens entfernt.

Bei einer Durchsuchung findet die Polizei unter anderem einige Taschentücher, deren Machart denen bei der Toten gefundenen sehr ähnlich ist, und Reste von einer Schnur, wie sie um den Hals der Toten geschlungen war. Genug Beweise, um Bunke wegen Mordverdachts festzunehmen. Nur eines fehlt: ein Geständnis. Allerdings hat er ohnehin einiges auf dem Kerbholz. Hugo Bunkes Ruf einen schlechten zu nennen, wäre zu harmlos: Er hatte nicht nur Kontakt zu Prostituierten, sondern suchte auffallend oft auch die Nähe zu Schulmädchen, um sie in seinem Laden zu begrabschen. Alle diese Indizien reichen nicht für eine Verurteilung wegen des Mordes an Paula Neumann aus, wegen der anderen sexuellen Übergriffe hingegen wandert er ins Zuchthaus. Nachdem bekannt geworden ist, dass er hinter Gittern sitzt, melden sich mehr als 30 Mädchen und geben an, von Bunke ebenfalls sexuell belästigt worden zu sein.

Ein letztes Mal steht er am 22. Februar 1940 vor dem Richter. 15 Jahre Zuchthaus und Sicherungsverwahrung lautet der Urteilsspruch. Der „Hamburger Anzeiger" berichtet:

> *„Der 53-jährige B., der sich gestern, nicht zum ersten, bestimmt aber zum letzten Mal in seinem Leben wegen Sittenverbrechens an kleinen Mädchen zu verantworten hatte, ist ein ausgesprochenes Triebwesen; ‚das geborene Schwein' nennt ihn der Vorsitzende mit einem klaren und durchaus richtig gewählten Ausdruck. Denn B. hat jahrelang, nachdem er durch drei einschlägige Vorstrafen – Gefängnis und zwei erhebliche Zuchthausstrafen – gewarnt war, sich an kleinen Mädchen unter vierzehn Jahren vergangen. Er betrieb ein Papiergeschäft und wusste die unerfahrenen Dinger durch kleine Freundlichkeiten, Geldgeschenke oder Hergabe von Leihbüchern ohne Gebühren willig zu machen. Die Hamburger Strafkammer verurteilte ihn zur gesetzlichen Höchststrafe von fünfzehn Jahren Zuchthaus, zehn Jahren Ehrverlust und zur Sicherungsverwahrung. Vor diesem üblen Kerl sind die kleinen Mädchen nun sicher."*

„OBJEKTIV RECHTSWIDRIG“

Der Fall Max Schlichting

Wer ist hier der Täter? Max Schlichting, der 1945 wegen Wehrkraftzersetzung zum Tode verurteilt wird? Der Gestapo-Mann Henry Helms, der Schlichting unnachgiebig verfolgt und durch seine Aussage wesentlich zu dessen Verurteilung beigetragen hat? Die Richter, die kurz vor dem Zusammenbruch des Dritten Reiches nicht davor zurückschreckten, einen Mann wegen seiner unbedachten Äußerungen zum Tode zu verurteilen?

Es ist der Nachmittag des 7. Juni 1944. Am Vortag sind die Alliierten unter amerikanischer Führung in der Normandie gelandet. Noch weiß man nicht, welche Folgen das haben wird. In Deutschland wird die Entwicklung in der offiziellen Lesart positiv bewertet, biete sich doch nun die Gelegenheit, den Feind entscheidend zu schlagen. Auch wenn die Nationalsozialisten weiterhin den „Endsieg“ beschwören, braucht man sich in Hamburg nur umzuschauen, um festzustellen, dass Zweifel angebracht sind. Nach den verheerenden Bombenangriffen im Sommer 1943 und dem dadurch entfachten Feuersturm liegen weite Teile der Stadt in Trümmern. Dass es an der Ostfront für die deutschen Truppen schlecht steht, lässt sich nach der Katastrophe von Stalingrad Anfang 1943 nicht mehr schönreden. Verlässliche Informationen sind rar, das Bedürfnis, sich über das Kriegsgeschehen auszutauschen und vielleicht sogar zu erfahren, wie andere die Lage einschätzen, ist groß.

So dreht sich im Toilettenhäuschen auf dem Großneumarkt, in dem etwa zehn Personen vor einem Regenschauer Schutz gesucht haben, das Gespräch um die Kriegslage. Ein Fronturlauber und ein Zivilist äußern sich zuversichtlich über den weiteren Verlauf der Kämpfe und den Kriegsausgang; ein anderer Mann, der 37-jährige Max Schlichting, vertritt eine gegenteilige Ansicht. Er habe gehört, dass es im Westen

Nach den Bombenangriffen im Sommer 1943 lag Hamburg in Schutt und Asche. Die Aufnahme zeigt die Straße Fuhlentwiete mit Blick auf die Stadthausbrücke, 1943.

nur wenige deutsche Truppen gebe. „Den Amerikaner können wir nie besiegen, der ist viel zu stark", wirft er ein. Er weiß nicht, dass einer der Männer im Toilettenhäuschen Kriminalbeamter der Gestapo ist: Henry Helms fahndet, als Hafenarbeiter getarnt, in der Hamburger Neustadt nach untergetauchten Mitgliedern einer weitverzweigten Widerstandsgruppe, engagiert sich nun aber bei diesem Zufallsfund: Er nimmt Schlichting in Gewahrsam. Am nächsten Tag wird die Wohnung des Festgenommenen in der Kurzen Straße durchsucht. Belastendes Material findet sich nicht, nur die Zimmerwirtin beschwert sich über ihren vollkommen asozialen Mieter, der sein Zimmer zum Dreckstall verkommen lasse.

Max Schlichting wurde 1907 in Bergedorf als Spross einer kinderreichen Arbeiterfamilie geboren. Er hat sechs Schwestern, eine Halbschwester und einen Bruder. Die Schule absolviert er mit Mühe, anschließend arbeitet er zunächst in der Landwirtschaft, später nimmt er als Ungelernter verschiedene Jobs an, zuletzt als Kohlearbeiter in Altona. Als Jugendlicher gerät er verschiedentlich wegen kleinerer Vergehen mit dem Gesetz in Konflikt und muss 1931 wegen eines Holzdiebstahls eine zweiwöchige Haftstrafe absitzen. Zu dieser Zeit hat er sich offenbar der KPD angeschlossen; jedenfalls wird er im selben Jahr gleich zweimal dabei erwischt, als er für die Partei Plakate klebt, die entgegen einer gerade erlassenen Verordnung nicht 24 Stunden vorher den Behörden zur Kenntnis vorgelegt worden sind. Das bringt ihm eine weitere kurze Haftstrafe ein. 1939 gerät er in den Verdacht, Flugblätter für die KPD verteilt zu haben. Zu einer Verurteilung kommt es aber nicht. Wegen eines Augenleidens wird er als „bedingt tauglich“ eingestuft und deshalb auch bei Kriegsausbruch nicht zum Militär eingezogen. Mit der Justiz hat Schlichting aber noch mehrmals zu tun. 1940 und 1941 wird er wegen mehrerer Vergehen zu kurzen Haftstrafen verurteilt, die mit „asozialem Verhalten“ zu tun haben, so zum Beispiel „Trunkenheit als Fußgänger“ oder unerlaubte Entfernung vom Arbeitsplatz. Bis zu der verhängnisvollen Begegnung mit Henry Helms sind keine weiteren Vergehen in seiner Akte vermerkt.

Eine Woche nach seiner Festnahme wird Schlichting verhört. Laut Protokoll gibt er an, 1930 ein halbes Jahr lang Mitglied der KPD gewesen zu sein, sich seither aber nicht mehr politisch betätigt zu haben. Seine Äußerungen während des Gesprächs in der öffentlichen Toilette bestätigt er im Wesentlichen. Er habe dabei aber nur das wiedergegeben, was er am Tag zuvor im Zug zwischen Hamburg und Bergedorf von anderen Fahrgästen aufgeschnappt hatte. Das Protokoll legt ihm außerdem den Satz in den Mund: „Mit der heutigen Staatsführung bin ich nicht einverstanden.“ Schlichting bestreitet später, dies gesagt zu haben. Helms leitet das Vernehmungsprotokoll an die Hochverratsabteilung der Staatsanwaltschaft weiter. Gegen Schlichting wird Haftbefehl wegen „Wehrkraftzersetzung“ und „Feindbegünstigung“ erlassen. Er wird als „Schutzhäftling“ ins Konzentrationslager Fuhlsbüttel gebracht, später ins Hamburger Untersuchungsgefängnis und dann nach Landsberg an der Warthe verlegt. Von dort aus bittet er um Strafaufschub und erklärt sich bereit, sich sofort nach seiner Freilassung zum Kriegseinsatz zu melden. Das Gesuch wird abgelehnt. Darüber hinaus ist nicht bekannt, wie es ihm unter den verschiedenen Haftbedingungen ergeht.

Kurz vor Weihnachten 1944 wird Schlichting zurück nach Hamburg geholt, wiederum ins Untersuchungsgefängnis. Zu dieser Zeit haben die Alliierten Frankreich von der deutschen Besatzung befreit, sie stehen an der Westgrenze des Deutschen Reiches und haben mit Aachen die erste deutsche Großstadt erobert. Im Osten sind sowjetische Truppen bis nach Ostpreußen vorgerückt.

Am 16. Januar 1945 wird der Fall Schlichting vor dem 1. Strafsenat des Hamburgischen Oberlandesgerichts verhandelt. Als Belastungszeuge ist neben Helms der Parteigenosse Weiss geladen, jener Zivilist,

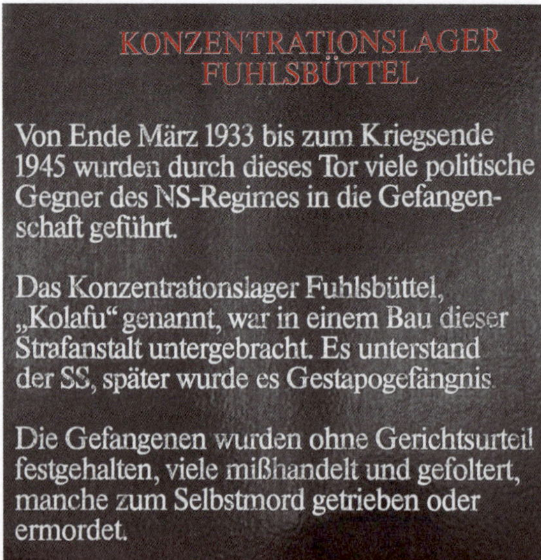

Gedenktafel am Alten Torhaus des ehemaligen KZ Fuhlsbüttel

der im Juni 1944 auf dem Großneumarkt mit dem Fronturlauber ins Gespräch gekommen war. Das Gericht stützt sich in erster Linie auf Helms’ Aussage, ist dieser doch ein „erfahrener Kriminalbeamter“, geschult in der „Beobachtung, Erfassung und Wiedergabe kriminalistischer Sachverhalte“, der folglich „eine besondere Zuverlässigkeit für sich beanspruchen dürfte“. Helms erklärt, der Angeklagte habe sich erregt und zynisch, „aus politischer Überzeugung und in bewusster Absicht“ in die Unterhaltung eingemischt und den Fronturlauber mit seinen „zersetzenden Äußerungen“ beeindruckt. Er selbst habe sofort den Eindruck gehabt, dass Schlichting nicht einfach nur ein Nörgler sei.

Am Ende des zügig abgewickelten Verfahrens steht ein Todesurteil wegen „Feindbegünstigung und öffentlicher Wehrkraftzersetzung“. Schlichting, so heißt es in der Begründung, sei ein „gemeingefährlicher Kommunist“. Von einem minderschweren Fall sei nicht auszugehen, da es sich bei dem Angeklagten um eine „Persönlichkeit mit kommunistischer, staatsfeindlicher und asozialer Gesinnung“ handele. Er sei keiner geregelten Tätigkeit nachgegangen, habe sich womöglich in verbrecherischen Kreisen aufgehalten – als Indiz gilt die Tatsache, dass Schlichting bei seiner Festnahme keine Lebensmittelkarten bei sich hatte. Darüber hinaus sei er einer Nachuntersuchung auf

Kriegsdiensttauglichkeit „aller Wahrscheinlichkeit nach durch häufigen Wechsel seiner Unterkunft“ ausgewichen.

> *„Es kann auch kein Zweifel daran bestehen, daß der Angeklagte im Falle innerer Unruhen oder eines Bürgerkrieges sofort auf seiten des Umsturzes aktiv mitwirken und, nach seinem äußeren Eindruck zu schließen, hierbei keinerlei Rücksichten kennen würde. Eine solche Existenz ist aber für die Volksgemeinschaft in Zeiten wie den jetzigen untragbar und muß aus derselben ausgeschieden werden.“*

Vergeblich versuchen Schlichtings Geschwister in den folgenden Wochen, ihren Bruder per Gnadengesuch zu retten. Sie beschreiben ihn als „warmherzigen Charakter“, zugleich als „Idioten der Familie“, der windige Nachrichten oft einfach nachplappere. Die Bittschrift beeindruckt die zuständigen Stellen ebenso wenig wie Schlichtings eigenes Gnadengesuch. Am 21. Februar ordnet das Reichsjustizministerium die Vollstreckung des Urteils an. Am 24. März 1945 – sechs Wochen vor der Kapitulation des Deutschen Reiches – stirbt Max Schlichting unter dem Fallbeil.

Henry Helms wird nach Kriegsende von den Alliierten in Haft genommen. Zusammen mit elf weiteren Personen muss er sich im Mai 1949 wegen Verbrechens gegen die Menschlichkeit, Freiheitsberaubung, Misshandlung mit Todesfolge und Beihilfe zum Mord vor Gericht verantworten. Insbesondere wird ihm vorgeworfen, Häftlinge, die nach den Bombenangriffen auf Hamburg 1943 freigelassen wurden, erneut verhaftet zu haben, um von ihnen durch Drohungen und Folter Aussagen und Geständnisse zu erpressen. Er wird am 2. Juni 1949 zu neun Jahren Zuchthaus und drei Jahren Ehrverlust verurteilt (unter Anrechnung der Untersuchungshaft) und kommt im November 1953 auf freien Fuß. Es sei zu erwarten, dass er fortan „ein gesetzmäßiges und geordnetes Leben“ führen werde.

Gegen die Richter, die das Todesurteil gegen Schlichting gefällt haben, und den beteiligten Staatsanwalt wird 1961 wegen des Verdachts auf Rechtsbeugung ermittelt. Am 10. April 1961 stellt die Staatsanwaltschaft am Landgericht Hamburg fest: „Das Todesurteil gegen Schlichting war also sowohl im Schuldspruch wie auch im Strafausspruch objektiv rechtswidrig.“ Anklage wird aber nicht erhoben, weil sich nicht mehr nachweisen lässt, wer von den beteiligten Richtern für das Todesurteil gestimmt hat. Die beschuldigten Juristen machen von ihrem Recht auf Aussageverweigerung Gebrauch.

HAMBURG NACH 1945

An einem Kohlenplatz in Altona sammeln Menschen von einem Wagen gefallene Kohlen auf. November 1950

Am Nachmittag des 3. Mai 1945 rollten britische Panzer von Süden über die Elbbrücken in die Stadt. Um 18.25 Uhr wurde Hamburg kampflos übergeben. In dem Übergang vom Chaos der letzten Kriegstage in die ungewisse Zukunft unter dem Besatzungsregime fiel der Polizei nun die schwierige Aufgabe zu, die öffentliche Sicherheit aufrechtzuerhalten. Noch im Mai 1945 leitete die Besatzungsmacht die Entnazifizierung der Polizeikräfte ein: Angehörige der Gestapo wurden inhaftiert und gut 100 nationalsozialistisch belastete Polizeioffiziere entlassen. Die geschlossenen Polizeiverbände löste man auf und beschränkte die Aufgaben der Polizei nach britischem Vorbild auf die Wahrung von Sicherheit und Ordnung, die Aufklärung von Straftaten und die Sicherheit im Straßenverkehr.

Dazu gehörte der Verzicht auf die bisherige militärische Uniformierung, die Ersetzung von Schulterstücken und Sternen durch Armwinkel und Streifen und die weitgehende Entwaffnung der Beamten. Im Oktober 1945 entstand auf Weisung der Briten eine uniformierte weibliche Schutzpolizei.

Nicht wenige Führungspositionen wurden mit Beamten besetzt, die 1933 entlassen worden waren. Zu den Rückkehrern gehörte auch der Sozialdemokrat Bruno Georges. Am 26. Mai 1945 wurde er von der Militärverwaltung zum Polizeichef ernannt. Von April 1952 bis März 1958 amtierte er dann als Hamburger Polizeipräsident.

213 Luftangriffe hatten nur ein Fünftel des Wohnraums unbeschädigt gelassen, 43 Millionen Kubikmeter Trümmer bedeckten das Stadtgebiet. Die Menschen hausten auf engstem Raum in den erhalten gebliebenen Wohnungen, in Kellern oder Behelfsheimen wie den sog. Nissenhütten aus Wellblech. Der „Hungerwinter" 1946/47 mit Kältewerten von bis zu –25 Grad bei gleichzeitigem Kohlenmangel führte die Stadt an den Rand des Zusammenbruchs. Die Polizei musste die Kohlenzüge bewachen, allein im Januar 1947 wurden 9189 Plünderer festgenommen.

Was man legal nicht bekam, gab es auf dem Schwarzmarkt. Er florierte vor allem in der Talstraße auf St. Pauli, auf dem Großneumarkt und auf dem Hansaplatz hinter dem Hauptbahnhof. Auf „Hamsterfahrten" ins Umland tauschten die hungernden Menschen bei den Bauern Kartoffeln und andere Lebensmittel gegen

Wertgegenstände ein. Die Lage besserte sich mit der Währungsreform: Wie von Zauberhand füllten sich am 20. Juni 1948 die Auslagen mit lang entbehrten Waren, welche die Händler in Erwartung der Umstellung auf die D-Mark gehortet hatten.

Noch vor diesem wirtschaftlichen begann der politische Neubeginn: Die SPD erreichte bei der ersten Bürgerschaftswahl im Oktober 1946 die absolute Mehrheit der Mandate, der aus dem Exil in den USA heimgekehrte Sozialdemokrat Max Brauer wurde als Erster Bürgermeister zum Gesicht des demokratischen Wiederaufbaus und des Kampfes gegen Hunger und Demontage.

Im Zuge der sog. Entnazifizierung mussten bis Ende 1947 gut 1500 Angehörige der Schutz- und Kriminalpolizei den Dienst quittieren. Die eingeleiteten Reformen, insbesondere die Zusammenfassung von Schutzpolizei und Kriminalpolizei, wurden nach der Übergabe der Verantwortung für die Polizei von der britischen Besatzungsmacht an den Hamburger Senat am 15. November 1947 nach und nach rückgängig gemacht. Zur besseren Verbrechensbekämpfung riefen die Länder der Britischen Zone zum 1. Januar 1946 unter Aufsicht der Besatzungsmacht ein Zonen-Kriminalamt ins Leben, den Vorläufer des späteren Bundeskriminalamts.

Mit Genehmigung der Militärregierung konnten im Mai 1946 die ersten Radiostreifenwagen in Dienst gestellt werden. Ende 1949 verfügte die Polizei über zwölf dieser „Peterwagen". 1950 erhielten die Beamten anstelle des britischen Holzstocks wieder einen „Gummiknüppel". Immerhin schon jeder zweite Polizist bekam eine Faustfeuerwaffe aus belgischer Fabrikation.

Angesichts des sich allmählich zuspitzenden „Kalten Krieges" wurden sowohl auf Bundesebene (Bundesgrenzschutz) als auch auf Länderebene wieder kasernierte Polizeikräfte aufgestellt. 1951 entstand in Hamburg unter der Bezeichnung „Polizeiabteilung Hamburg mot." eine Bereitschaftspolizei mit einer Stärke von 700 Mann. Die ursprüngliche Notrufnummer 01 wurde im April 1953 bundeseinheitlich auf 110 umgestellt.

Die Kriminalpolizei hatte nun wieder mit „normalen" Fällen zu tun. Dazu gehörte der gewaltsame Tod der wohlhabenden Zahnarztwitwe Maria Moser im Juni 1946, der als „Fall Mariotti" in die Kriminalgeschichte einging, die Jagd auf den „Trümmermörder", der im eiseskalten Januar des Jahres 1947 die Stadt in Angst und

Schrecken versetzte, und ein Jahr später der Fall des Kindermörders Erich Liebenow, der wegen Abschaffung der Todesstrafe einer Hinrichtung entging.

Der nach der Währungsreform einsetzende allmähliche Wohlstand hatte vermehrt Banküberfälle zur Folge. Im Januar 1952 begann die Serie von Untaten des Bankräubers „Spitznase", der die Polizei zwölf Jahre lang immer wieder an der Nase herumführte. Die Hoffnung auf schnelles Geld fand viele Nachahmer: Zählte man 1962 bundesweit 53 Banküberfälle, waren es 1966 bereits 389. Unter den Tätern aus Hamburg waren Polizeimeister Hugo Alffcke, der zwischen 1960 und 1966 neun Geldinstitute ausraubte, und die Hilfsarbeiterin Gisela Werler, die zwischen 1965 und 1967 ihr Unwesen trieb und als „Banklady" die Titelseiten der Zeitungen eroberte.

Eine grundlegende Neuordnung der öffentlichen Sicherheit wurde durch ein Ereignis beschleunigt, das als größte Katastrophe der Nachkriegszeit in die Hamburger Geschichte einging: Die Sturmflut in der Nacht vom 16. auf den 17. Februar 1962, die etwa ein Sechstel des Staatsgebiets überschwemmte und 317 Menschen den Tod brachte. Wenige Wochen später, am 1. Mai 1962, wurden alle der Sicherheit dienenden Einrichtungen einer Behörde für Inneres unter dem Senator Helmut Schmidt (SPD) zusammengefasst.

FREISPRUCH IM DRITTEN ANLAUF

Der Fall Eva Mariotti

Es ist der Sensationsprozess der 1960er-Jahre in Hamburg. Das liegt weniger an dem Verbrechen, das verhandelt wird – ein über 15 Jahre zurückliegender Raubmord –, als an der geheimnisumwitterten Angeklagten, deren Aussehen und Biografie reichlich Stoff für Legendenbildung liefern. Ungewöhnlich schön soll sie gewesen sein, 1946, als der Mord geschah. Schon damals war sie mehrfach geschieden und hatte mehrfach ihren Namen gewechselt. Später, als sie in Südamerika lebte, soll sie die Geliebte reicher und mächtiger Männer gewesen sein. Aufsehenerregend ist aber auch der Verlauf, den der Prozess nimmt. Am Ende des ersten Verfahrens verlangt das Gericht neue Ermittlungen, im zweiten Prozess wird Eva Maria Mariotti schuldig gesprochen, der dritte, wegen eines früheren Verfahrensfehlers anberaumt, endet mit Freispruch.

Am 30. Juni 1946 wird die Zahnarztwitwe Maria Moser in der Küche ihrer Wohnung im Loogestieg 8 in Eppendorf ermordet aufgefunden. Sie liegt auf dem Bauch und ist offenbar niedergeschlagen und anschließend erdrosselt worden. Aus der Wohnung fehlen ein Bademantel und ein Pelzmantel. Ob auch Bargeld oder Wertgegenstände verschwunden sind, lässt sich nicht nachvollziehen. Der wertvolle Schmuck, den Moser in ihr Korsett eingenäht hat, ist jedenfalls unangetastet. Es ist eine Zeit großer Not. Viele Menschen in Hamburg hungern. Der Schwarzmarkt blüht. Maria Moser geht es verhältnismäßig gut. Sie besitzt neben dem Mietshaus am Loogestieg weitere Vermögenswerte und versorgt sich aus Schwarzmarktgeschäften.

Einige Monate vor ihrem Tod hat sie die Bekanntschaft der Tschechin Eva Mariotti gemacht, die Anfang 1945 zusammen mit Tochter und Mutter aus Prag geflüchtet und zuerst in Berlin, dann in Hamburg gelandet war. Ihr aktueller Nachname stammt aus ihrer zweiten, geschiedenen Ehe. Die beiden Frauen verstehen sich gut. Anfang 1946 lernt Mariotti ihren Landsmann Erich Sterba kennen, der während des Zweiten Weltkriegs als Zwangsarbeiter nach Deutschland verschleppt worden war und in Hamburg auf seine Repatriierung wartet. Gemeinsam mit ihm verlässt sie am 28. Juni 1946, Maria Mosers mutmaßlichem Todestag, die Stadt. Nach kurzem Aufenthalt in Frankfurt gelangen sie über Esslingen, München und die Schweiz nach Paris.

Später trennen sich ihre Wege. 1949 wird Erich Sterba in der Tschechoslowakei bei einem illegalen Grenzübertritt festgenommen. Möglicherweise befürchtet er, wegen Westspionage angeklagt zu werden, und sucht nach einem Ausweg, um nicht als Agent erschossen zu werden. Jedenfalls bekennt er sich in einer Vernehmung zu dem Mord an Maria Moser, allerdings will er nur Handlanger gewesen sein; Haupttäterin sei Eva Maria Mariotti. Am 1. November 1950 wird Sterba vom Kreisgericht Mährisch-Ostrau zu 25 Jahren schweren Kerkers verurteilt. Zugleich beginnt die Suche nach Mariotti – keine leichte Suche, denn die Frau wechselt nicht nur dauernd ihren Wohnort, sondern auch immer wieder ihren Namen. 1951 wandert sie nach Südamerika aus, eröffnet in La Paz ein Modegeschäft, lebt dann in Buenos

Der Loogestieg 1923, Blick von der Eppendorfer Landstraße

Aires, in Rio de Janeiro, schließlich in São Paulo, wo sie sich Sylvia Sousa-Leith nennt und einen Antiquitätenladen betreibt. Dort kommt ihr Interpol auf die Spur: Zufällig hat sie jemand nach einem Bild in einer deutschen Illustrierten erkannt. Aufgrund eines internationalen Haftbefehls wird Mariotti am 3. Oktober 1961 in Brasilien festgenommen und am 9. Dezember 1961 an die Bundesrepublik ausgeliefert.

Der einzige Zeuge der Staatsanwaltschaft, der Tscheche Erich Sterba, verlässt am 1. Juni 1965 nach dem Lokaltermin das Haus am Loogestieg in Hamburg.

Im Juli 1963 steht sie zum ersten Mal vor dem Hamburger Schwurgericht. Die Anschuldigungen des Erich Sterba, der nach zwölf Jahren Haft entlassen worden ist, kurzfristig von den tschechoslowakischen Behörden eine Ausreisegenehmigung erhalten hat und jetzt in Hamburg als Hauptzeuge auftritt, bezeichnet sie als Lügen. „Alles, was er heute über meine Tatbeteiligung erzählt, hat er nur erfunden, um seinen Kopf zu retten." Fest steht, dass Mariotti mit der Zahnarztwitwe befreundet war, möglicherweise fühlte sich diese von der damals 28-Jährigen auch erotisch angezogen. Mariotti will Moser jedenfalls dazu geraten haben, den Schmuck ins Korsett einzunähen. Sie selbst stellte Sterba der Moser vor, allerdings nicht unter seinem richtigen Namen, sondern als brasilianischen Konsul Ricardo Herrero. Als solcher wickelte Sterba Schwarzgeschäfte für Maria Moser ab. Am Tattag, so Sterba, „brachte ich ein Stuhlbein in einem Koffer mit, in dem ich sonst die Ware transportierte. Eva Maria und ich tranken mit Frau

Moser im Wohnzimmer Kaffee. Dann setzte sich die Witwe ans Harmonium und spielte das ›Ave Maria‹. Meine Geliebte sang dazu." Auf einen beschwörenden Blick der Angeklagten hin habe er dann mit dem Stuhlbein zugeschlagen. Moser stürzte zu Boden. Zusammen mit Mariotti habe er die Bewusstlose in die Küche geschleppt. Als sie zu röcheln begann, habe Mariotti sie mit einem Handtuch erdrosselt. All das sei von der Angeklagten geplant gewesen; „aus Hörigkeit gegenüber meiner Hamburger Freundin" sei er zum Mittäter geworden. Sie habe ihm versprochen, ihn zu heiraten, wenn er Moser töte.

Mariotti berichtet dagegen, sie habe Maria Moser am 28. Juni 1946 aufsuchen wollen, um sich von ihr zu verabschieden, weil sie sich entschlossen hatte, nach Südamerika auszuwandern. Auf ihr Klingeln habe niemand reagiert. Am selben Tag sei sie gemeinsam mit Sterba nach Frankfurt gereist, später hätten sich ihre Wege getrennt. Einer der Polizisten, die damals den Tatort untersuchten, berichtet, dass die Leiche in der Küche in einer Blutlache gelegen habe. In ihrem Haar und um sie herum waren Glassplitter verstreut. Man habe angenommen, dass die Küche der Tatort sei. „In die übrigen Räume haben wir nur flüchtig hineingeschaut." Die in der Wohnung vorhandenen Sachwerte wurden nur unzureichend oder gar nicht vermerkt und nicht gesichert. Was außer Pelz- und Bademantel verschwunden ist, bleibt unklar. Landgerichtsdirektor Kurt Steckel, der die Verhandlung leitet, merkt am 5. Juli an: „Die Akten aus den ersten Vernehmungen haben zahlreiche Löcher, damals waren ja auch die meisten guten Kriminalbeamten rausgeschmissen durch die Entnazifizierung." Diese Äußerung ruft den Protest nicht nur der jüdischen Gemeinde in Hamburg und des Zentralrats der Juden in Deutschland hervor.

Nach den Plädoyers von Oberstaatsanwalt Heinrich Hellge und Verteidiger Bernhard Servatius zieht sich das Gericht zur Beratung zurück. Zunächst allerdings nimmt man sich noch die Zeit, Steckels 40-jähriges Dienstjubiläum zu feiern. Am folgenden Tag, dem 10. Juli 1963, beraten die drei Berufsrichter und sechs Geschworenen bis in die Abendstunden. Was dann geschieht, ist strittig. Einer der Geschworenen berichtet später, man habe über die Schuldfrage abgestimmt – zugunsten

Eva Maria Mariotti, angeklagt des Raubmordes an einer Hamburger Witwe, im Saal des Hamburger Schwurgerichts 1964 von Eva Mariotti. Der Vorsitzende habe den Vorgang dann zur „Testabstimmung" erklärt. Steckel bestreitet das. Das Verfahren wird jedenfalls ausgesetzt. Die Staatsanwaltschaft soll weitere Ermittlungen anstellen, denn, so heißt es in einem Aktenvermerk, „die Persönlichkeit der Angeklagten und ihr Vorleben ist in der Hauptverhandlung fast völlig dunkel geblieben". Mariotti bleibt in Haft.

In einem zweiten Verfahren wird sie am 12. März 1964 wegen gemeinschaftlichen Mordes und besonders schweren Raubes zu lebenslangem Zuchthaus verurteilt. Der Richterspruch hat indes nicht lange Bestand. Die Verteidigung reicht wegen mehrerer Verfahrensfehler Beschwerde ein und bekommt Recht: Der 5. Strafsenat des Bundesgerichtshofs in West-Berlin hebt das Urteil auf, weil ein vor der Hauptverhandlung angefertigtes Protokoll nicht in die Sitzung eingeführt, aber trotzdem im Urteil herangezogen wurde.

Am 31. März 1965 beginnt das Verfahren zum dritten Mal. Eva Maria Mariotti sitzt inzwischen seit bald vier Jahren in Untersuchungshaft. Prozessbeobachter beschreiben sie als deutlich gezeichnet. „Totenblass, weinend und zitternd sitzt die völlig abgemagerte Frau auf ihrer Anklagebank in einem selbstgestrickten Kostüm, ein Mensch, der sichtlich am Ende ist", berichtet das „Hamburger Abendblatt". Auf Anraten ihres Anwalts nimmt sie ihr Recht in Anspruch, sich nicht zur Sache zu äußern. Sie macht lediglich Angaben zu ihrer Person und erklärt, dass sie Maria Moser nicht getötet habe. Wieder kommt Erich Sterba umfangreich zu Wort, allerdings unterscheiden sich seine Aussagen teilweise von früheren Versionen, Widersprüche tun sich auf. Erstmals gibt es einen Ortstermin in der Wohnung am Loogestieg, bei dem unter anderem deutlich wird, dass Moser nicht, wie Sterba behauptet, in ihrem Wohnzimmer bewusstlos geschlagen und dann über den langen, engen Flur in die Küche geschleift worden sein kann, ohne Spuren zu hinterlassen. In der Urteilsbegründung heißt es dazu: „Das Kleid, das Frau Moser trug, war nicht zerrissen. Die Perlenkette war zwar beschädigt, enthielt aber noch alle Perlen. Wäre die Leiche, wie Sterba es schildert, rund 20 Meter bei zum Teil räumlich beengten Verhältnissen auf dem Bauch geschleift worden, so wären auffälligere Spuren zu erwarten."

Der Prozess zieht sich über sieben Wochen hin, zahlreiche Zeugen werden zu dem 19 Jahre zurückliegenden Geschehen gehört. Am 6. Juli 1965 wird die Beweisaufnahme abgeschlossen. Oberstaatsanwalt Heinrich Hellge hält sein Schlussplädoyer und geht darin immer wieder auf das Schweigen der Angeklagten ein. „Wann hat sich denn jemals ein Täter, der unter so schwerem Verdacht stand, nur mit einem kargen Nein verteidigt, anstatt Gründe für sich vorzubringen? Aus welchem Grunde wählt ein Angeklagter diesen Weg, der dem Gericht die Aufgabe der Wahrheitsfindung erschwert? [...] Diese Angeklagte hat etwas Furchtbares zu verschweigen!", erklärt er und: „Schweigen konnten Angeklagte immer schon, seitdem keine Folter mehr möglich ist. Doch wer es tut, den trifft die Verantwortung!"

Bevor Hellge seinen Strafantrag stellen kann, gibt es eine weitere Sensation: Generalstaatsanwalt Ernst Buchholz, der in Zivil auf der Pressetribüne Platz genommen hat, greift in die Verhandlung ein: „Ich halte mich für verpflichtet, zu einer Rechtsfrage Stellung zu nehmen, die wichtig für die gesamte Justiz erscheint. Die Auffassung des Oberstaatsanwalts Hellge unterscheidet sich grundlegend von meiner Auffassung sowie der Auffassung meiner Behörde." Nach dieser Breitseite fährt er fort: „Seitdem es die Strafprozessordnung bei uns gibt, hat der Angeklagte die Befugnis zu schweigen. Ich bin der Auffassung, dass, wenn der Angeklagte von dem Recht Gebrauch macht, daraus nichts hergeleitet werden kann." Und: „Wenn sie sagt, dass sie sich an Einzelheiten nach 19 Jahren nicht mehr erinnern kann und zwischen Erlebtem und Rekonstruiertem nach den vielen Vernehmungen nicht mehr zu unterscheiden weiß, so erscheint das einleuchtend, wenn sie die Tat nicht begangen hat." Nach dieser Intervention wird der Prozess für eine Stunde unterbrochen. Danach stellt Hellge ohne weitere Begründung den Antrag auf eine Verurteilung zu lebenslangem Zuchthaus wegen Mordes in Tateinheit mit schwerem Raub.

Das anschließende Plädoyer des Verteidigers nimmt fast sechs Stunden in Anspruch. Bernhard Servatius, der spätere Aufsichtsratsvorsitzende der Axel Springer AG, sieht Sterbas Aussagen als widerlegt an und betont im Hinblick auf die schillernde Biografie der Mariotti, diese könne nicht an bürgerlichen Maßstäben gemessen werden: „Wem es gleichgültig ist, welchen Namen er trägt, wer sich falsche Pässe kauft und pro forma Ehen schließt, der muss noch lange kein Mörder sein."

Am 14. Juli 1965 wird Eva Maria Mariotti freigesprochen. Sie erhält eine Haftentschädigung und verbringt die nächsten fünf Jahre vor allem auf Reisen. Später eröffnet sie einen Keramikladen auf Gran Canaria und stirbt 1979 „einsam und völlig verarmt", wie ein Reporter berichtet. Erich Sterba, der noch einmal als Zeuge nach Hamburg gereist ist, kehrt zu Frau und Kind in die Tschechoslowakei zurück.

WER KENNT DIESE TOTEN?

Der Fall der Trümmermorde

Anfang des Jahres 1947 erschüttert eine Mordserie die Hamburger. Innerhalb weniger Wochen werden auf verschiedenen Trümmergrundstücken vier Leichen gefunden; alle sind stranguliert worden und alle sind völlig nackt. Trotz intensiver Ermittlungen gelingt es nicht, die Identität der Toten zu klären, geschweige denn, den Täter zu finden.

Im Winter 1946/47 kämpfen viele der knapp 1,4 Millionen Hamburger tagtäglich ums Überleben. Der Alltag ist geprägt von der Anstrengung, das Allernötigste heranzuschaffen. Das bedeutet stundenlanges Anstehen, weite Hamsterfahrten und Tauschgeschäfte auf dem Schwarzmarkt. Diebstähle und Raubüberfälle sind an der Tagesordnung. Der Wiederaufbau verläuft äußerst schleppend. Große Teile der Stadt liegen in Trümmern und mit ihnen die Wirtschaft. Fast die Hälfte der Verkehrswege ist zerstört, die von den Briten in der größten Stadt ihrer Besatzungszone eingesetzte Verwaltung ist noch nicht eingespielt. Das führt dazu, dass die Verteilung der knappen Nahrungsmittel schlecht funktioniert. Im Herbst 1946 fordern Experten für die Menschen in Deutschland eine tägliche Mindestration von 2000 Kalorien; vor allem in den Großstädten ist man davon allerdings weit entfernt: Oft stehen nur 1000 oder weniger Kalorien täglich zur Verfügung. Auch in Hamburg werden die Rationen ein ums andere Mal gekürzt. Ein trockener heißer Sommer hat die Ernteerträge vielerorts hinter die bescheidenen Erwartungen zurückfallen lassen. Konnte man in der unmittelbaren Nachkriegszeit noch auf Lagerbestände zurückgreifen, gibt es nun keine solchen Reserven mehr.

Der frühe Wintereinbruch im November 1946 verschärft die Lage weiter. Bis März 1947 erlebt Deutschland den kältesten Winter des 20. Jahrhunderts. Über Wochen fällt die Temperatur immer wieder auf minus 20 Grad und darunter. Nicht nur die Alster, auch die Elbe ist teilweise zugefroren. Die Binnenschifffahrt kommt zum Erliegen und damit ein lebenswichtiger Transportweg. Kohlen und Heizöl gibt es nur für öffentliche Gebäude. Die Hamburger plündern die städtischen Parks, um sich mit Holz zum Kochen und Heizen zu versorgen, Trümmergrundstücke werden nach verschütteten Kohlen und anderem Brennmaterial durchsucht. Am 28. Dezember 1946 gibt Bürgermeister Max Brauer über den Rundfunk ein Notprogramm bekannt. Nur für das Überleben der Stadt unverzichtbare Betriebe werden mit Strom versorgt; private Haushalte erhalten zwei Stunden pro Tag Elektrizität. Läden dürfen nur von 10 bis 15 Uhr öffnen, und in Absprache mit dem britischen Zivilgouverneur Henry Vaughan Berry wird die Tagesration an Brot und Nährmitteln für sogenannte Normalverbraucher noch einmal um ein Viertel gekürzt.

Fundort der ersten Leiche neben einem Autowrack auf einem Trümmergrundstück an der Baustraße

Auf einem Trümmergrundstück an der Baustraße, der heutigen Hinrichsenstraße, in Borgfelde entdecken spielende Kinder am 20. Januar 1947 eine unbekleidete weibliche Leiche. Die durch den Vater eines der Jungen alarmierte Polizei schätzt die Tote auf etwa 18 bis 20 Jahre, sie ist 1,60 Meter groß und schlank, hat blaue Augen und mittelblondes halblanges Haar. Weiter vermerkt das Protokoll „vollständige Zähne vorn, Blinddarmnarbe, keine Arbeitshände". Am Hals und an beiden Handgelenken befinden sich Strangulationsmale. Die Leiche liegt in unmittelbarer Nähe eines ausgebrannten Autos etwa 50 Meter vom Eingangstor einer ehemaligen Akkumulatorenfabrik entfernt, die im Juli 1943 bei den schweren Bombenangriffen der Alliierten auf Hamburg zerstört wurde. Unter der Toten wird ein 15 Millimeter großer Perlmuttknopf mit einem Rest grauer Nähseide gefunden, der offenbar von einem Kleidungsstück abgerissen worden ist. 60 Zentimeter vom Kopf entfernt liegen ein Ring aus blankem Draht und ein Seitenkamm mit gewellten Zähnen. Außerdem entdecken die Beamten einen lachsfarbenen Stofffetzen, der möglicherweise von einem Unterrock stammt. Von der Kleidung der Toten fehlt jede Spur, und auch sonst findet sich keinerlei Hinweis auf ihre Identität.

Am 24. Januar wird für Angaben, die zur Ermittlung oder Ergreifung der Täter führen, eine Belohnung von 1000 Mark ausgesetzt. Zwei Tage später wird eine zweite unbekleidete Leiche gefunden, diesmal in einer Ruine an der Lappenbergsallee in Eimsbüttel. Der Mann ist schätzungsweise 65 bis 70 Jahre alt, 1,60 Meter groß und schlank. Er hat graues Haar und einen langen grauen Schnurrbart sowie blaue Augen, jedoch keine Zähne. Seine Hände wirken nicht so, als habe er schwer gearbeitet. In der Nähe des Toten liegt ein Bambusstock mit gebogener Krücke. Offensichtlich ist der Mann mit einem Draht oder Ähnlichem stranguliert worden. Auch hier gibt es keine Kleidungsstücke und keine sonstigen Hinweise.

Im Trümmergelände an der Billstraße unweit des Billekanals entdeckt am 2. Februar ein Schiffswächter im zwei Meter tiefen Fahrstuhlschacht einer ausgebrannten Matratzenfabrik die nackte Leiche eines sechs bis acht Jahre alten Mädchens. Das Kind ist 1,10 Meter groß, hat mittelblondes Haar und graubraune Augen, die Zähne sind vollständig; am rechten Unterarm befindet sich eine etwa zwei Zentimeter lange Narbe, am Hals sind Strangulationsmale zu sehen. Wieder fehlt die Kleidung, weitere Hinweise finden sich nicht. Am 5. Februar 1947 wird die Belohnung auf 5000 Reichsmark und 1000 Zigaretten erhöht.

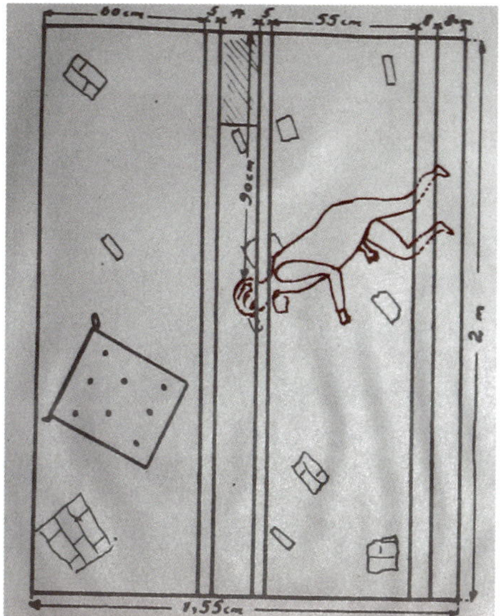

Skizze des Fundorts der Kinderleiche in einem Aufzugschacht

Ein Mann, der in den Trümmerfeldern von Hamm nach brauchbaren Ofenteilen sucht, stößt am 12. Februar im Keller einer Fabrikruine an der Anckelmannstraße auf die nackte Leiche einer etwa 35 bis 40 Jahre alten Frau. Sie ist 1,55 Meter groß und hat mittelblondes halblanges Haar. Offenbar ist sie stranguliert worden. Auch hier: keine Kleidung. Hinweise auf ihre Identität erhofft sich die Kriminalpolizei von der Zahnprothese im Oberkiefer. Weitere Merkmale sind zwei mit Gold überkronte Backenzähne im Unterkiefer sowie eine gut verheilte Operationsnarbe, die vom Bauchnabel abwärts verläuft. Wie bei den anderen Leichen gibt es keine Kampfspuren, aber deutliche Hinweise darauf, dass der Fundort nicht der Tatort ist. Also müssen die Toten irgendwie transportiert worden sein, aber auch dabei scheint niemandem etwas aufgefallen zu sein.

Vier Mordopfer sind jetzt gefunden worden, und man weiß immer noch nicht, um wen es sich handelt. Fieberhaft versucht die Polizei, die Identität der Opfer zu klären, die niemand zu vermissen scheint. In allen vier Besatzungszonen werden Plakate mit Bildern der Toten ausgehängt, auch die Zeitungen veröffentlichen die Fotos, und im Rundfunk wird wiederholt über die Fälle berichtet. Die Fingerabdrücke der Leichen werden an alle größeren Polizeidienststellen in ganz Deutschland versandt. Unauffällig hören sich Beamte in den einschlägigen Lokalen um. Zahnärzte werden kontaktiert, um die

Herkunft der Zahnprothese zu klären. Vermisstenanzeigen werden auf mögliche Ähnlichkeiten mit den Toten geprüft. Mehr als 100 Personen, die Angehörige, Nachbarn oder Freunde vermissen, müssen sich die Leichen ansehen, die dank der Kälte noch eine gewisse Zeit lang konserviert werden können. In keinem Fall führt das Verfahren zu einer Identifizierung. 71 Personen werden überprüft, die zuletzt ihre Lebensmittelkarten nicht abgeholt haben. Nachfragen in mehreren Lagern auf dem Hamburger Stadtgebiet, in denen Flüchtlinge, Vertriebene und sogenannte Displaced Persons Unterschlupf gefunden haben, bleiben ohne Ergebnis.

Da die vier Opfer in Hamburg offenbar unbekannt sind, vermutet die Polizei, dass es sich um Durchreisende handeln könnte, und warnt alle Reisenden eindringlich davor, sich in unbekannte Privatquartiere mitnehmen zu lassen, sich unbekannten Menschen anzuschließen oder von unbekannten Autofahrern mitnehmen zu lassen. Weil die Toten gepflegt und in gutem körperlichen Zustand waren, nimmt man an, dass sie auch gute Kleidung getragen haben. In diesem Zusammenhang ergeht die Aufforderung, jedes Angebot von Wäsche, Kleidern, Pelzmänteln und Schuhen sorgfältig zu prüfen, auch bei Tauschgeschäften im Umland.

Am 8. Februar meldet sich der Astrologe und Hellseher Friedrich W. Oberbörsch aus Boitzen bei der Polizei. Er sei bereit, sich mit seinem Wissen und Können der Polizei zur Verfügung zu stellen: „Meine sachdienlichen Angaben wären vielleicht geeignet, Lichtblicke zu bringen." Tatsächlich sucht ihn der Leiter der Mordkommission am 3. März in seiner Wohnung auf. Das beweist zwar, dass die Beamten entschlossen sind, jede noch so kleine Möglichkeit zur Aufklärung der Verbrechen in Betracht zu ziehen, mehr kommt aber nicht dabei heraus. Im April 1949 – die Polizei hat inzwischen fast 500 Beiakten zu Erfolg versprechenden Spuren und Hinweisen angelegt – wird der in Braunschweig in Untersuchungshaft sitzende Rudolf Pleil nach Hamburg gebracht. Er hat, wie 1950 im Gerichtsverfahren festgestellt wird, 1946 und 1947 zusammen mit zwei Komplizen im Harz Menschen gegen Bezahlung aus der Sowjetischen Besatzungszone in den Westen geführt und mindestens zwölf Frauen, die sich ihm anvertraut hatten, ermordet. Im April 1947 wurde er gefasst.

In Hamburg führt man ihn an die Fundorte der nicht identifizierten Leichen, aber Pleil weist jeden Verdacht von sich: „Das bin ich nicht gewesen. So habe ich auch nicht gearbeitet. Mensch, denk doch mal an, ich habe sie immer über den Kopf geschlagen, gewürgt habe ich nie.“ 1951 behauptet er dann doch, die Hamburger „Trümmermorde“ begangen zu haben; allerdings ist zu dieser Zeit bereits bekannt, dass Pleil als „größter Totmacher“ in die Geschichte eingehen will und deshalb möglichst viele unaufgeklärte Mordfälle für sich reklamiert. Angaben, wie er bei den Trümmermorden vorgegangen ist, kann er nicht machen.

Noch bis weit in die 1950er-Jahre hinein erhält die Hamburger Polizei neue Hinweise. 1952 prüft sie die Angaben eines Mannes, der im Dezember 1944 in Breslau miterlebt haben will, wie ein Pole einen Landsmann, der dem in der Lappenbergsallee gefundenen Toten ähnlich gesehen habe, aus Rache für den Verrat von Partisanen mit dem Tod bedrohte. Aufwendige Ermittlungen führen ins Leere. 1953 meldet sich Oberregierungsrat Erwin Palleske bei den Behörden, der im Dezember 1946 unweit seiner Wohnung in Kiel Hilfeschreie vernommen und daraufhin die Polizei verständigt hatte. Er verdächtigt den Zahnarzt im Haus gegenüber, etwas mit der Sache zu tun zu haben, denn der sei ihm bei einem früheren Besuch „unheimlich“ erschienen. Zugleich beteuert er, der Zahnarzt könne allerdings genauso gut ein „vollkommen ehrenhafter, harmloser Mann“ sein. „Der Hinweis des Einsenders ist für die Aufklärung nicht auswertbar“, lautet ein Aktenvermerk vom 1. Juni 1953. In einem anderen Fall verdächtigt eine Frau ihren Arbeitgeber, mit dem sie im Streit liegt.

Auf eine Nachfrage des Bundeskriminalamts erstellt die Hamburger Kripo 1955 einen ausführlichen Bericht über die Ermittlungen. Da die Toten eine gewisse Ähnlichkeit aufwiesen und keine Gründe ersichtlich seien, „warum die Mordserie an Menschen verschiedenen Alters und Geschlechts, die alle nicht identifizierbar sind, so plötzlich endete und nicht wieder aufgenommen wurde“, gehe man davon aus, dass diese miteinander verwandt waren. Möglicherweise wollte der Mörder Familienangehörige beseitigen, etwa um eine neue Verbindung einzugehen oder sich eine neue Identität zuzulegen. Oder die Opfer, die begüterten Kreisen angehört zu haben scheinen, waren im Besitz von geretteter wertvoller Familienhabe, die sich der Täter aneignen wollte. Ob diese Vermutung zutrifft, weiß man bis heute nicht. Die Trümmermorde blieben unaufgeklärt.

DER KINDERMÖRDER

Der Fall Erich Liebenow

Ein zum Tode verurteilter Kindermörder, der vom Inkrafttreten des Grundgesetzes profitiert: Erich Liebenow schreibt im Jahr 1949 Justizgeschichte. Hinter dem von ihm verübten Doppelmord verbirgt sich eine tragische Lebensgeschichte: ein nach außen unauffälliger Mann, der – hin- und hergerissen zwischen zwei Frauen – seine beiden Kinder kaltblütig umbringt, weil sie scheinbar einer Lösung seiner privaten Probleme im Wege stehen.

Liebenow kommt am 12. März 1914 als jüngstes von vier Geschwistern in Berlin-Zehlendorf zur Welt, nach der Volksschule folgen eine Friseurlehre, Gesellenprüfung und eigenes Geschäft. Aufgrund der Wiedereinführung der Wehrpflicht wird er am 15. September 1935 für zwei Jahre eingezogen und verpflichtet sich dann für viereinhalb Jahre bei der Luftwaffe. Im Februar 1940 heiratet er in Berlin die fünf Jahre jüngere Edith Minks und bezieht eine erste eheliche Wohnung in Breslau. 1941 kommt ihre Tochter Ingrid zur Welt. Liebenow leistet Kriegsdienst an verschiedenen Fronten und bekommt zu Pfingsten 1944 zum letzten Mal Fronturlaub. Die Jahre in Uniform übersteht Liebenow einigermaßen glimpflich.

Gleich nach Kriegsende kommt er im Hause eines Kameraden in der Wensenbalken-Siedlung in Volksdorf unter. Am 25. Mai 1945 fängt er im Friseursalon von Paul Pankow im Zentrum des Stadtteils an. Er verdient zuletzt 45 Mark pro Woche, hinzu kommen die Trinkgelder. An den Wochenenden frisiert er seine Kunden auch gerne bei ihnen zu Hause und kassiert netto – kein üppiges Einkommen, aber zum Überleben reicht es. Bei der Justiz ist er aktenkundig: eine sechswöchige Haftstrafe auf Bewährung wegen Verkaufs gestohlener Autoreifen und drei Geldbußen wegen Schwarzmarktgeschäften und Diebstahls.

Nach seiner Ankunft in Volksdorf lernt er die – mit seiner Gattin gleichaltrige – „Kriegerwitwe“ Helga von Maltitz kennen. Mit der Schwester seines Kriegskameraden beginnt er zu Weihnachten 1945 ein intimes Verhältnis, das nicht folgenlos bleibt: Seine Geliebte bringt ein Kind zur Welt, das jedoch nach zwei Wochen an Gelbsucht stirbt. Zugleich nimmt er Kontakt zu seiner Frau auf, die sich Anfang 1945 aus Breslau zu Liebenows Eltern nach Woltersdorf bei Luckenwalde abgesetzt hat. Sie bittet ihn um Geld, er schickt es ihr, und im November 1945 kommt sie über die „grüne Grenze“ für neun Tage zu Besuch – ohne die Kinder.

Erich Liebenow brachte seine beiden Kinder um, um seiner Probleme Herr zu werden.

Um diese Dreiecksbeziehung zu beenden, schreibt Frau von Maltitz am 25. Januar 1946 einen Brief an die Ehefrau: Liebenow habe zu ihr fahren wollen, sei aber „höchstwahrscheinlich wegen Spionage“ geschnappt worden. Dann folgen harte Vorwürfe: „Sie sind sich dessen bewusst, dass Sie die Schuld daran haben? Sie haben ihn regelrecht in die Arme der Russen geschickt! Ach, Sie sind ja nicht wert, einen solchen Mann zu besitzen!“ Doch seine Gattin, die mittlerweile wohl ahnt, was los ist, schickt ihm ein Telegramm: „Edith schwer erkrankt. Mutter“. Liebenow reist umgehend über die Zonengrenze zu ihr, findet seine Ehefrau quicklebendig vor und sieht bei dieser Gelegenheit erstmals seinen Sohn Dietmar, der Anfang 1945 geboren worden war.

Im September 1946 steht die Gattin mit den Kindern in Volksdorf vor der Tür. Nun wird das Doppelleben komplizierter: Hier die Ehefrau in einer 1,5-Zimmer-Wohnung Am Eichenrehmen 13, die ihm die erbetene Scheidung verweigert, dort die Geliebte, die auf eine gemeinsame Zukunft hofft und zugleich daran zweifelt und ihm jeden Morgen auf dem Weg zur Arbeit begegnet. Und dann noch die Tätigkeit im

Friseursalon, die er – wie ihm sein Chef gerne bescheinigt – zu allgemeiner Zufriedenheit verrichtet.

Im Oktober 1948 steuert dieses Arrangement auf ein schicksalhaftes Ende zu: Am 25. Oktober sagt Liebenow seiner Geliebten ins Gesicht, dass sie zwar seine Leidenschaft, aber nicht seine Liebe wert sei: „Du bist eine ganz gemeine Schickse!" Zwei Tage später geht er mit seinen Kindern Dietmar und Ingrid ins Kiebitzmoor am östlichen Rand von Volksdorf, sucht eine abgelegene Stelle auf, packt sie am Hals und erwürgt sie. Auf dem Heimweg holt er noch gegen 17 Uhr beim Schuster Suchan die neu besohlten Schuhe ab. Als die Kinder zum Abendbrot nicht wieder zu Hause sind und seine Frau unruhig wird, begibt er sich auf die Suche. Er klopft bei den Nachbarn an – natürlich ergebnislos, denn nur Liebenow selbst weiß, wo die Kinderleichen zu finden sind. Am Abend dieses 27. Oktober gegen 19.30 Uhr erstattet er Vermisstenanzeige auf der Revierwache 104.

Die Polizei startet eine Suchaktion und fahndet nach einem „Mitschnacker", der die Kinder mit Süßigkeiten zum Mitgehen verlockt haben könnte. Auch „drei Zigeuner" geraten in Verdacht, die eine Zeugin am Bahnhof Volksdorf gesehen hat. Für die Ermittlung des Täters wird eine Belohnung von 1000, später 5000 D-Mark ausgesetzt.

Am Morgen des 30. Oktober schickt die Polizei ein Aufgebot mit 45 Suchhunden los. Um 9.25 Uhr findet Hauptpolizist Sowa dank der Spürnase seines Diensthundes Bob die Kinderleichen im Gebüsch des Kiebitzmoores. Über den Todeskampf der Tochter sagt der Sachverständige Prof. Dr. Hans Koopmann später im Prozess: „Der Tod muss schnell eingetreten sein – das Herzblut war flüssig. Schon beim ersten Griff kann Bewusstlosigkeit entstanden sein. Zu einer Zeit, als das Herz des Kindes noch geschlagen hat, sind ihm die Verletzungen beigebracht worden, die wahrscheinlich ein Sexualverbrechen vortäuschen sollten." Bei der Beisetzung liegt ein großer Kranz auf den Kindersärgen: „Unseren beiden Lieblingen Ingrid u. Dietmar als letzten Gruß. Mutti u. Vati – Schlaft wohl".

Am 8. November ergeht Haftbefehl gegen Liebenow. Er leugnet die Tat und behauptet, er sei am fraglichen Nachmittag mit der

Auf die Ergreifung des Mörders der beiden Kinder sind 5000 DM Belohnung ausgesetzt.

5000 DM Belohnung

Mord an zwei Kindern in Hamburg-Volksdorf

Sonnabend, 30. 10. 48, um 9,25 Uhr, wurden im Kiebitzmoor bei Hamburg-Volksdorf, seit Mittwoch, 27. 10. 48, gegen 16,30 Uhr, vermißten Kinder (Geschwister)

Ingrid Liebenow, 7 Jahre alt, und
Dietmar Liebenow, 3 Jahre alt,

Volksdorf, ermordet aufgefunden.

dem Mädchen wurde ein Sittlichkeitsverbrechen verübt. — Die beiden Kinder haben 27. 10. 48, gleich nach 16 Uhr, die elterliche Wohnung, Hamburg-Volksdorf, Am Eichen- nen 13, verlassen und wurden 500 m von der Wohnung entfernt, zuletzt gegen 16,30 Uhr, ler Eulenkrugstraße, Ecke Buchenkamp, gesehen. 1 km von dieser Stelle entfernt, wurden Kinder im Kiebitzmoor später als Leichen aufgefunden. Die Kinder müssen also von Ecke Buchenkamp auf der Eulenkrugstraße in Richtung des Meienthumwäldchens ngen sein und dann dieses Wäldchen durchquert haben, um nach dem Kiebitzmoor ommen.

nuß angenommen werden, daß der Mörder sich bei den Kindern bereits auf der nkrugstraße und beim Passieren des Meienthumwäldchens aufhielt. Die Mordtat muß am Mittwoch, 27. 10. 48, etwa zwischen 16,30 und 17 Uhr, ausgeführt worden sein.

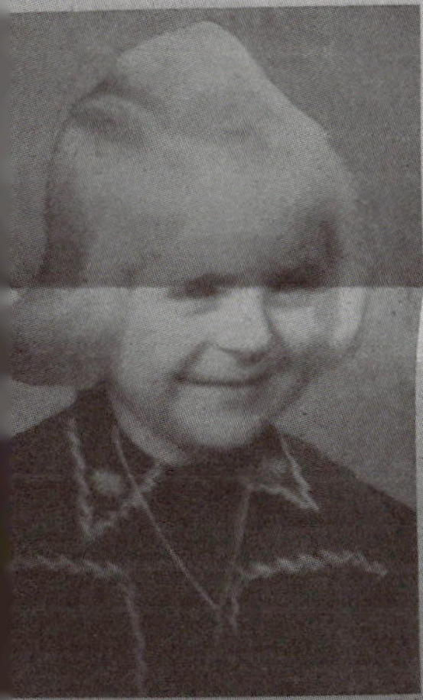

Beschreibung der abgebildeten Opfer:

Mädchen:

7 Jahre alt, etwa 1 m groß, hellblondes Haar (Bubikopf), blasses Gesicht.

Kleidung: Weinrote-karierte Jacke, lange graugrüne Strümpfe, schwarze Gummistiefel, ohne Kopfbedeckung. **Das Mädchen trug eine Brille.**

Junge:

3 Jahre alt, etwa 70 cm groß, hellblondes Haar, blasses Gesicht.

Kleidung: Stahlblaue Jacke (Militärstoff), graue Strümpfe, schwarze Gummistiefel, ohne Kopfbedeckung.

ufklärung dieses schweren Verbrechens wird die Bevölkerung um Mithilfe gebeten. Von besonderer gkeit ist die Beantwortung folgender Fragen:

Wer hat die beiden Kinder auf der Eulenkrugstraße und im Meienthumwäldchen gesehen?
Waren sie allein oder in Begleitung einer erwachsenen Person?
Hat jemand auf der Eulenkrugstraße oder im Meienthumwäldchen einen Kraftwagen gesehen, in dem sich die Kinder befanden oder dessen Fahrer sich mit den Kindern unterhielt?
Wer hat in der Tatgegend zur Tatzeit verdächtige Personen gesehen?
Wer hat verdächtige Wahrnehmungen gemacht?
Wer kann sonst noch sachdienliche Angaben machen?

ienliche Angaben, auch scheinbar nebensächlicher Art, können für die Kriminalpolizei von großem Wert Für Angaben, die zur Ermittlung oder Ergreifung des Täters führen, ist eine Belohnung von **5000 DM** esetzt worden, die unter Ausschluß des Rechtsweges nach Maßgabe der Bedeutung der Angabe zur ilung gelangen und nur für Personen aus der Bevölkerung, nicht aber für Beamte, zu deren Berufspflichten erfolgung strafbarer Handlungen gehört, bestimmt ist.

ird besonders darauf hingewiesen, daß die in der Presse veröffentlichte Belohnung von **1000 DM** auf **DM** erhöht ist. Mitteilungen, die auf Wunsch vertraulich behandelt werden, nehmen alle Dienststellen, sondere die Mordkommission, im Dienstgebäude Hochhaus Deutscher Ring, Karl-Muck-Platz 1, VI. Stock,

Walddörferbahn zu einer Frau Ada Freutel, wohnhaft in Hopfenbach im Bahnhofsgebäude (heute U-Bahnhof Ahrensburg Ost), gefahren, um dort Strümpfe für seine Frau zu besorgen. Dies jedoch erweist sich bald als gelogen, zudem haben Zeugen gesehen, dass er am Mordtag mit den Kindern auf der Eulenkrugstraße unterwegs war und später allein aus dem Kiebitzmoor zurückgekehrt ist. Offenbar glaubt Liebenow, dass ihm nichts bewiesen werden kann, wenn von ihm keine Fingerabdrücke genommen werden können, und hat sich deshalb selbst 60 Schnittverletzungen an den zehn Fingerkuppen beigebracht.

Am 24. November jedoch legt er ein umfassendes Geständnis ab: Nach dem Verlassen der Wohnung gegen 16 Uhr habe er seine in der Nachbarschaft spielenden Kinder getroffen und sie seien ihm nachgegangen. Erst am Beginn des Weges 282, der von der Eulenkrugstraße in Richtung Kiebitzmoor führt, will er den Beschluss gefasst haben, sie zu töten: „Ich habe meine beiden Kinder mit meinen Händen erwürgt. Ich habe das bei beiden Kindern zur gleichen Zeit getan. Das Mädchen Ingrid hatte ich mit meiner linken Hand am Hals gefasst und den Jungen Dietmar hatte ich mit der rechten Hand am Hals gefasst. Beide Kinder hatte ich in Rückenlage auf den Erdboden gedrückt. In dieser Lage habe ich den Kindern mit meinen Händen die Luft abgedrückt. Irgendwelche Verletzungen habe ich den Kindern nicht beigebracht abgesehen vom Würgen."

Liebenow nennt fehlendes Geld und die Lebhaftigkeit der Kinder als Anlass für die Tat: „Wenn in meiner Ehe Streit war, so war es in letzter Zeit immer wegen der Kinder oder wegen Geld gewesen". Er habe seiner Frau zwei Tage vor der Tat 35 D-Mark gegeben. Das sei ihr nicht genug gewesen, weil sie sich Dauerwellen machen lassen wollte und sie einen Hüfthalter zu bezahlen hatte. „Ich glaubte nun, wenn die Kinder fort wären, würde der Krach aufhören und wir hätten mehr Geld." Seine Frau habe ihm einmal gesagt, er hätte „sich die Kinder nicht anschaffen sollen, wenn er sie nicht richtig ernähren könne". Zugleich gibt er zu Protokoll, er habe auch „ernstlich nicht die Absicht gehabt, sich scheiden zu lassen". Der Beginn der Hauptverhandlung, zu der 35 Zeugen geladen sind, wird auf den 27. Januar angesetzt. Seine aus Berlin angereiste Ex-Gattin – am 30. November in einer nur fünf Minuten dauernden Verhandlung von ihm geschieden – belastet Liebenow schwer. Nachdem sie ihn vor Prozessbeginn noch bei der Polizei des Kaninchen- und Fahrraddiebstahls bezichtigt hat, beschreibt sie nun vor Gericht, wie ihr Mann sie kurz vor dem Mord am Halse gewürgt habe.

Der als Gutachter geladene Professor Dr. Hans Bürger-Prinz, Chef der Psychiatrischen Universitätsklinik, vermag bei Liebenow keinerlei entlastende Bewusstseinstrübung zu erkennen und kommt zu einer geradezu vernichtenden Beurteilung: „Verstrickt im Gestrüpp des verlogenen Daseins, vergreift sich der Feigling an den Schwächsten, denn bei Taten aus Schwäche gibt es nur die Vernichtung."

Angesichts solcher drastischer Urteile hat es Liebenows Anwalt Dr. Percy Barber schwer. In seinem fast dreistündigen Plädoyer zieht er alle Register seines rhetorischen Könnens und beschreibt seinen Mandanten als eine Art modernen „Jedermann", unentwirrbar in seinem Schicksal verstrickt. Die „schauerliche" Tat sei als eine „von geballten Affekten" getriebene „Kurzschlusshandlung" zu verstehen und dürfe deshalb nur als Totschlag geahndet werden. Am 28. Januar verkündet Amtsgerichtsrat Dr. Ohlrogge als Vorsitzender Richter „Im Namen des Rechts!" das Todesurteil und begründet es mit der Heimtücke des aus niederen Beweggründen mit Vorsatz ausgeführten Verbrechens. Liebenow habe seine Kinder getötet, um sowohl die wegen ihnen entstandenen Streitigkeiten als auch die für sie notwendigen Geldausgaben aus der Welt zu schaffen.

Der Verteidiger legt am 1. Februar Revision ein, womit das Urteil erst einmal nicht rechtskräftig wird. Durch Art. 102 des am 23. Mai 1949 verkündeten Grundgesetzes wird in der neu gegründeten Bundesrepublik die Todesstrafe abgeschafft. Der Oberste Gerichtshof der britischen Zone in Köln verwirft zwar am 24. Oktober 1949 die Revision, wandelt jedoch das Todesurteil rückwirkend in lebenslanges Zuchthaus um. Ein späterer Versuch seines neuen Anwalts, unter Hinweis auf Erkenntnisse der Tiefenpsychologie eine Wiederaufnahme zu erreichen, bleibt ohne Erfolg.

Liebenow nimmt im April 1970 einen neuen Nachnamen an. Zwei Jahre später wandelt der Hamburger Senat die lebenslange Freiheitsstrafe in eine 25-jährige Freiheitsstrafe um. Am19. Februar 1973 kommt er auf freien Fuß – der Rest der Haft wird gnadenhalber auf Bewährung ausgesetzt.

Helga von Maltitz wird am 31. August 1949 wegen Ehebruchs zu einer Geldstrafe von 300 D-Mark und den Kosten des Verfahrens verurteilt – Liebenows Ex-Frau hatte gegen die beiden Strafantrag wegen Ehebruchs gestellt, was nach § 172 StGB mit bis zu sechs Monaten Gefängnis geahndet werden konnte.

BANKRAUBSERIE IN HAMBURG

Der Fall „Spitznase"

„Irgendwo in Hamburg sitzt ein großgewachsener Mann mit spitzer Nase und breiten Backenknochen, ölt seine Walther-Pistole, Kaliber 7,65 Millimeter, und plant einen Bankraub, der ihm mindestens 10 000 Mark einbringen soll."

Als das Nachrichtenmagazin „Der Spiegel" im Juli 1962 unter der Überschrift „Tausend spitze Nasen" seine Leserschaft über die Karriere des finanziell erfolgreichen Bankräubers mit der charakteristischen Nasenform informiert, ist die Zahl der ihm zugeschriebenen Überfälle schon auf ein erkleckliches Ausmaß angewachsen. Innerhalb von zehn Jahren hat „Spitznase" bei acht Überfällen auf Postämter in Altona und in Nienstedten, auf Sparkassen in Buchholz (Landkreis Harburg), in Schwarzenbek und in Aumühle im Kreis Herzogtum Lauenburg sowie erneut in Hamburg auf die dortige Zentralstelle der Deutschen Bank und eine Filiale der Dresdner Bank bis dahin schon insgesamt rund 132 000 D-Mark erbeutet.

Alle seine Überfälle erfolgen nicht spontan, sondern sind gut vorbereitet. Sie geschehen jeweils in der Zeit des Kassenschlusses, entweder mittags oder abends, und sie spielen sich immer innerhalb sehr kurzer Zeit nach dem gleichen Muster ab: Bevor er den Kassenraum betritt, zieht der Täter ein schwarzes Dreiecktuch über seine Mund- und Nasenpartie und setzt eine Baskenmütze oder eine andere Kopfbedeckung auf. Mit gezückter Pistole hält er Kunden und Personal in Schach, schwingt sich dann über den brusthohen Tresen der Geldausgabe, sammelt so viel Scheine ein wie möglich und flieht dann – vorzugsweise durch ein zuvor ausgesuchtes Fenster – ebenso rasch, wie er gekommen ist.

Die Serie der Überfälle beginnt am 3. Januar 1952 im Postamt 5 in der Allee (heute: Max-Brauer-Allee) in Altona: An diesem Donnerstagabend springt ein Mann – laut Beschreibung von Zeugen mit einer schwarzen Baskenmütze auf dem Kopf, einem schwarzen Halstuch vor dem Gesicht und eine Pistole in der Hand – über den Banktresen, rafft 15 000 D-Mark an sich und verschwindet durch das Fenster. Er bleibt unerkannt, allerdings kommen ihm einige größere Geldscheine bei der Flucht abhanden. Neun Monate später, am 6. September 1952 in der Kreissparkasse in Buchholz in der Nordheide: Wieder ist es kurz vor Schalterschluss, als ein maskierter Mann dem Kassierer eine Waffe vor die Nase hält, sich 18 280 D-Mark in die Jackentasche stopft, aus dem Fenster springt und entkommt.

Dem Spitznasigen Widerstand entgegenzusetzen, ist riskant: Er hat schon mehrfach bewiesen, dass er mit seiner Waffe nicht nur droht, sondern notfalls auch ohne Bedenken von ihr Gebrauch macht. Erstmals schießt „Spitznase“ am 2. Februar 1953 im Postamt von Hamburg-Nienstedten in der Nienstedtener Straße 30. Als sich der 52-jährige Postbeamte Wilhelm Wagner – einen kleinen Hammer in der Hand – dem Räuber entgegenstellt, treffen ihn zwei Schüsse in der Brust. Der Postbeamte bezahlt seinen Mut mit dem Leben, die Beute beträgt gerade einmal 958 D-Mark. Erneut entkommt der Räuber durch ein Fenster und verschwindet.

Ob auch der Überfall auf eine Filiale der „Volksbank Hamburg von 1861“ am 12. September 1954 in der Brandstwiete auf das Konto von „Spitznase“ geht, bleibt unklar (Beute: 20 200 D-Mark). Hier hat sich der Täter vor dem Überfall längere Zeit im Schalterraum aufgehalten und sich mit einer Blechbüchse und einem Pinsel in der Hand als Handwerker getarnt.

Die geringen Sicherheitsvorkehrungen in den Bank- und Sparkassenfilialen machen es den Räubern leicht: Die Arbeitsplätze der Kassierer sind in der Regel noch nicht durch ausreichend hohe Glasscheiben vom Kundenbereich abgetrennt, und von den über 400 Kassenräumen im Stadtgebiet haben selbst Anfang der 1960er-Jahre nur knapp 180 einen Notrufanschluss zur Polizeizentrale, die übrigen müssen am Telefon die 110 anwählen. Im ländlichen Bereich wird das Geld oft in nicht fest eingebauten Tresoren aufbewahrt, was sich im Sommer 1954 eine in Schleswig-Holstein tätige Bande zunutze macht: Die Gangster fahren in der Nacht mit einem gestohlenen Lieferwagen vor, steigen durch ein Fenster in die Zweigstelle ein und wuchten den Tresor dann aus dem Fenster in den Lkw.

Dem blutigen Überfall auf das Postamt in Nienstedten folgen weitere Taten. Anscheinend schlägt der Täter aber nur dann zu, wenn er wieder einmal Geld braucht. Geschossen wird erst wieder am 1. Juni 1959 in der Giro-Halle der Deutschen Bank am Adolphsplatz in Hamburg: Der Kassierer Siegfried Hüser bekommt eine Kugel in den Oberarm, und während die von seinen Kollegen ausgelösten Alarmsirenen aufheulen und sich die Türen automatisch schließen, springt „Spitznase" mit den erbeuteten gut 20 000 D-Mark durch ein Fenster aus 2,20 Meter Höhe auf den Bürgersteig des Alten Walls. Als ihn dort ein Passant aufhalten will, feuert er auf ihn und trifft ihn an der Brust. Dann rennt er Richtung Mönkedamm, springt einige Meter tief auf den Gleiskörper der Hochbahn und verschwindet im U-Bahn-Tunnel in Richtung Rathausmarkt. Die Polizei ist bald mit einem Großaufgebot zur Stelle, aber alles, was sie findet, ist eine blaue Pudelmütze auf den Gleisen – von „Spitznase" selbst keine Spur.

Nach diesem spektakulären Coup ist sich die Polizei aber nun endgültig sicher, es mit ein und demselben Einzeltäter zu tun zu haben. Zuvor hatte man auch nicht ausgeschlossen, dass eine ganze Bande unterwegs ist und jeweils nach dem gleichen kaltblütigen Muster vorgeht. Fingerabdrücke, die bei einem der Überfälle gesichert werden können, bringen die Fahnder nicht weiter, denn sie sind nicht registriert.

„Kennt denn niemand in dieser Stadt diesen kaltblütig mordenden und um sich schießenden Verbrecher?", klagt am 2. Juni 1959 das „Hamburger Abendblatt". Die Polizei tappt im Dunkeln, zumal sich der Täterkreis kaum wirklich eingrenzen lässt: Große sportliche Menschen mit schlanker Figur gibt es trotz der „Fresswelle", welche die Deutschen in den 1950er-Jahren erfasst hatte, immer noch genug. Sein Deutsch ist ohne eine Dialektfärbung, die Haarfarbe ist wegen der Kopfbedeckung schwer erkennbar und zudem ist der Räuber offenbar intelligent: Er wirft mit dem Geld nicht um sich, hat weder Kontakte zur Unterwelt noch zu „leichten Mädchen", sondern führt offenbar eine Existenz, die ihm – zumindest nach außen hin – ein nachvollziehbares Einkommen sichert.

Ein Jahr später folgt der nächste Überfall, wieder in Hamburg, diesmal am 25. Mai 1960 auf die Filiale der Dresdner Bank in der Langen Reihe im Stadtteil St. Georg. Die Uhr zeigt 5 Minuten vor 12 – ein schlechtes Omen, denn diesmal wird es für den Täter richtig brenzlig: Ein Bankkunde schießt auf den Flüchtenden, verfehlt ihn jedoch, und „Spitznase“ entkommt mit der Beute von 35 000 D-Mark. Aber immerhin hat die Polizei mittlerweile nun eine ziemlich genaue Beschreibung: Etwa 1,85 Meter groß, 35 bis 45 Jahre alt, blasses Gesicht, braune Augen, sportlich-schlank, vorstehende Backenknochen und eine auffällige lange, spitze Nase. Außerdem hat der Täter stets eine Mütze auf dem Kopf, mit der er sich weiter unkenntlich machen oder irgendeine Auffälligkeit verdecken will. Häufig ist es eine Baskenmütze, aber auch mit Pudel-, Schirm- oder Schiffermütze ist der Täter schon unterwegs gewesen. Die Polizei veröffentlicht Phantombilder von dem Gesuchten und setzt eine Sonderkommission ein, aber es ist wie verhext: Der Mann kommt und geht, wie es ihm gefällt.

Blick auf den Adolphsplatz um 1970. Links ist das Gebäude der Deutschen Bank, wo „Spitznase“ 1959 einen weiteren blutigen Überfall verübte.

Nach dem Überfall am 6. Mai 1961 auf die Schwarzenbeker Verbandssparkasse in Aumühle (Beute 18 000 D-Mark) schlägt er am 12. Januar 1962 nochmal an gleicher Stelle zu. Danach ist zwei Jahre Ruhe, dann folgen am 3. und 13. Januar 1964 zwei weitere Überfälle, die dem Bankräuber zugerechnet werden: Auf eine Dresdner Bank-Zweigstelle am Berliner Tor – genau gegenüber dem Polizeipräsidium – und auf die Altonaer Volksbank in der Waitzstraße, die insgesamt 20 125 D-Mark einbringen. Bei dem Überfall in Groß-Flottbek wird die Polizei zwar schon alarmiert, während der Täter noch in der Bank ist, aber sie kommt wieder einmal zu spät.

Sein wichtigstes Erkennungszeichen – die Form seiner Nase – bringt der Polizei über Jahre hinweg viel Arbeit ein: Über 1000 Männer mit Ähnlichkeiten zum Phantombild werden von Nachbarn, Bekannten oder Arbeitskollegen bei der Polizei angeschwärzt und müssen sich überprüfen lassen – der Richtige ist nicht dabei oder wird nicht erkannt. Das „Abendblatt" vom 25. Januar 1964 sieht durch die Suche nach dem Täter sogar den inneren Frieden ernsthaft bedroht: „Das Phantom ›Spitznase‹ hat Freunde zu Feinden gemacht, Ehen in ernsthafte Krisen gebracht, er hat den Arbeitsfrieden gestört und Misstrauen gesät."

Mittlerweile sind „Spitznases" Raubzüge auch ein Fall für die Politik: Innensenator und Polizeiführung müssen sich Kritik gefallen lassen und der SPD-Bürgerschaftsabgeordnete Karl Vittinghoff räumt ein: „Ich kann es verstehen, wenn die Bevölkerung nach dieser Bankraubserie über die Polizei zu lachen beginnt."

Angesichts der Schwierigkeiten, den Mann zu fangen, taucht erneut die Frage auf: Gibt es diesen Superverbrecher denn eigentlich wirklich oder handelt es sich um einer Reihe von Einzeltätern? Zwei Monate nach den letzten beiden Überfällen erregt eine Meldung aus Österreich Polizei und Öffentlichkeit: Auf der Suche nach dort versenkten Schätzen aus dem Dritten Reich ertrinkt im April 1964 ein 35 Jahre alter Sporttaucher aus Hamburg im sagenumwobenen Mondsee im Salzkammergut. Nachdem es Hinweise aus der Bevölkerung gab, hat ihn die Polizei wegen der Überfälle am Berliner Tor und in der Waitzstraße in Verdacht. Hat „Spitznase" in Österreich sein Ende gefunden? Eine Antwort darauf gibt es nicht. Eines aber steht fest: „Spitznase" taucht nicht wieder auf – ist er im Mondsee ertrunken, hat er sich zur Ruhe gesetzt oder waren es doch mehrere Täter? Wer weiß.

EIN POLIZIST ALS BANKRÄUBER

Der Fall Hugo Alffcke

Ein Feuerwehrmann, der Brände legt, damit er etwas zu löschen hat – das soll ja schon vorgekommen sein. Aber ein Polizist als Bankräuber ist eher selten. Und doch kann Hamburgs Kriminalgeschichte auch mit einem solchen Fall aufwarten.

Die Polizeibeamten, die am Morgen des 3. Januar 1966 in zwei Wagen wegen eines Überfalls zur Zweigstelle der Oldenburgischen Landesbank in der Bahnhofstraße 1–2 in Delmenhorst rasen, staunen nicht schlecht, als bei ihrem Eintreffen der Bankräuber bereits wehrlos am Boden liegt. Noch größer ist ihre Verwunderung, als sie feststellen müssen, dass der Täter ein Kollege von ihnen ist: Polizeimeister Hugo Alffcke von der Hauswache des Hamburger Polizeipräsidiums (Polizeirevierwache 90) am Berliner Tor.

Er ist an diesem ersten Werktag des neuen Jahres gegen 4.30 Uhr in Hamburg losgefahren und hat unterwegs die Kennzeichen ausgewechselt. Zwischen Weihnachten und Neujahr hat sich Alffcke für zwölf D-Mark bei der Zulassungsstelle in Bremen zwei Delmenhorster Nummernschilder besorgt. Gegen 6.30 Uhr erreicht er Delmenhorst und stellt seinen Wagen – jetzt mit der Nummer DEL-T 645 – in einer Seitenstraße in der Nähe der Bankfiliale ab.

Um 8.15 betritt er – in einem grauen Mantel, ohne Hut, eine Aktentasche unter dem Arm – den Kassensaal und geht zu den Kassenschaltern links vom Eingang. Der Zeitpunkt für den Überfall ist an sich günstig: Der 60-jährige Kassierer Helmut Eggerking und seine beiden 19-jährigen Kolleginnen sind gerade dabei, das Geld zu zählen und zu verbuchen, welches über die Feiertage in den Nachttresor eingeworfen worden ist. Gut 120 000 D-Mark haben sie bereits den Geldbomben entnommen und auf den Zahltischen sortiert.

Der zweite Kassierer Dieter Bluszez zeigt auf die Stelle am Boden, wo der Bankräuber und Polizist Alffcke lag.

Alffcke legt mit der Bitte, ihm das Geld zu wechseln, einen Tausendmarkschein auf den Tresen. Als der Kassierer sich umdreht, um ihm die zehn Hunderter herauszugeben, klettert Alffcke über den Tresen und beginnt, die ausliegenden Geldscheine bündelweise in die Aktentasche zu stecken. Nun blickt der Kassierer in die Mündung einer Pistole: „Halt die Schnauze, oder ich schieße“, lautet die leise, aber unmissverständliche Aufforderung.

Doch geistesgewärtig schlägt Eggerking dem Räuber die Waffe aus der Hand und gerät mit ihm in ein wildes Handgemenge. Nun merken auch Eggerkings Kollegen, was dort am Schalter vor sich geht, und greifen ein. Doch so leicht ist der kräftige 51-Jährige nicht zu bezwingen: Obwohl ihm seine jugendlichen Gegner mit Faust- und Handkantenschlägen zu Leibe rücken, wehrt sich Alffcke nach Kräften. Einen der Angestellten beißt er durch den Hosenstoff in den Oberschenkel, erst als ihm im Polizeigriff der Arm umgedreht wird, muss er aufgeben. Seine Pistole – eine belgische FN 7,65 Millimeter – ist zwar durchgeladen, aber gesichert. Die Waffe hat er fünf Jahre zuvor in der Polizei-Revierwache Hamburg-Billstedt einem Kollegen aus dessen Schrank entwendet. In seiner Aktentasche hat er auch noch ein Stilett, das aber nicht zum Einsatz kommt.

Als die Handschellen klicken, hören die Beamten seinen Kommentar: „Jetzt ist alles aus“. Bei der Prügelei erleidet Alffcke eine Verletzung am Kopf und wird deshalb zunächst mit Verdacht auf Schädelbasisbruch in das Gefängniskrankenhaus von Lingen verbracht.

Während Alffcke seine Verletzungen auskuriert, werden der Kassierer Eggerking und seine zupackenden Kollegen als Helden des Tages gefeiert. Der pflichtbewusste Eggerking, der sich bei dem Handgemenge den Mittelhandknochen gebrochen hat, erscheint am folgenden Tag mit einem Gipsverband wieder zum Dienst.

Wie die Polizei ermittelt, hat Alffcke seinen Überfall akribisch vorbereitet: Zeugen melden sich, die auf dem Kundenparkplatz der OLB in den Dezembertagen mehrfach einen grünen VW mit Hamburger Kennzeichen gesehen haben.

Schon bei seiner Festnahme kündigt er Überraschendes an: „Na, euch werden noch die Augen übergehen, wenn ich auspacke." Im Haftlazarett von Lingen gibt er den Vernehmern freiwillig und ausführlich Auskunft. Fünf Schreibmaschinenseiten füllen seine Ausführungen über die von ihm verübten Banküberfälle. Kein einziger davon war in Hamburg – ihn trieb wohl die Sorge, von Kollegen oder Nachbarn erkannt zu werden. Sein großes Plus: Zwar hatte er immer eine Waffe dabei, doch geschossen hat Alffcke nie.

Neun vollendete und zwei versuchte Banküberfälle (in Delmenhorst und Bardowick) seit dem Überfall auf die Volksbank Reinbek am 9. Dezember 1960 mit einer addierten Gesamtbeute von 238 898 D-Mark werden ihm zur Last gelegt. Unterwegs war er u. a. je zweimal in Reinbek und Aumühle, in Bispingen, Bardowick und Hannover-Langenhagen sowie in Neumünster. Ende der 1950er-Jahre waren auch diverse Juweliergeschäfte vor Alffcke nicht sicher.

Der letzte große Coup vor seinem Auffliegen in Delmenhorst war am 14. Oktober 1965 ein „Besuch" bei einer Sparkasse in Bad Oeynhausen. Die dortige Beute: 118 000 D-Mark. Natürlich prüft die Polizei, ob Alffcke auch für die unaufgeklärten „Spitznase-Fälle" infrage kommt, doch erstens kann man ihm das nicht nachweisen und zweitens versichert er einigermaßen glaubhaft: „Ich bin nicht Spitznase! Ich habe nie geschossen, und ich hatte auch keine Komplicen. Ich ging immer allein." Dass er allerdings ein professioneller Verbrecher ist, steht fest: Er hat in seiner Wohnung Stadtpläne verschiedener deutscher Städte und entsprechende Pkw-Kennzeichen aufbewahrt, um möglichst unauffällig unterwegs sein zu können.

Die Person des Täters und seine Motive geben der Justiz Rätsel auf: Niemand vermag zu sagen, was den Polizeibeamten zu den Überfällen getrieben hat. Am 27. Dezember 1914 in Hamburg geboren, war Alffcke im Oktober 1939 zur Wehrmacht eingezogen worden, hatte den Krieg bis auf einen Granatsplitter am linken Oberschenkel fast unbeschadet überstanden und war im Juli 1945 aus britischer Gefangenschaft entlassen worden. Am 12. Juli 1946 wurde er bei der Schutzpolizei eingestellt, den folgenden Anwärterlehrgang bestand er mit „ausreichend". Nach seiner Einstellung und späteren Verbeamtung zeigte er wenig Ehrgeiz bei Beförderungen – bis 1961 brachte er es gerade einmal zum Polizeimeister. Eine 1959 formulierte Beurteilung bescheinigt ihm zwar einen „einwandfreien Charakter", zugleich aber eine „gewisse Unrast", mangelndes Selbstbewusstsein und „zu wenig Initiative".

Seine Kollegen schildern ihn als Einzelgänger, der auf private Kontakte keinen Wert legt, weder positiv noch negativ irgendwie auffällig – er verzichtete sogar all die Jahre auf die Teilnahme an der Weihnachtsfeier. Auch sein Lebensstil gilt als korrekt und unauffällig, einzig berichtenswert ist die Vorliebe für Campingurlaube an der Ostsee.

Die privaten Verhältnisse sind nach außen hin wohlgeordnet und bescheiden: Alffcke wohnt im Dachgeschoss eines älteren Hauses im Gojenbergsweg 24 in Bergedorf, ist seit November 1946 verheiratet und hat drei Töchter im Alter von zehn, 16 und 18 Jahren. In seiner Nachbarschaft kennt man ihn als ordentlichen Familienvater, der sogar die Treppe feudelt und seiner Frau beim Abwasch hilft, getuschelt wird allerdings – so erzählen die Nachbarn den neugierigen Reportern – offenbar schon länger darüber, dass die Alffckes offenbar mehr ausgeben als sie sich bei dem Beamtengehalt eigentlich leisten könnten: Alffckes Erklärung, er habe Geld von seinen Verwandten geerbt, wird auf die Dauer zunehmend unglaubwürdig. Im Sommer 1965 soll Alffcke im Friedrichsruher Weg in Wentorf für 95 000 D-Mark ein Reihenhaus erworben und 51 000 D-Mark in bar bezahlt haben. Auch wurde neugierig-neidisch darüber getratscht, dass die Kinder öfter mal neue Anziehsachen und seine Frau im letzten Herbst einen Pelzmantel bekommen hatten. Und was ist eigentlich mit den zwei Freundinnen in Hamburg, die Alffcke nebenher auch noch gehabt haben soll?

Der Angeklagte Hugo Alffcke Anfang März 1966 auf dem Weg ins Gericht

Fast folgerichtig gerät auch seine Ehefrau ins Visier der Fahnder: Kann sie wirklich jahrelang mit einem Mann zusammengelebt haben, der immer wieder auswärts Banken ausräumt? Ist ihr wirklich nicht aufgefallen, dass ihr Mann mehr Geld zur Verfügung hat, als bei seinem monatlichen Nettogehalt von 1131,14 D-Mark zu erwarten wäre? Gegen sie wird wegen des Verdachts auf Hehlerei und Begünstigung ermittelt.

Brunhilde Alffcke erklärt, sie habe zwar eine dunkle Ahnung gehabt, dass da irgendwas nicht in Ordnung sein könne, aber nicht so richtig etwas gewusst. Ihr Mann habe auch ihr von Erbschaften erzählt und ihr gesagt, er sei nebenher Fernfahrer einer Speditionsfirma. „Ich wurde zum Bankräuber, weil meine Frau zu hohe Ansprüche stellte", erklärt Alffcke. Das will die Gattin nicht bestätigen, räumt aber immerhin ein, ihren Mann in Sachen Anschaffungen „vielleicht nicht richtig behandelt" zu haben. Drei Tage nach dem missglückten Überfall entdeckt sie, versteckt im Kohlenschuppen, eine in Zeitungspapier eingewickelte Brotdose mit 58 750 D-Mark und alarmiert sofort die Polizei. Das Geld stammt aus dem Überfall auf die Volksbank in Bad Oeynhausen. Wo aber ist das ganze restliche Geld eigentlich geblieben? Alffcke sagt: „Ich habe alle Gelder unauffällig meiner Familie zufließen lassen!"

Nach der vergeblichen Jagd auf „Spitznase" ist der Fall Alffcke für das Ansehen der Hamburger Polizei ein weiterer Tiefschlag. Verständlich, dass Polizeipräsident Jürgen Frenzel – erst seit gut anderthalb Jahren im Amt – bei der Öffentlichkeit um Vertrauen werben muss: „Ich hoffe für alle meine anderen Beamten, die jeden Tag treu ihre Pflicht erfüllen, dass ein ‚schwarzes Schaf' nicht das Vertrauen der Bürger zur Polizei erschüttert." Alffcke wird umgehend suspendiert und am 21. Februar 1966 formell aus dem Dienst entfernt.

Dank der Geständnisfreude des Angeklagten kommt Justitia in Rekordtempo zu Anklageerhebung und Schuldspruch. Am 2. März 1966 verurteilt die 1. Große Strafkammer des Landgerichts Oldenburg den Serienräuber aus der Dachgeschosswohnung nach nur eintägiger Verhandlung wegen der insgesamt elf Banküberfälle zu zwölf Jahren Zuchthaus und zehn Jahren Ehrverlust sowie Führerscheinentzug auf Lebenszeit und Stellung unter Polizeiaufsicht. Alffcke nimmt das Urteil sofort an – er hat wohl so etwas erwartet.

DER BAHNERPRESSER
Der Fall Roy Clark

Unter dem Titel „Teufel am Telephon" veröffentlicht die „Bild"-Zeitung 1959 einen Krimi als Fortsetzungsroman. Die Handlung: Ein kleiner, untersetzter, glatzköpfiger Mann um die 50 rächt sich mit Erpressungen und Sprengstoffanschlägen für Kränkungen und das Unrecht, das er durch die Gesellschaft erlitten hat. Am Ende wird er gefasst. Einen der Leser bringt der Roman auf eine Idee. So könnte er das auch machen, viel besser natürlich und ohne sich erwischen zu lassen. Er übernimmt sogar den Namen der Romanfigur: Roy Clark.

„Nach achtjähriger Jagd ist gestern Abend der gefährliche Bombenleger und Erpresser ‚Roy Clark' festgenommen worden", meldet das „Hamburger Abendblatt" in seiner Ausgabe vom 22. Dezember 1967. Am Vorabend hat die Polizei in Cuxhaven den 40-jährigen Alexander Bordan Hembluck verhaftet, der dort für eine Spedition als Fahrer arbeitet. „Deutschlands Staatsfeind Nr. 1" und „Bestie in Menschengestalt" ist er in der Presse genannt worden – dafür wirkt er überraschend harmlos. Kaum zu glauben, dass dieser Mann mehrere Anschläge verübt und versucht hat, von der Bundesbahn 700 000 Mark zu erpressen. „Herrschaften, nun habt ihr es geschafft", stellt er fest, als ihm die Beamten Handschellen anlegen.

Angeregt von dem Zeitungsroman hat Hembluck 1959 einen ersten Erpresserbrief an die Bahn geschickt. „300 000 Mark, andernfalls Zug entgleist in volle Tempo und bleibt nix wie Scrot und viele Tote und Kruepel", heißt es dort. Die Bahn reagiert nicht. Ohnehin hat Hembluck vergessen, einen Übergabeort anzugeben; einen Anschlag verübt er nicht. Erst 1966 greift er seine Idee wieder auf, nachdem er in der Zeitung den Aufruf an einen anderen Erpresser gelesen hat, sich zu melden. Das wertet er als Zeichen. In Druckbuchstaben und in absichtsvoll falscher Orthografie übermittelt er seine Forderung nach 50 000 Mark. Wieder keine Antwort. Am Abend des 8. Dezember 1966 explodiert im Schließfach 134 auf dem Hamburger Hauptbahnhof eine

Bombe. Der Sprengsatz ist in einer Kaffeedose untergebracht und wird mithilfe eines Weckers und einer Taschenlampenbatterie gezündet. Niemand kommt zu Schaden, auch, weil der angebliche Roy Clark telefonisch vorgewarnt hat. Schon einen Tag später verlangt er von der Bahn 120 000 Mark; wieder bleibt eine Reaktion aus. Am 13. Mai 1967 schlägt das „Fantom" – so eine weitere Eigenbezeichnung – erneut zu. An der Bahnstrecke zwischen Bremerhaven und Bederkesa biegt Hembluck vermutlich mit einer Tellerwinde ein Gleis 30 Zentimeter hoch auf und legt Kanthölzer darunter. Ein Triebwagen mit etwa 100 Bahnarbeitern, so der Plan, soll durch das Hindernis entgleisen. Glücklicherweise passiert vorher ein Güterzug die Stelle, dessen 50 Tonnen schwere Lokomotive die Blockade niederwalzt.

Die Bahn erklärt sich nun bereit, auf die vor Ort hinterlassene Forderung nach 200 000 D-Mark einzugehen, sofern der Erpresser fünf Fragen beantwortet. Ob man ihn nicht gleich fragen wolle, wo er wohne, antwortet der empört. Mehrere Wochen herrscht Ruhe, dann setzt das Fantom zu einer Anschlagserie an, die nachdrücklich unterstreicht, dass er es ernst meint. Am 16. September 1967 zerreißt ein Zug auf der Strecke von Hamburg nach Harburg eine 50 Kilo schwere Stahltrosse, die zwischen zwei Leitungsmasten zwölf Meter weit quer über die Schienen gespannt ist. Am nächsten Tag explodiert wieder ein Schließfach auf dem Hamburger Hauptbahnhof; eine Person wird verletzt. Am 25. September kappt Hembluck auf einer 500 Meter langen Strecke zwischen Bremen und Oldenburg sämtliche Signalkabel. Dieser Anschlag wird rechtzeitig entdeckt. Am 2. Oktober explodiert auf der Eisenbahnbrücke bei Bremen-Horn unter einem Triebwagen eine Bombe und durchschlägt den Boden des Waggons; ein Passagier wird durch umherfliegende Splitter verletzt.

Nach dieser Anschlagserie erklärt sich die Bahn zur Zahlung bereit; die Forderung liegt inzwischen bei 300 000 Mark. Als Hembluck telefonisch die Übergabemodalitäten erläutert, gelingt es der Polizei, seine Stimme aufzunehmen. Das Band wird über Radio und Fernsehen verbreitet – trotz zahlreicher Meldungen ohne brauchbares Ergebnis. Später zeigt sich, dass der Erpresser mit verstellter Stimme und einem undefinierbaren Akzent mit rollendem R gesprochen hat.

Die Sonderkommission der Polizei weiß inzwischen eine ganze Menge über den Täter; er selbst hat in seinen Briefen einiges über sich mitgeteilt, aber natürlich vor allem irreführende Angaben gemacht, etwa die, dass er in Süddeutschland lebe. Entwaffnend offenherzig hat er bekannt: „Ich bin zwar intelligent, aber eine verkrachte Existenz." Viele Indizien sind sichergestellt worden, mehrfach werden Personen festgenommen, die sich aber als unverdächtig erweisen. In einem Fall hat das tragische Folgen: Ein schwer herzkranker Hamburger Kaufmann, der angeblich so spricht wie der Anrufer auf dem Band, regt sich über die Befragung durch die Polizei so sehr auf, dass er wenige Tage später einem Herzschlag erliegt. In ihrer Erfolglosigkeit müssen sich die Beamten auch noch verspotten lassen: „Hektor von Usedom" – möglicherweise steckt der Sänger Drafi Deutscher dahinter – besingt den Fall in einer Ballade: „Ein Zug entgleist und keine Spur – Roy Clark. Wer weiß, wo's morgen wieder tickt, wenn er den nächsten Zug zur Hölle schickt."

Alexander Hembluck versuchte, von der Bundesbahn mehrere Hunderttausend Mark zu erpressen.

Noch einmal schlägt Roy Clark zu: Am 5. November explodiert auf dem Gelände der Bundesbahndirektion in Hamburg-Altona eine mit Sprengstoff gefüllte Zementröhre. Niemand kommt zu Schaden; nur einige Fensterscheiben gehen zu Bruch. Die Bahn ist inzwischen nur allzu bereit, dem Erpresser die geforderte Summe zukommen zu lassen, aber die vereinbarte Übergabe scheitert immer wieder. Das gibt der Polizei Gelegenheit, in einer groß angelegten Fahndungsaktion sämtliche Fahrzeugbewegungen rund um die Übergabeorte zu erfassen. Dabei fällt ein hellblaues Goggomobil auf, das mehrfach in dem observierten Gebiet unterwegs ist. Mitte Dezember wird wieder eine Geldübergabe vereinbart; der Erpresser veranstaltet dafür eine regelrechte Schnitzeljagd mit immer neuen Anweisungen für immer neue Übergabeorte. Als die Beamten an einer Stelle nach einem weiteren Hinweis suchen, fällt ihnen wieder der hellblaue Goggo auf. Ganz in

Plattencover der Single „Roy Clark Ballade", gesungen von Hektor von Usedom zu dem Fall des Bundesbahn-Erpressers Alexander Hembluck alias „Roy Clark"

der Nähe steht ein Mann, Alexander Hembluck, wie sich bei einer Überprüfung herausstellt. Die Polizei lässt ihn zunächst laufen, hält ihn aber unter Beobachtung. Sie erwirkt einen Durchsuchungsbeschluss für sein Haus in dem Dorf Altenbruch bei Cuxhaven und wird im Holzschuppen fündig. Hier lagern nicht nur 10,4 Kilo Sprengstoff, sondern auch Zündschnüre, Kabel, Batterien und mehrere halbwegs fertiggestellte Bomben.

Hemblucks Arbeitgeber kann kaum fassen, wen er da beschäftigt hat: „Er war immer pünktlich und hat einen sehr guten Eindruck gemacht", beschreibt der Spediteur seinen Angestellten, dem er außerdem ein gutes technisches Verständnis bescheinigt. Öfter habe er größere Geldbeträge kassieren müssen, die er auf den Pfennig genau abgerechnet habe. Völlig verblüfft zeigt sich auch Hemblucks Ehefrau, die ihn bisher nur als fleißigen und strebsamen Familienvater kannte.

Es dauert fast ein Jahr, bis Hembluck in Hamburg vor Gericht gestellt wird. Hier kommt auch seine bewegte Biografie zur Sprache. 1927 in Celle als Sohn eines Ukrainers und einer Polin geboren, gehörte Hembluck in der Zeit des Nationalsozialismus als sogenannter Nicht-Arier zu einer „minderwertigen" Rasse. Nach acht Jahren beendete er die Volksschule und begann eine Malerlehre. Um sich nebenbei etwas zu verdienen, bat er seinen Lehrherrn, ihm Material zu verkaufen. Als der ablehnte, versorgte er sich heimlich mit dem Benötigten und flog prompt auf. Er wurde wegen Diebstahls verurteilt und verlor seinen Ausbildungsplatz. Später landete er wegen eines zweiten Diebstahls im Gefängnis. Diesmal hatte er 26 Eier entwendet, um sie hungernden russischen Gefangenen zu geben. In der Haft wurde er misshandelt und erkrankte an Tuberkulose. Nach seiner Entlassung arbeitete er in Frankreich im Bergbau, später schloss er sich der Fremdenlegion an und ging als Fallschirmjäger nach Indochina. Zurück in Deutschland, fand der staatenlose Hembluck Arbeit bei einer Duisburger Spreng- und Tauchfirma; hier lernte er den Umgang mit Sprengstoff und stahl das TNT, das er später für seine Bomben verwendete. Er heiratete und bekam Kinder. 1959 wurde die Ehe geschieden; Hembluck geriet in Geldschwierigkeiten und startete seinen ersten Erpressungsversuch. Dann beruhigte sich seine finanzielle Lage, er heiratete ein zweites Mal, doch auch diese Ehe scheiterte. Für seine Kinder aus erster und zweiter Ehe zahlte er regelmäßig und mehr, als er musste. Dass er dazu verurteilt wurde, auch seiner zweiten Frau Unterhalt zu zahlen, empfand er dagegen als großes Unrecht. Die Schulden wuchsen. Dass er dann mit seiner dritten Frau für 28 000 Mark das Haus in Altenbruch kaufte, machte die Sache nicht besser. Auf diesem Boden gedieh der Plan für die Erpressung im großen Stil. Im Nachrichtenmagazin „Der Spiegel" merkt der Gerichtsreporter Gerhard Mauz an:

„Er ist intelligent, die Psychiater werden es noch bestätigen. Studieren können hätte er, doch niemandem ist das von vornherein so unmöglich gewesen wie ihm. Er erfährt nicht einmal von seiner Intelligenz, er ist überrascht und – geschmeichelt – ungläubig, als sie ihm nach den einschlägigen Tests mitgeteilt wird. Wir müssen diese Menschen fürchten, solange wir nicht alles getan haben, um ihnen zu ihrem Platz, zu der ihnen angemessenen Ausbildung zu helfen. Denn ihre mißachtete Anlage bringt sie zwangsläufig in Gegensatz zur Realität, in der sie mehr darstellen könnten, als man sie sein läßt."

Er verdanke es nur dem Zufall, dass bei seinen Attentaten niemand ums Leben gekommen, dass er nicht zum vielfachen Mörder geworden sei, hält ihm der Richter vor. Diesem Gedanken versucht Hembluck auszuweichen. Es sei ihm nur um „einen Eindruck von einer gewissen Gefährlichkeit" gegangen, damit seine Forderung erfüllt würde. „Für mich waren diese Dinge tatsächlich harmlos." Am 20. Dezember 1968 wird er zu 15 Jahren Zuchthaus verurteilt. Das Gericht sieht es als erwiesen an, dass er Verletzte und sogar Tote billigend in Kauf genommen hat.

DEUTSCHLANDS ERSTE BANKRÄUBERIN

Der Fall Gisela Werler

In den 1960er-Jahren scheint Bankraub geradezu in Mode zu kommen. Wurden 1962 in Deutschland noch 53 Überfälle auf Geldinstitute registriert, so waren es vier Jahre später bereits fast sechsmal so viele. Die Täter haben leichtes Spiel, oder glauben das zumindest, denn besonders die kleineren Filialen von Banken und Sparkassen sind kaum gesichert. Von Überwachungskameras, Alarmanlagen, schusssicherer Verglasung der Schalter oder einer Direktleitung zur Polizei ist man noch weit entfernt. Die Chance, dass der Täter geschnappt wird, beträgt ungefähr fifty-fifty: 1970 kann die Polizei 46 Prozent aller Banküberfälle aufklären. Bis zum 29. Juli 1965 ist Bankraub in Deutschland ein rein männliches Geschäft, dann schlägt zum ersten Mal die „Banklady" zu. In der Hamburger Volksbank an der Elbgaustraße erbeutet die mit Sonnenbrille, Kopftuch, Perücke und Maschinenpistole ausstaffierte Gisela Werler 3095 D-Mark.

Fast zweieinhalb Jahre lang hält die erste deutsche Bankräuberin ganz Norddeutschland in Atem, provoziert Schlagzeilen wie „Schon wieder Bankraub mit Stöckelschuhen!", „Revolver-Mädchen erbeutet 45 000 Mark!" oder „Fräulein Bankräuber kassiert wieder!" und entfacht eine heftige Diskussion über weibliche Kriminalität. Sind Frauen mental überhaupt dazu in der Lage, aus eigenem Antrieb ein Gewaltverbrechen zu begehen? Insgesamt 19-mal überfällt die Banklady mit ihren Komplizen ein Geldinstitut und rafft dabei etwa 400 000 Mark zusammen, bis am 15. Dezember 1967 bei einem Coup in Bad Segeberg alles schiefgeht.

Zunächst verläuft die Tat nach Plan: In einem gestohlenen VW-Käfer mit gefälschten Kennzeichen fahren Gisela Werler und ihr Freund Hermann Wittorff kurz vor 18 Uhr an der Sparkassenfiliale vor. Wie üblich hat sich Werler getarnt, dieses Mal allerdings nicht mit blonder

Perücke, riesiger Sonnenbrille und eleganter Kleidung, sondern mit schwarzer Wollmütze, Kassenbrille und Männerkleidern. Sie betreten die Filiale, in der sich etwa 25 Menschen aufhalten, Wittorff droht mit der Maschinenpistole, Werler bleibt wie immer höflich: „Würden Sie bitte alles Geld einpacken?“ Der Kassierer legt zögernd die Scheine zurecht, die sich auf 99 800 Mark summieren. Wittorff wird allmählich nervös und stößt dem Mann den Lauf seiner Waffe in den Bauch. Jemand schreit: „Überfall!“ Die Räuber rennen mit der Beute zu ihrem Fluchtwagen, werden dabei aber von vier Bankangestellten verfolgt. Wittorff schießt, ohne zu treffen. „Das sind nur Platzpatronen!“, ruft einer der Verfolger. Wittorff schießt erneut und trifft dieses Mal. Eine Frau erleidet eine schwere Rückenverletzung, die drei anderen Sparkassenangestellten kommen mit leichteren Blessuren davon.

Die Bankräuber rasen im Käfer davon. Wie üblich wollen sie in ein anderes Fluchtauto wechseln, Wittorffs Taxi, das in der Nähe abgestellt ist. In der Rückbank des Volvo befindet sich ein Geheimfach, in dem sich Geld, Maskierung und Waffe verstauen lassen. Eine Bahnschranke blockiert den Weg. Wittorff biegt auf die Bundesstraße Richtung Bad Bramstedt ab. Als er an einer Tankstelle wenden will, ist die Polizei zur Stelle. Mit ihrem Bus blockieren die Beamten den Käfer. Noch einmal greift Wittorff zur Waffe und drückt ab, doch kein Schuss löst sich: Das Magazin ist herausgefallen. Wie sich später herausstellt, hat der gelernte Metallschlosser die amerikanische MP der Marke Thomsen als funktionsuntüchtiges Deko-Stück bei einem Versandhandel gekauft und in seiner Kellerwerkstatt scharfgemacht. Das Magazin ist ein Eigenbau.

Die Bankräuber werden festgenommen. Werler ist so schockiert, dass sie ein volles Geständnis ablegt, und auch Wittorff ist umfassend geständig, nachdem man ihm den Wunsch erfüllt hat, noch einmal kurz mit seiner Partnerin zu sprechen. Zwei Gelegenheitskomplizen, die Hamburger Taxifahrer Hugo Warncke und Gerd Jordan, werden wenig später in ihren Wohnungen verhaftet. Als die Polizei zu einer Durchsuchung der beiden Zimmer anrückt, die Gisela Werler als Untermieterin in der Parterrewohnung ihrer Eltern in der Lornsenstraße in Altona bewohnt, fallen diese aus allen Wolken. Im Wohnzimmerschrank entdecken die Beamten mehrere Revolver, 700 Schuss Munition, Masken, Perücken von platinblond bis grau meliert, etliche Kfz-Kennzeichen, über 7000 Mark Bargeld sowie ein Sparbuch über 15 000 Mark, dazu Zeitungsausschnitte mit Berichten über die Banküberfälle.

Vor dem Landgericht Kiel wird am 27. Dezember 1968 das Verfahren gegen die vier Bankräuber eröffnet. „Nicht aus Geldgier, sondern aus Liebe“ zu ihrem Partner habe sie gehandelt, beteuert Werler vor den Richtern und rückt damit das Frauenbild der Zeit wenigstens ein bisschen gerade. Die Berichterstatterin des „Hamburger Abendblatts“ ist gleichwohl nicht sonderlich gut auf sie zu sprechen. Sie schreibt:

> *„Die 34-jährige Gisela Werler, die ein grellgelbes Jerseykleid mit Ledereinsätzen trug und immer wieder trotzig lachte, enttäuschte das zahlreich erschienene Publikum. Sie sieht auf den Fotos, die sie als erfolgreichste Bankräuberin und Bandenchefin der Nachkriegszeit nach der Verhaftung am 15. Dezember 1967 zeigen, wesentlich vorteilhafter aus. Mit strähnigen dunklen Haaren, die glatt herunterhängen, ungeschminkt, mit eckigen Bewegungen wirkt die auffallend große Frau weder damen- noch ladyhaft. Sie hat allerdings eine weiche wohlklingende Stimme, mit der sie ihre Angaben in primitivem Deutsch, aber sichtlich um Genauigkeit bemüht, machte.“*

Werler stammt aus ärmlichen Verhältnissen. Ihr Vater ist gelernter Bauschlosser, bezieht aber schon länger eine Invalidenrente. Die älteste von drei Schwestern hat nach der Volksschule keine Ausbildung absolviert, sondern mit 14 Jahren als Aushilfe in einem Blumenladen ihr erstes Geld verdient, um die schmale Familienkasse aufzubessern. Später arbeitet sie als Packerin in einem Tapetengeschäft und als Kassiererin in einem Supermarkt. Anfang der 1960er-Jahre lernt sie den Taxifahrer Hugo Warncke kennen, mit dem sie gelegentlich ausgeht. Über ihn macht sie die Bekanntschaft des sechs Jahre älteren verheirateten Hermann Wittorff, Chef eines verschuldeten Taxiunternehmens in Hamburg-Eidelstedt, und verliebt sich in ihn. Um seiner Schulden Herr zu werden, überfällt Wittorff 1964 erstmals eine Bank. Im Jahr darauf tut Werler es ihm nach. Weitere Überfälle folgen, mal ist Warncke, mal Jordan beteiligt, die beide einiges an Schulden angehäuft haben. Obwohl die erbeuteten Summen immer höher ausfallen, bleibt das Paar Werler-Wittorff auf dem Teppich. Man gönnt sich gelegentlich ein Essen im Restaurant, einen Kurzurlaub in Büsum, ein paar Kleidungsstücke oder eine neue Gardine. Werlers größte Anschaffung ist ein gebrauchter VW-Käfer. So gelingt es, in der gewohnten Umgebung keinerlei Verdacht zu erregen.

Bankräuberin Gisela Werler, die sog. Banklady, wird im Dezember 1968 von einer Justizbeamtin zum Gerichtssaal am Kieler Schwurgericht geführt.

Am 6. Februar 1969 wird die Banklady wegen schweren Raubes in acht Fällen, Beihilfe zu schwerem Raub in zehn Fällen und Beihilfe zu versuchtem schwerem Raub zu neun Jahren und sechs Monaten Zuchthaus verurteilt. Wittorff muss für 13 Jahre und sechs Monate hinter Gitter, die beiden anderen Männer für jeweils neun Jahre. Noch während der Haftzeit heiraten Werler und ihr Freund, der sich fortan Peter Werler nennt. Um sich seine Altersversorgung zu sichern, wie er später vor Gericht aussagt, wird er nach seiner Entlassung rückfällig. Am 5. Dezember 1985 überfällt er in Elmshorn eine Filiale der Bank für Gemeinwirtschaft und wird geschnappt. Seiner Frau kann eine Beteiligung an dem missglückten Coup nicht nachgewiesen werden. 2003 stirbt Gisela Werler 69-jährig in Hamburg. Ihr Mann überlebt sie um vier Jahre.

Literatur und Quellen

Monografien

Ebeling, Helmut: Schwarze Chronik einer Weltstadt. Hamburger Kriminalgeschichte 1919 bis 1945. Hamburg 1980

Frank, Gerd: Wahre Kriminalfälle aus Hamburg, Bremen und Niedersachsen. Erfurt 2020

Friedländer, Hugo: Interessante Kriminal-Prozesse von kulturhistorischer Bedeutung. Darstellung merkwürdiger Strafrechtsfälle aus Gegenwart und Jüngstvergangenheit. Band 1. Berlin 1910

Italiaander, Rolf: Bei Wempe gehn die Uhren anders. Hamburg 1978

Jenssen, Martin/Nosratian, Khosrow: Spektakuläre Hamburger Kriminalfälle. Von Liebe, Mord und rauschenden Partys. Gudensberg-Gleichen 1996

Körner, Daniel: Die Wunderheiler der Weimarer Republik. Protagonisten, Heilmethoden und Stellung innerhalb des Gesundheitsbetriebs, Freiburg 2012

Nienhaus, Ursula: „Nicht für eine Führungsposition geeignet". Josefine Erkens und die Anfänge der weiblichen Polizei in Deutschland 1923–1933. Münster 1999

Petersen, Julius Adolf: Der Lord von Barmbeck. Das Leben des berüchtigten Ein- und Ausbrechers Julius Adolf Petersen, von ihm selbst erzählt. Herausgegeben von Helmut Ebeling. Reinbek 1973

Roscher, Gustav: Großstadtpolizei. Ein praktisches Handbuch der deutschen Polizei. Hamburg 1912

Ruprecht, Uwe: Elses Lachen. Wahre Kriminalfälle. Bremen 2009

Scheffler, Martina: Mord über Deutschland. Die Hamburger KPD und der Mord an Ernst Henning 1931. Hamburg 2006

Steinborn, Norbert/Schanzenbach, Karin: Die Hamburger Polizei nach 1945. Ein Neuanfang, der keiner war. Hamburg 1990

Wosnik, Richard: Beiträge zur Hamburgischen Kriminalgeschichte unter besonderer Berücksichtigung des Kriminal-Museums. Bd. 1, H. 1. Hamburg 1926 (=Wosnik I)

Wosnik, Richard: Beiträge zur Hamburgischen Kriminalgeschichte unter besonderer Berücksichtigung des Kriminal-Museums. Bd. 1, H. 2. Hamburg 1926 (=Wosnik II)

Wosnik, Richard: Beiträge zur Hamburgischen Kriminalgeschichte unter besonderer Berücksichtigung des Kriminal-Museums. Bd. 2, H. 3. Hamburg 1927 (=Wosnik III)

150 Jahre Hamburger Polizei. Festschrift aus Anlaß des Internationalen Jubiläumssportfestes der Polizei Hamburg 1964. Herausgegeben von der Sportvereinigung Polizei Hamburg von 1920 e.V.

150 Jahre Hamburger Polizei: 1814–1964. Herausgegeben von der Behörde für Inneres. Hamburg 1964

200 Jahre Polizei Hamburg. Herausgegeben von der Polizei Hamburg. Hamburg 2014

Zeitungen und Zeitschriften

Altonaer Nachrichten
Der Spiegel
Die Welt
Hamburger Abendblatt
Hamburger Anzeiger
Hamburger Fremdenblatt
Hamburger Morgenpost
Hamburger Nachrichten
Hamburgischer Correspondent und neue hamburgische Börsen-Halle
Neue Hamburger Zeitung

Akten im Staatsarchiv Hamburg/Bestelleinheiten

Anna Thormählen 211-3_H II 82, 424-111_4033
Geldfälscherbande in der Osterstraße 132-1 I_2692
Elisabeth Wiese 731-8_A 773, 241-1 I_2534
Heinrich Randt 241-1 I_2535
Arthur Holste 241-1 I_2852
Hermann Meißner 241-1 I_2536
Bernhard Draheim 241-1 I_2539
Martin Mortensen 213-11_L 1117/1919 Band 1, 213-11_L 1117/1919 Band 2, 213-11_L 1117/1919 Band 3, 213-11_L 1117/1919 Band 4
Julius Adolf Petersen 213-3_119, 311-2 IV_BV I A 6 b IX H, 213-11_L 1540/1924, 213-11_L 1520/1924
Alexander Randad 352-3_IV K 9 213-11_L 49/1926 Band 1-8
Ernst Buchholz 242-1 II_4776, 241-1 I_2544, 352-3_IV K 9
Ernst Hannack und Ernst Külsen 242-1 II_4776, 241-1 I_2544
Ernst Henning 731-8_A 758, 242-1 II_4740, 242-1 II_2297, 242-1 II_2297 242-1 II
Else Kleist 213-11_52341, 242-1 II_3770, 242-1 II_10789, 213-11_66116
Otto Krepp 242-1 II_4931, 424-110_107
Eva Mariotti 241-1 II_2836, 241-1 II_108/3, 241-1 II_108/1, 241-1 II_108/2, 241-1 II, 241-1 II_2860, 241-1 II_2837, 241-1 II_2859, 213-1_1546, 213-1_1545
Trümmermorde 331-1 II_10287, 331-1 II_10243, 331-1 II_10244, 331-1 II_10245, 331-1 II_10246, 3331-1 II_10247, 31-1 II_10249, 331-1 II_10250, 331-1 II_10251, 331-1 II_10252
Erich Liebenow 213-11_5342, 213-11_5343, 213-11_5344, 213-11_5345, 213-11_5346, 213-11_5347, 213-11_5348, 213-11_5349, 213-11_5350, 241-1 II_2849
Hugo Alffcke 221-7_20

Bildnachweis

Sammlung Wolfgang Holtz: 2, Heimatkundliches Bildarchiv Hamburg, Jens Wunderlich, www.hamburg-bildarchiv.de: 6/7, 19, 26, 36, 53, 68, 78/79, 85, 116, 119, 125, 150/151, 154, 158, 168, 189, Wosnik I-III: 13, 21, 22, 33, 39, 41, 47, 49, 58, 63, 65, 70, 73, 75, 76, dpa/picture alliance, Berlin: 15 (imageBROKER), 92, 169, Staatsarchiv Hamburg: 17, 45, 51, 105, 106, 111, 122/123, 140, 143, 144, 147, 175, 177, 181, 183, ullstein bild: 29, 86, 91, 100 (Imagno/Austrian Archives), 134/135 (Heinz Fremke), 170 (Sven Simon), 192 (du Vinage), 195 (Peter Timm), 199, 200 (Peter Timm), 205 (AP), public domain: 31, 42, 55, 60, 114, 160, akg-images, Berlin: 96, 162/163, Archiv Wempe: 126/127, Privatarchiv Dreckmann: 131, CC BY-SA 3.0, Gudrun Meyer: 133

Dem Verlag ist es trotz intensiver Bemühungen nicht gelungen, alle Rechteinhaber ausfindig zu machen. Der Verlag ist bereit, berechtigte Ansprüche, die sich aus dem Abdruck der Bilder ergeben, abzugelten. Rechteinhaber werden gebeten, sich diesbezüglich an den Verlag zu wenden.

Impressum

Gestaltung und Satz: Mario Zierke, Berlin
Printed in Slovenia
978-3-96201-060-7

www.elsengold.de | www.wasmitgeschichte.de